죄에 대한 지식과 은혜에 대한 지식은 맞물려 있다. 죄를 알지 못하고는 은혜를 알 수 없다. 오늘날 우리는 죄에 대한 인식이 거의 사라진 시대를 살고 있다. 교만과 탐식과 정욕을 부추기는 문화가 팽배한 사회 속에서 사람들의 죄의식은 점점 무뎌지고 양심은 굳어져 간다. 그러하기에 그 어느 때보다 죄를 깨우치는 복음 사역이 절실하다. 이 책은 우리 영혼과 공동체를 파괴하는 치명적인 죄의 특성을 심층적으로 분석하고 그 죄가 우리의 구체적인 삶에서 어떻게 작동하는지 그 교묘한 메커니즘을 해부해 준다. 우리의 선한 열심과 경건을 미끼로 삼아 은밀하게 교회에 기식하는 죄, 즉 허영과 교만과 시기의 교활한 실체를 사정없이 까발려 우리의 무뎌진 양심을 찌른다. 동시에 그 죄를 극복하기 위한 경건의 방편과 비결을 알려 주며 성화의 은혜와 지혜로 우리를 위로한다. 이런 도전과 깨우침과 함께 읽는 재미도 쏠쏠하다. 이 책은 교인들이 함께 읽고 나누기에 제격이다. 또한 죄와 씨름하는 교인들을 성화의 길로 인도하는 설교자들에게 필독서다.

박영돈 작은목자들교회 담임목사, 고려신학대학원 교의학 명예교수

이 책을 처음 읽었을 때 나는 마치 내 마음이 해부당하는 것 같은 느낌을 받았다. 간단히 말하자면 그렇다는 것이고, 상세하게 말해 보자면 이렇다. 긴 교회사 가운데 가장 경건하고 탁월한 목회자/학자들이 함께 모여 내 마음의 증상을 관찰하고, 원인을 추적하며, 가장 깊은 곳에 있는 쓴 뿌리를 캐내어 내 앞에 제시한 후, 수술법과 치료제를 제시하는 것 같았다. 저자는 교부들로부터 C. S. 루이스에 이르기까지 죄에 대한 가장 강력하고 깊이 있는 통찰들을 내면화하고 어우러지게 한 후, 가장 성경적이고 개신교적인 방식으로(달리 말하자면 가장 건전한 방식으로) 한국 교회 성도들에게 제시한다. 만일 당신이 자신의 마음을 깊이 알고 싶어 여러 통속 심리학(pop-psychology) 서적들의 값싼 처방에 의존하고 있었다면, 이 책을 집어 들고 읽으며 자신을 진지하게 들여다보길 권한다. 우리가 듣거나 말하기 불편해하는 죄에 대한 이야기를 들으며 오히려 자유

로워지는 자신을 발견할 것이다. 더 나아가 스스로의 의지와 힘으로 헤쳐 나갈 수 없는 '역부족 상태'를 인식하고 하나님과의 관계를 새롭게 하려 할 것이다.

이정규 시광교회 담임목사

기독교 전통 안에서 전해 내려온 일곱 가지 대죄를 현대적이면서도 심도 있게 다루었다. 많은 그리스도인이 이 책을 통해 자신을 괴롭히는 죄와 싸울 힘을 얻고, 하나님 앞에 더 성숙하고 정결한 모습으로 나아가기를 기대한다.

김성수 전 성공회대학교 총장

하늘을 우러러 한 점, 아니, 만 점 부끄러움들 앞에, '울지 마라, 욕망하니까 인간이다'라며 얼마나 자신을 비루하게 위로해 왔던가. 교만, 시기, 탐욕, 탐식, 분노, 정욕, 나태라는 일곱 가지 욕망은 나를 얽매 온 괴로운 사슬들이구나.
야만적인 욕망의 엉킨 실타래를 결 고운 문체로 한 올 한 올 풀어헤치며, 절망한 나를 근원적인 환희로 이끄는 유쾌한 책, 이런 불편한 책은 느릿느릿 곱삭혀 읽어야 내 영혼이 기쁠 것이다.

김응교 시인, 숙명여자대학교 교수

시대와 인종을 초월하여 인간에게 근본적으로 영향을 미치는 일곱 가지 죄를 깊이 있고도 명료하게 설명한다. 그리스도인의 경건 훈련과 윤리 교육을 위해 필수적으로 다루어야 할 이 죄들은, 현대를 사는 우리에게도 여전히 심각하고 치명적인 죄들이다. 미성숙과 윤리성의 결여로 조롱받는 한국 교회의 온전한 회복을 위해 필독을 권한다.

손봉호 서울대학교 명예교수

치명적인 일곱 대죄에 대한 신학적 성찰과 성경적 근거를 바탕으로, 현대인의 삶과 사회의 어두운 면을 노출하고 깊이 자각하도록 돕는다. 그리스도인들이 하나님 앞에서 자신의 삶을 점검하고 변화되도록 도울 뿐 아니라, 기독교 및 일반 상담가들에게도 폭넓고 깊이 있는 통찰을 제공한다.

이관직 총신대학교 신학대학원 목회상담학 교수

익숙한 개념이면서도 영혼에 너무 깊이 뿌리박혀, 삶 속에서 좀처럼 파악하기 힘든 일곱 대죄가 드디어 그 정체를 드러낸다. 이 시대와 개인의 삶이 왜 그렇게도 황폐한지 알고 싶다면, 그리고 영혼의 근원적인 회복을 원한다면, 폐부를 날카롭게 찌르는 이 책을 꼭 읽으라!

이찬수 분당우리교회 담임목사

죽음에 이르는 7가지 죄

IVP(InterVarsity Press)는
캠퍼스와 세상 속의 하나님 나라 운동을 지향하는
IVF(InterVarsity Christian Fellowship)의 출판부로
생각하는 그리스도인을 위한 문서 운동을 실천합니다.

확대개정판

죽음에 이르는 7가지 죄

현대적 관점에서 재조명한 7대죄와 성화의 길

신원하

IVP

확대개정판 서문

8년 전에 출판된 책이 그동안 8쇄를 찍었다고 한다. 부족한 책임에도 불구하고 꾸준히 읽힌 듯해서 고맙고 감사할 뿐이다. 확대개정판을 내면서 이 책이 오랫동안 읽혀 온 이유가 무엇일까 생각해 보았다. 특별한 이유가 있다기보다는, 이 책의 주제 자체가 가진 힘 덕분인 듯하다. 4세기 사막 수도사가 만들어 전해 준 이 오래된 목록은, 내면의 욕망과 그것을 부추기는 유혹에 맞서 싸우며 하나님과 조금이라도 가까이 살고자 애쓰는 21세기 그리스도인들에게도 여전히 유효하다고 생각한다.

　코로나19로 세계가 공포 가운데 있는 요즘, '허영'에 대한 장을 추가하여 『죽음에 이르는 7가지 죄』를 새롭게 출판하는 것이 적절할지 고민이 되었다. 전염병과 죽음의 공포 속에서 고통받는 사람들과 성도들에게 희망의 메시지를 전하기보다는, 오히려 죄의 심연을 바라보게 하여 더 큰 절망에 빠뜨리는 것은 아닌지 염려되었기 때문이다. 하지만 코로나19 감염세가 잠시 주춤했던 지난 5월 어느 날 텔레비전 뉴스를 통해, 몇 달 동안 정상 운영을 하지 못했던 공항 면세점과 백화점에서 실시한 명품 세일에 무수한 사람들이 이른 아침부터 줄지어 대기하다가 문이 열리자 우르르 들어가는 모습이 보도되었다. 질병의 위험과 죽음의 두려움도 허영심을 잠재울 수는 없는 듯했다. 오히려 허영은 억눌려 있었을 뿐, 기회를 노리고 있었다는 생각이 들었다. 이러한 현상을 보면서 죄를 말하는 것과 사람에게 소망을 주는 것은 반대되는 것이 아니라는 생각을 새삼스레 했다. 키르케고르는 『죽음에 이르는 병』에서 죄를 깨닫고 절망하는 것이 소망을 꺾는 것이 아니라 오히려 소망을 주는 출발점이 된다고 하였다. 질병과 경제적인 문제로 역경에 처해 있는 이 시대의 진짜 문제는, 역경 속에서도 여전히 죄의 본질을 깨닫지 못하는 인간의 부패와 죄, 그리고 그로 말미암는 욕망이다. 이러한 이유로 확대개정판 출간의 적절성에 대한 고민을 털어 냈다.

사실 이 책을 처음 출간할 때부터 '허영'에 대해 쓰고 싶었다. 그러나 당시에는 처음으로 이 주제를 다룬 책을 쓰면서 7대죄에 오롯이 집중하는 것이 좋겠다고 판단하여 허영은 남겨 두었다. 4세기 사막 수도사들이 만든 목록에 수록되어 있던 허영은 교회 전통에서 1,500년 이상 전해져 내려왔지만 20세기를 넘어오면서 7대죄 목록에서 사라졌다. 이러한 이유로 허영은 '잊혀진 악'(forgotten vice)이라 불린다. 그렇지만 그 해악성은 다른 대죄들보다 결코 덜하지 않으며, 여전히 실제적으로 강한 유혹으로 작용하여 그리스도인들을 넘어뜨린다. 이번 확대개정판에서는 잊혀 있던 악인 허영에 대한 연구를 마침내 추가함으로써, 원래 계획했던 대로 초기 사막 교부들이 전해 준

'죽음에 이르는 7가지 죄' 목록을 온전히 담았다. 이 책이 우리 안에 도사리고 있는 죄를 다시 바라보게 하고 절망하게 하고 그리고 다시 소망을 갖게 하는 작은 씨앗이 되면 좋겠다.

이번 책을 내는 데 조교 오명재 강도사가 큰 도움을 주었다. 책 전체를 읽고 오탈자를 교정하고 문장을 다듬는 세세한 일을 도맡아 수고해 주었기 때문이다. 박사후보생 이춘성 목사는 새로 추가된 '허영' 장의 내용이 논리적으로 무리 없이 흐를 수 있도록 함께 토론하는 수고를 아끼지 않았다. 두 제자에게 이 자리에서 감사의 마음을 전한다. 마지막으로 임정은 편집자에게 감사하지 않을 수 없다. 확대개정판임에도 불구하고 신간을 내는 것처럼 책의 첫 부분부터 마지막까지 내용을 꼼꼼히 검토하고 조금이라도 의문이 드는 부분을 발견하면 뽑아 개정을 제안해 주었다. 한층 책이 업그레이드된 느낌이 드는 것은 다 편집자의 이러한 전문적 지식과 수고 덕분이다.

이번 판은 '허영: 사라질 광채' 장을 새로 추가한 확대판의 성격이 강하다. 책 전체를 다시 읽고 다듬고 '교만' 장의 일부분은 생략하는 등의 개정은 했지만 책의 내용은 거의 손대지 않고 그대로 두었다. 부족한 부분이 있지만 그대로 두는 게 더 낫겠다고 판단했기 때문이다. 이 사실을 미리 알고 읽으면 오해나 실망이 좀 덜할 것 같아 여기서 밝혀 둔다. 초기 사막 수도사들의 오랜 교훈과 지혜를 담은 이 책이, 독자들에게 새로운 지혜와 가르침으로 작용하여 신앙 여정에 자그마한 도움이 되기를 진심으로 바란다.

2020년 7월
신원하

초판 서문

이 책의 제목이기도 한 '죽음에 이르는 7가지 죄'(The Seven Deadly Sins)는 기독교 역사 속에서 1,500년 이상 전해 내려온 일곱 대죄를 말한다. 이 대죄 목록은 하나님만을 전적으로 섬기고 경건한 삶을 사는 데 인생을 바쳤던 사막 수도사들이 처음 만들었다. 이는 그 죄들이 수도 생활을 위협하는 가장 큰 유혹이었기 때문이다. 그러나 일곱 대죄를 사막 수도사나 성직자 같은 '종교 전문인'만을 위한 특별한 목록으로 보는 것은 적절하지 않다. 일찍이 교황 그레고리우스는 이 대죄가 일상을 살아가는 신자들에게도 적용된다고 판단하여 교회로 들여왔고, 이후 로마가톨릭교회는 1,000년 넘게 이를 일반 신자들에게 가르쳐 왔다.

나는 1986년 미국 칼빈 신학교에서 처음으로 이 주제와 만났다. 죄론에 대한 탁월한 저서를 쓴 코넬리우스 플랜팅가(Cornelius Plantinga, Jr.) 교수의 '죽음에 이르는 7가지 죄'라는 과목은 매우 생경했지만 지적 호기심을 불러일으켰고, 인간의 본성, 죄, 덕, 성품 그리고 공동체에 관한 인식과 사고의 지평을 넓혀 주었다. 일곱 대죄론은 죄에 대한 교리이지만 그것을 벗어나는 방법을 다룬다는 점에서 성화론과도 연계되어 있다. 즉, 죄론을 넘어서 그리스도인의 덕, 성품, 영성, 윤리와도 연관된 포괄적 교리인 셈이다.

그 후로도 나는 이 주제에 지속적으로 관심이 있었지만, 제대로 깊이 연구할 기회가 없었다. 그렇게 17년이 지나 2003년, 몸담고 있던 신학대학원에서 이와 관련된 과목을 개설하면서 본격적으로 공부하기 시작했다. 그런데 연구하면 할수록 대죄론이 개인의 성화와 건강한 교회생활에 매우 유익한 주제라는 확신이 들었다. 더불어 이 주제가 아직 한국 교회에 잘 알려지지 않았기 때문에 이 주제를 소개하는 것만으로도 의미 있겠다고 판단했다. 일반 성도는 물론 목회자들에게는 경건한 삶과 그리스도인의 윤리에 관해 깊이 있게 설교할 수 있는 내용을 제공한다는 점에서 더욱 가치 있는 책이 되리라 생각했다. 그 무렵부터 이 주제에 대한 책을 집필해 보고자 하는 갈망을 품었다.

그러던 차에 2004년 봄, IVP 신현기 대표가 이 주제에 대해 책을 써 볼 것을 권유했다. 어느 기독교 잡지에 연재했던 일곱 대죄에 대한 내 시리즈 설교를 읽고 이 같은 제안을 한 것이다. 겁도 없이 그 제안을 받아들이긴 했지만, 얼마 지나지 않아 작업은 중단되어 버렸다. 막상 집필에 들어가 보니, 내가 이 책을 쓰기에 역부족이라는 생각이 들었던 것이다.

그렇게 중단되었던 집필은 4년 뒤에 다시 시작되었다. 2008년 연구

년을 얻어 연구 주제 선정을 놓고 기도하는 가운데, 하나님이 나에게 이 주제로 다시 돌아갈 수 있는 용기를 주신 것이다. 여전히 나는 부족했지만 이 주제가 주는 커다란 유익을 한국 교회와 나누고 싶은 열망이 더욱 간절했다. 이 주제에 대한 국내 서적은 전무했고, 몇 권 있는 번역서도 잘 알려져 있지 않았다.

그해 여름, 미국 칼빈 신학교 도서관에서 에바그리우스와 카시아누스, 그레고리우스, 토마스 아퀴나스의 글을 집중적으로 읽으며 책의 기본 뼈대를 어느 정도 완성했다. 또 귀국 직전인 2009년 여름 시카고 휘튼 대학에서 열린 코스타(KOSTA) 북미 유학생 수양회에서 이 주제로 연속 강의를 한 것도 큰 도움이 되었다. 연구년 이후에도 약 3년 동안 이 주제에 대해 연구하고 기고하고 보완하는 작업을 계속해 왔으며, 특히 작년 봄과 가을에는 수원 한숲교회와 서울 제자들교회에서 이 주제로 신앙 강좌를 하며 이 책의 수준과 적용성을 가늠해 볼 수 있었다. 이런 우여곡절을 겪으면서 비록 지연되었지만 마침내 이렇게 책이 나오게 되었다.

책을 출간하면서 가장 먼저, 책을 쓰고 싶은 마음을 주시고 완성할 수 있도록 인도하신 하나님께 모든 감사와 영광을 돌린다. 다음으로 감사할 사람은 신현기 대표다. 오랜 친구의 제안과 인내 덕분에 이 책이 나오게 되었다. 약 2년 전 부끄러운 원고를 연재해 준 「기독교사상」의 한종호 편집장에게도 감사한다. 옛 조교 황희상은 원고 초기 단계부터 뛰어난 글솜씨로 글을 다듬어 주었고, 현 조교 김형태는 마지막 단계에서 원고를 꼼꼼히 읽고 교정하고 때때로 가치 있는 제안을 하는 등 책의 완성도를 높여 주었다. 여러 해 동안 '일곱 대죄와 기독교 윤리' 과목을 수강한 대학원생들의 코멘트와 통찰은 이 책 곳곳에 반영되어 있다.

내가 협동목사로 있는 안양일심교회 김홍석 담임목사님과 김상수 원로목사님에 대한 고마움도 빠뜨릴 수 없다. 두 분의 격려와 기도는 실제로 큰 힘이 되었다. 책이 늦어지자 빨리 끝내라고 압박하고 격려해 준 사랑하는 아들 현준, 딸 현지, 그리고 아내에게 사랑과 감사의 마음을 전한다. 그러나 이 책이 나오기까지 가장 많이 수고한 분은 역시 IVP 편집부 정효진 간사다. 정 간사님의 실무 지식, 제안, 부족한 저자에 대한 신뢰와 따뜻한 성원이 없었다면 이 책은 결코 완성될 수 없었을 것이다. 진심으로 정중한 감사의 말을 전한다.

감사의 말이 길어졌지만, 책을 집필할 때부터 꼭 언급하리라 마음먹은 분이 있다. 바로 고(故) 이정석 교수님이다. 이 교수님은 26년 전 미국에서 내게 이 과목을 수강할 것을 처음으로 제안하셨고, 몇 해 전 집필을 시작했다고 말씀드리자 진심으로 격려해 주셨다. 이 졸저를 보시면 누구보다 기뻐하셨을 텐데, 교수님은 작년 이맘때 하나님의 부름을 받았다. 짧은 일생을 살면서 누구보다 교회를 사랑했고 신학 연구와 교육에 열정을 쏟았던 이정석 교수님을 추모하며 가족들에게 대신 감사드린다.

이 책은 일곱 대죄인 교만, 시기, 분노, 나태, 탐욕, 탐식, 정욕을 전통적인 순서에 따라 다루었다. 그러나 각 장의 내용이 독립적이므로 반드시 순서대로 읽을 필요는 없다. 특히 들어가는 글은 일곱 대죄론의 기원과 흐름, 주요 수도사의 사상, 역사적 변형, 죄들의 성격 분류, 현대적 관심 재부상의 원인, 그리고 이 주제의 가치와 필요를 다룬

장이기 때문에, 혹시 읽기 부담스럽다면 부분적으로 읽거나 마지막에 읽어도 된다. 각 장 끝에는 정리와 성찰을 위해 몇 가지 질문을 달아 두었다. 그룹 토론을 할 때 도움이 되기를 바란다.

많은 분들의 도움과 수고로 나온 이 책이 부디 죄와 싸우고 거룩한 삶을 살아가려는 독자들에게 자그마한 도움이라도 되기를 진심으로 바란다.

2012년 6월
천안 취암산 기슭에서
신원하

확대개정판 서문		9
초판 서문		13
들어가는 글		23

1   39
교만   뭇별 위의 보좌

2   65
시기   녹색 눈의 괴수

3   89
분노   사탄의 화로

4   113
나태   정오의 마귀

차례

5   137
탐욕   불룩 나온 올챙이 배

6   159
탐식   꽉 찬 배와 텅 빈 영혼

7   183
정욕   타는 갈증에 마시는 바닷물

8   207
허영   사라질 광채

나가는 글   239

주   243
참고 도서   257
인명 찾아보기   265
성경 찾아보기   267

The Seven Deadly Sins
and Four Last Things

이 그림은 네덜란드 화가 히에로니무스 보스(Hieronymus Bosch, 1540?-1516)가 1480년경에 그린 "죽음에 이르는 일곱 가지 대죄와 네 가지 종말"(150×120cm, 나무에 유채, 스페인 프라도 미술관) 중 일곱 대죄에 대한 부분이다. 그림 중앙에는 금빛의 홍채 모양 띠가 둘린 '하나님의 눈'이 있고 눈동자 안에는 부활하신 예수님이 창에 찔린 옆구리의 상처를 보이며 서 계신다. 그 아래에는 라틴어로 *"CAVE CAVE DEUS VIDET"*(조심하라, 조심하라, 주가 지켜보신다)라고 씌 있다. 이 하나님의 눈동자 주위로 죽음에 이르는 일곱 가지 대죄의 모습이 각각 그려져 있다. 인간의 모든 죄가 하나님의 눈을 피할 수 없다는 의미다.

들어가는 글

기독교 전통이 우리에게 전해 준 '일곱 가지 대죄'는 교만, 시기, 탐욕, 탐식, 분노, 정욕, 나태다. 이 7대죄 목록은 6세기의 교황 그레고리우스(540-604)가 정한 이래로 로마가톨릭교회를 통해 전해 내려왔지만, 본래 동방 교회의 수도원에서 시작되었다. 현재와 유사한 모습을 갖춘 가장 오래된 목록은 4세기 이집트의 사막 수도사 에바그리우스(345-399)가 만들었다. 그는 수도원 생활을 하는 수도사들이 가장 벗어나기 힘들어하는 여덟 가지 죄를 구별하여 '8가지 악한 사상'이라는 이름의 목록을 만들었고, 수도사가 하나님과 깊이 교제하고 경건한 삶을 살기 위해서는 이 여덟 가지 악과 싸워야 한다고 생각했다. 이후 그의 제자 요한 카시아누스(360-435)가 이것을 서방 교회에 전했고, 교황 그레고리우스가 이를 수도원에서 일반 교회로 가지고 왔다. 이 죄들에 대한 가르침이 수도사들에게뿐만 아니라 모든 신자에게 필요하다고 여겼기 때문이다. 그레고리우스 이후 교회는 이것을 규칙적으로 신자들에게 가르치기 시작했고, 교회 공의회는 이를 공식 교리 중 하나로 만들었다. 특히 4차 라테란 공의회(1215)는 7대죄에 관한 설교 지침과 참회 방법을 담은 문서를 만들었고, 토마스 아퀴나스는 그 내용을 정교하게 발전시켜 이후 7대죄 교리가 로마가톨릭교회의 중요한 가르침이 되는 데 기여했다. 중세 후반부터 이 교리는 차츰 교회의 울타리를 넘어 소설, 시, 그림, 조각 등 문화와 예술 전반에 지대한 영향을 미쳤다.

그러나 7대죄 교리의 영향력은 종교개혁 이후로 교회 전통 안에서 빠른 속도로 약화되었다. 개신교회는 성경적 근거가 미흡하다는 이유로 이것을 공식 교리로 채택하지 않았는데, 그런 결정에는 로마가톨릭교회에 대한 경계심도 한 요인이 되었다. 이후 계몽주의 시대를 거쳐 현대로 접어들면서 사회는 점점 탈종교화·세속화되었고 종교적 교리와 가르침의 영향력도 약해졌다. 그에 따라 죄에 대한 의식 역시 더욱 줄어들었다. 이러한 시대·문화적 변화에 따라 7대죄의 교리적·윤리적 중요성과 가치는 주목받지 못했다.

그러나 전반적으로 기독교 문화를 바탕으로 하는 서구 사회에서는 아직도 대죄 교리가 나름의 영향력을 유지하고 있고, 이를 주제로 한 소설이나 영화 등 예술 작품이 계속 등장하고 있다. 특히 1980년대 이후 이 주제에 대한 관심이 높아졌는데, 특이하게도 개신교 목사와 신학자들이 이에 대한 설교와 연구에 열을 올리고 있다. 물론 이 주제는 보편적인 인간의 본성이나 악의 문제와 관련된 것이기에 시대와 장소에 구애받지 않는다. 사실 우리 주위에서 벌어지는 흉악한 범죄나 통상적인 악들은, 근원을 파고들면 대체로 이 일곱 가지 죄악과 관련되어 있다. 그래서 그레고리우스와 아퀴나스는 이 죄들을 '대죄'(capital sins)라고 불렀던 것이다.

대죄의 의미

7대죄를 가리키는 영어 표현으로는 'seven deadly sins'라는 말이 가장 흔히 쓰이지만, 더 본래적인 표현은 'seven capital sins'다. 여기서 'capital'은 라틴어 '카푸트'(*caput*)에서 왔으며 '머리'라는 의미를 지닌다. 일반적으로 '머리'는 크게 세 가지로 이해할 수 있다. 첫째, 인간이나 동물의 몸을 구성하는 한 부분으로서의 머리다. 둘째, 머리는 생명의 근원에 해당하는 핵심 부분이기에 어떤 것의 근원이라는 의미가 있다. 셋째, 대장 혹은 통치자를 의미한다. 대죄를 수식하는 '머리'라는 말에는 이 세 가지 의미가 모두 적용될 수 있지만, 두 번째 의미가 가장 적절하다.[1] 즉, '머리가 되는 죄'(capital sins)라는 말은 모든 죄의 근원이 되는 죄라는 의미다. 한국 천주교회는 7대죄를 공식적으로 '칠죄종'(七罪宗)이라고 부르는데, 이때 한자어 '종'은 근원이라는 뜻을 가지고 있다. 이처럼 대죄는 다른 죄의 시원 혹은 근원이 되는 죄를 말한다. 그런데 현재 영어권에서 더 흔히 사용되는 'seven deadly sins'라는 표현을 고려하면 7대죄를 '죽음에 이르는 일곱 가지 죄'라고 부를 수도 있다.[2] 이 책에서는 앞서 언급한 여러 의미들을 고려하되 편의상 간략하게 '7대죄'라고 부르겠다.

'대죄'라는 용어는 교부들이 처음 사용하기 시작했는데, 정작 성경에는 나오지 않는다. 그렇지만 성경에는 다른 죄들에 비해 죄책이 훨씬 큰 죄들이 있음을 시사하는 구절들이 나온다. 예를 들어, 사도 요한은 그의 서신에서 이렇게 말했다. "누구든지 형제가 사망에 이르지 아니하는 죄 범하는 것을 보거든 구하라. 그리하면 사망에 이르지 아니하는 범죄자들을 위하여 그에게 생명을 주시리라. 사망에 이르는 죄가 있으니 이에 관하여 나는 구하라 하지 않노라"(요일 5:16). 요한은 여기서 '사망에 이르는 죄'와 '사망에 이르지 않는 죄'라는 표현을 사용한다. 예수님도 바리새인들에게 "성령을 모독하는 것은 사하심을 얻지 못하겠고"(마 12:31)라고 말씀하셨다. 이것은 '용서받을 수 있는 죄'와 아울러 '용서받지 못하는 죄'가 있음을 시사한다.

또한 히브리서에는 "한번 빛을 받고 하늘의 은사를 맛보고 성령에 참여한 바 되고 하나님의 선한 말씀과 내세의 능력을 맛보고도 타락한 자들은, 다시 새롭게 하여 회개하게 할 수 없나니"(히 6:4-6)라는 구절이 나오고, 고린도전서 6:9-10에는 '음행' '우상숭배' '간음' '남색' '탐욕' '술 취함' '모욕' 같은 죄가 하나님 나라를 유업으로 받을 수 없는 죄로 지목된다. 즉, 다른 죄들에 비해 그 성격이나 형벌이 훨씬 심각한 죄들이 있다는 것이다. 따라서 성경에 '대죄'라는 명칭이 직접적으로 나오지 않는다고 해서 대죄의 개념이 비성경적이라고 단정할 수는 없다.

초기 교회의 일부 교부들은 이런 구절들에 나타나는 심각한 죄들을 신학적으로 유추하고 발전시켜 대죄라는 이름을 붙였고, 심각한 죄책이 따르는 죄에 관한 사상을 발전시켰다. 오리게네스, 테르툴리아누스, 키프리아누스와 같은 교부들은 실제로 '대죄'라는 용어를 사용했고, 특히 3세기 교부인 테르툴리아누스는 마르키온을 반박하는 글에서 '일곱 대죄'(septenae maculae capitalium delictorum)[3]의 구체적 목록으로 "우상숭배, 망령되이 일컬음, 살인, 간음, 음행, 사기, 거짓 증거"를 명시하기도 했다. 그가 이것들을 대죄로 본 이유는 이 죄들이 십계명의 각 계명을 거스른다고 생각했기 때문이다.[4]

7대죄의 기원과 역사

성경에는 7대죄와 유사한 죄 목록이 나온다(잠 6:16-19; 막 7:21-22; 갈 5:19-21; 골 3:5). 잠언 6:16-19은 하나님이 미워하시는 죄 목록을 일곱 가지로 명시했다. "여호와께서 미워하시는 것 곧 그의 마음에 싫어하시는 것이 예닐곱 가지이니 곧 교만한 눈과 거짓된 혀와 무죄한 자의 피를 흘리는 손과 악한 계교를 꾀하는 마음과 빨리 악으로 달려가는 발과 거짓을 말하는 망령된 증인과 및 형제 사이를 이간하는 자이니라." 마가복음 7:21-22은 사람을 더럽히는 것이 마음에서 나오는 "음란과 도둑질과 살인과 간음과 탐욕과 악독과 속임과 음탕과 질투와 비방과 교만과 우매함"이라고 말한다. 또한 고린도전서에는 "음행하는 자나 우상숭배하는 자나 간음하는 자나 탐색하는 자나 남색하는 자나 도적이나 탐욕을 부리는 자나 술 취하는 자나 모욕하는 자나 속여 빼앗는 자들"(고전 6:9-10)은 하나님의 나라를 유업으로 얻을 수 없다고 말한다. 그렇지만 현재 형태의 7대죄 목록과 정확하게 일치하거나 비슷한 목록은 성경 어디서도 찾아볼 수 없다.

앞에서 언급한 것처럼, 현재의 대죄 목록과 가장 유사한 최초의 목록은 4세기 사막 수도사 에바그리우스가 만든 것이다. 그는 나지

안주스의 그레고리우스(330-390) 주교 밑에서 수학하고 이단과의 신학 논쟁을 통해 명성을 얻은 유망한 신학자였는데, 어떤 계기로 수도사가 되기로 결심하고 이집트 니트리아 지역의 사막 수도원에 들어갔다. 그는 그곳에서 탁월한 헬라어 실력과 신학 지식을 바탕으로 수도사들에게 필요한 많은 글을 모으고 편집하고 저술했다. 특히 수도 생활 중에 받는 유혹에 대처하는 실제적 지침을 만드는 데 힘을 쏟았고, 7대죄론의 기원이 된 여덟 가지 '악한 사상'(logismoi)의 목록을 만들어 수도사들을 가르쳤다. 그 목록이 바로 탐식(gastrimargia), 정욕(porneia), 탐욕(philargyria), 우울(lype), 분노(orge), 나태(akedia), 허영(kenodoxia), 교만(hyperephania)이다.[5]

그는 '악한 사상'은 마귀가 일으키는 것으로서, 영혼에 격정적 감정(passion)을 일으켜 이성적으로 하나님을 지각하지 못하도록 방해한다고 보았다. 그는 수도 생활을 하나님에 대한 몰입을 방해하고 공격하는 마귀와의 끊임없는 싸움으로 여겼던 안토니우스(251-356)를 따라, 예수님이 광야에서 마귀와 씨름했듯이 수도사들도 이런 악한 사상들로 위장하여 찾아오는 마귀와 싸워야 한다고 가르쳤다.[6] 겸손이나 인내와 같은 덕을 쌓아 깊은 기도의 세계로 나아가고, 그러한 기도와 관상을 통해 악한 사상을 대적하고 하나님께로 부단히 나아가야 한다는 것이다.

이후 이 여덟 가지 죄 목록을 상세히 다룬 사람은 요한 카시아누스다. 그는 에바그리우스의 제자이자 이집트 마르셀레스 지역 수도원 원장이었으며, 동방 영성을 서방 교회에 소개하는 데 결정적인 공헌을 한 사람이다. 카시아누스는 수도 생활 규칙과 영성 훈련 지침을 다룬 『총회』(*Conference*)와 『강요』(*Institutes*)에서, 스승 에바그리우스 못지않은 지성과 영성으로 여덟 가지 죄를 심도 있게 분석하고 강해했다. 그가 다룬 목록은 에바그리우스의 것과 동일한, 탐식(*gastrimargia*), 정욕(*fornicatio*), 탐욕(*philiargyria*), 분노(*ira*), 우울(*tristitia*), 나태(*acedia*), 허영(*cenodoxia*), 교만(*superbia*)이다.[7] 차이점이 있다면, 에바그리우스는 전부 헬라어 명칭을 쓴 데 반해 그는 일부 라틴어 명칭을 쓴 것과 순서가 한 군데 달라진 것 정도다. 카시아누스에 따르면, 처음 여섯 죄는 마치 쇠사슬처럼(혹은 혈연으로 묶인 가족처럼) 서로 연결되어 있고, 나머지 허영과 교만도 서로 유사한 성격으로 밀접하게 이어져 있다. 그리고 각 죄는 바로 앞의 죄에서 흘러나오는데, 예를 들면 탐식에서 정욕이 나오는 식이다. 따라서 그는 정욕을 극복하기 위해서는 먼저 탐식의 욕구를 다스려야 한다고 말한다.

카시아누스는 에바그리우스와 마찬가지로 여덟 가지 죄를 '영적인 죄'와 '육적인 죄'로 분류하고 육체적 죄를 목록의 앞부분에 배치했다. 왜냐하면 육체적 욕구가 기본이고 그것에서 영적 죄로 넘어가는데, 만일 육체적 죄와의 전투에서 승리하지 못하면 더 힘든 영적 전투에서도 결코 승리할 수 없다고 생각했기 때문이다. 그에게 죄란 필요한 것 이상을 원하는 지나친 욕망이었다. 그는 첫 인간의 타락이 몸의 욕망인 음식의 쾌락을 과하게 추구한 것(탐식)에서 시작되었고, 그것이 다른 몸의 욕망인 성적 쾌락을 과도하게 찾는 것(정욕)으로 이어졌다고 이해했다.[8] 또한 타락 이후 인간의 본성이 근본적으로 변하면서 음식과 성에 대한 육체적 욕구가 지나치게 커졌고, 결국 영혼이 혼탁해지고 말았다고 생각했다. 한마디로 죄는 육체적 욕망에서 시작하여 이 세상의 물질에 대한 욕망인 탐욕으로 나아가고, 점점 사람이나 상황을 자기 욕심대로 통제하려는 영적인 죄로 발전한다는 것이다.

6세기 말에 이르러, 베네딕도회 수도사요 탁월한 성경 강해자였던 그레고리우스는 카시아누스가 전해 준 여덟 가지 대죄 목록을 교회로 가지고 왔다. 그는 욥기를 강해하면서 대죄를 자세히 다루었는데, 전해진 여덟 가지 중 '교만'을 따로 분리하여 목록을 일곱 개로 줄였다. 그 목록이 바로 허영(*inanis gloria*), 시기(*invidia*), 분노(*ira*), 우울(*tristitia*), 탐욕(*avaritia*), 탐식(*ventris ingluvies*), 정욕(*luxuria*)이며,[9] 이것이 오늘 우리가 가진 것과 가장 비슷한 목록이다. 그는 교만을 다른 일곱 대죄의 뿌리가 되는 죄로 간주했기에 아예 다른 범주로 취급했고, 우울이 나태의 성격을 어느 정도 지닌다고 보아 나태를 우울에 포함시켰다. 그리고 이전에 없었던 '시기'의 죄를 추가했다.

죄를 '지나친 욕망'으로 이해한 카시아누스와 달리, 그레고리우스는 죄의 본질이 하나님의 권위에 대항하고 그의 명령에 불순종하는 것이라고 이해했다. 따라서 그는 죄의 성격을 가장 잘 드러내는 것이 교만이라고 생각했다. 교만은 하나님의 권위 대신 자기 힘과 권위를 주장하고 하나님의 자족성을 흉내 내며 하나님에게서 벗어나 스스로 주인처럼 살려는 태도인데, 이것이 바로 사탄의 반역과 아담의 타락의 핵심이었다.[10] 교만한 마음을 가지면 타인으로부터 영광을 구하게 되고(허영), 타인이 자기보다 잘되는 것을 용납하지 못하며(시기), 하나님과 분리됨으로써 우울이 찾아오고(우울), 이에 대한 반작용과 보상 심리로 세상의 좋은 것을 소유하려 하고(탐욕), 맛있는 음식으로 배를 채우고자 한다(탐식). 하나님으로부터 벗어날 때 최종적으로 얻게 되는 결과가 정욕인데, 정욕은 내적 교만이 외적으로 확연히 드러난 것이다. 이처럼 그레고리우스는 죄가 영적인 것에서 육적인 것으로 뻗어나간다고 보았고, 바로 이런 점에서 하나님을 떠나 자율적이고 자아 중심적인 권력을 지향하는 교만을 가장 심각한 죄로 여겼다. 그래서 교만과 가까운 허영을 7대죄의 첫 자리에 둔 것이다.

	카시아누스	그레고리우스	
영적	8. 교만	교만(뿌리 죄, 별도 취급)	영적
	7. 허영	1. 허영	
	6. 나태	2. 시기	
▲	5. 우울	3. 분노	▼
	4. 분노	4. 우울	
	3. 탐욕	5. 탐욕	
육적	2. 정욕	6. 탐식	육적
	1. 탐식	7. 정욕	

카시아누스와 그레고리우스의 목록 순서와 진행 방향

이후 토마스 아퀴나스는 그레고리우스가 전해 준 목록을 거의 그대로 받아들여 일곱 가지, 즉 허영, 시기, 나태, 분노, 탐욕, 탐식, 정욕을 대죄로 확정했는데,[11] 그 역시 교만을 대죄의 뿌리 죄로 간주하여 독립된 죄로 취급했다. 그러나 그는 우울을 목록에서 빼고 나태를 집어넣었다. 우울이 항상 부정적이고 악하기만 한 것이 아니라 때때로 긍정적이고 선한 성격도 지닌다고 보았기 때문이다. 예를 들어, 자신의 불의 때문에 우울해하는 것은 종종 회개로 이끄는 긍정적인 기능을 한다. 또 그는 나태 안에 우울이 어느 정도 포함되어 있다고 보았다. 따라서 우울을 제외했다기보다는 나태에 병합시켰다고 보는 것이

옳다. 또한 아퀴나스의 목록에는 분노와 나태의 순서도 바뀌어 있다. 이외에 중요한 차이점은, 그레고리우스가 목회적이고 윤리적인 차원에서 대죄를 다루고 가르친 반면, 아퀴나스는 훨씬 철학적이고 조직적으로 아리스토텔레스의 철학과 이전 신학자들의 가르침을 종합하여 이 사상을 신학적으로 발전시켰다는 점이다. 결과적으로, 현대 교회에 전해진 대죄 목록은 다분히 그레고리우스와 아퀴나스의 전통을 따른 것이라 할 수 있다. 현재 우리가 다루는 7대죄는 아퀴나스의 목록과 가장 유사하며, 그레고리우스의 목록을 바탕으로 하고 있다.

그런데 지난 100여 년 동안 7대죄 목록에 두드러진 변화가 일어났는데, 허영이 빠지고 뿌리 죄인 교만이 7대죄의 하나로 들어간 것이다. 정확히 언제부터인지는 알 수 없으나, 서구 사회와 교회에서 현재의 7대죄 목록을 사용하기 시작했고 이것이 시간이 지나면서 그대로 굳어져 내려왔다는 것 이상의 공인된 설명이나 권위 있는 설명은 아직도 제시되지 않고 있다. 굳이 그 이유를 밝히자면, 교만과 허영이 유사하고, 둘 중 교만이 훨씬 친숙한 개념이기 때문에 교만으로 통합되었다는 이론이 지배적인 설명일 뿐이다. 이처럼 한 세기가 넘는 세월 동안 허영이 빠진 채 전해진 7대죄 목록의 영향으로, 허영은 잊혀진 악으로 다소 소홀히 취급되었다. 그러나 그렇다고 하여 허영이 다른 죄에 비해 덜 악하거나 덜 위험하다는 의미는 아니다. 21세기에 들어와서 다시금 허영에 대한 관심과 강조가 높아지고 있는데, 그 이유는 7대죄의 본래 목록을 회복시켜야 한다는 오래된 주장과 아울러 21세기 첨단 지식 정보 사회의 특수성, 즉 허영이 그 어떤 죄보다 해악을 끼치고 경건에 악영향을 미치는 시대이기 때문이다. 이 점을 감안하여 이 책에서는 1,500년 이상 교회와 사회에서 가르쳐 왔던 허영을 추가하여 다루었다.

  신학자들이 정리한 대죄 목록의 변천사를 살펴보면, 초기 수도사들이 만든 여덟 개 목록이 그레고리우스 이후 일곱 개로 확정된 것을 볼 수 있다. 그레고리우스와 아퀴나스는 왜 이처럼 대죄를 7이라는 숫자에 맞추려고 했을까? 아마도 기독교 전통에서 7이 지닌 특별한 의미 때문이었을 것이다. 7이라는 숫자는 '전체' 혹은 '완성'을 가리키는 완전수의 성격을 지녔다.[12] 그래서 7대죄를 확정하여 이것이 죄 전체를 가리키고 모든 죄가 이것에서 발원함을 말하고자 했을 것이다. 한편으로는 목회적 이유 때문이라는 설명도 있다. 한 주가 7일이기에 주 단위로 기도 생활을 할 때 매일 한 가지 죄에 대해 기도할 수 있도록 일곱 개로 만들었다는 것이다.[13] 중세 때 교회가 실제로 그렇게 실행하도록 결정하고 지침까지 만들어 배포한 적이 있었다는 사실은 이런 설명을 지지하는 근거가 된다.

	에바그리우스	카시아누스	그레고리우스	아퀴나스
0			교만(뿌리 죄, 별도 취급)	교만(뿌리 죄, 별도 취급)
1	탐식	탐식	허영	허영
2	정욕	정욕	시기	시기
3	탐욕	탐욕	분노	나태
4	우울	분노	우울	분노
5	분노	우울	탐욕	탐욕
6	나태	나태	탐식	탐식
7	허영	허영	정욕	정욕
8	교만	교만		

각 신학자들이 정리한 대죄 항목 및 순서

성격에 따른 7대죄 분류

7대죄를 다룬 여러 학자들은 대죄를 그 성격에 따라 몇 가지 범주로 분류했는데, 이런 분석 틀을 통해 들여다보면 각 죄의 성격을 좀더 분명하게 파악할 수 있다.

육체적 죄와 영적인 죄　　에바그리우스, 카시아누스, 그레고리우스, 아퀴나스는 대죄를 크게 육체적 죄와 영적인 죄로 분류했다. 그레고리우스는 탐식과 정욕을 육체적 죄로, 나머지 다섯 개를 영적인 죄로 간주했고, 아퀴나스는 나태가 성격상 양쪽 모두에 속할 수 있다고 보았다. 카시아누스는 육체적 죄를 모든 죄의 기본으로 보면서 육체적 죄를 우선적으로 배치했다. 반면 그레고리우스와 아퀴나스는, 죄는 본질상 하나님을 벗어나려는 영적인 태도에서 시작되어 육체적 죄로 발전하기에 영적인 죄가 우선이며, 죄에 대한 책임과 형벌도 영적인 죄가 훨씬 무겁다고 보았다.

왜곡된 사랑, 불충분한 사랑, 과도한 사랑　　단테는 대죄를 그릇된 세 유형의 사랑으로 분류했다. 첫째, 교만과 시기와 분노는 '왜곡된 사랑'의 죄다. 이것은 가치 있는 대상을 그릇된 방식으로 사랑하는 것이다. 자기를 사랑하고 만족시키기 위해 다른 사람에게 상처와 피해를 입히는 것을 개의치 않는 태도, 즉 잘못된 방식의 자기 사랑이다. 둘째, 나태는 '불충분한 사랑'의 죄다. 이 죄는 마땅히 사랑하고 돌보아야 할 대상에게 사랑을 베풀지 않거나 관심을 가지지 않는 것, 즉 결여된 사랑이다. 셋째, 탐욕과 탐식과 정욕은 '과도한 사랑'의 죄다. 이것은 합당한 대상을 '너무 지나치게 사랑해서 정작 더 사랑할 가치를 지닌 대상을 사랑하지 못하게 되는 죄'다.

차가운 마음의 죄, 뜨거운 마음의 죄   20세기 영국 소설가이자 단테 연구가인 도로시 세이어즈(Dorothy Sayers)는 정욕, 분노, 탐식을 '뜨거운 마음의 죄'로, 탐욕, 시기, 나태, 교만을 '차가운 마음의 죄'로 분류했다.[14] 앞의 것은 일반 사람들이 저지르기 쉬운, 상대적으로 불명예스러운 죄인 반면, 뒤의 것은 종교적이고 높은 신분의 사람들이 범하기 쉬운 당당한 성격의 죄다. 그런데 예수님은 뜨거운 마음의 죄보다는 차가운 마음의 죄에 속한 것들을 더 신랄하게 꾸짖고 정죄하셨다. 그러나 세이어즈의 분석에 따르면, 오늘날 교회는 예수님과는 반대로 뜨거운 마음의 죄를 더 심한 죄로 비난하는 경향이 있다. 예수님 당시 차가운 마음의 죄를 품었던 대표적 인물들은 자기 의에 가득 찬 바리새인과 서기관들이었으며, 그들은 뜨거운 마음의 죄를 저지른 사람들을 심하게 경멸했다. 오늘날에도 그런 경향은 사라지지 않고 있다.[15]

  세이어즈의 이러한 분류는 정욕과 교만을 각각 처음과 마지막에 배치한 점에서 그레고리우스와 유사하다. 그는 덜 치명적인 육체의 죄인 정욕을 먼저 두고, 더 치명적인 차가운 마음의 죄들을 뒤에 차례대로 배치해 가면서 교만을 가장 나중에 다루었다. 왜냐하면 뜨거운 마음의 죄는 최소한 공동체 생활을 무너뜨리지는 않지만, 차가운 마음의 죄는 인간관계와 공동체를 균열시키는 더욱 파괴적인 죄로 여겨졌기 때문이다.

7대죄와 현대 교회

그런데 수도원 전통과 중세 교회 그리고 로마가톨릭교회를 통해 내려온 이 7대죄 교리를, 오늘날 우리가 다시금 기억하고 연구할 가치가 있을까? 이를 통해 현대 교회가 실제로 무슨 유익을 얻을 수 있을까? 개신교회가 최근 이 주제에 관심을 갖게 된 이유들을 살펴보면 그 해답을 얻을 수 있다.

첫째, 7대죄 교리는 영성 훈련과 깊은 관련이 있다. 진정한 의미의 영적 삶이란 죄인인 인간이 하나님께로 나아가는 것을 방해하는 장애물을 제거하고 본래 지음받은 모습으로 회복되어 가는 삶이기에, 깊은 영성으로 나아가기 위해서는 결국 죄의 문제에 집중할 수밖에 없다. 20세기 후반 이후 신학계와 교회 내에서 영성에 대한 관심이 크게 일어났는데, 이때 개신교로서는 낯설었던 '영성' '영성 형성' 등과 같은 신조어가 대거 출현했고 이와 관련된 다양한 책이 출판되었다.[16] 이런 흐름 속에서 기독교 전통 안에 있는 영성 관련 사상과 인물들을 연구하는 작업이 활발해졌고, 그 가운데 동방 교회 신학과 수도원 전통의 영성 훈련 방법, 특히 초기 사막 수도사 안토니우스, 에바그리우스, 카시아누스와 같은 동방 수도사들의 사상과 수도 훈련 지침에 대한 연구가 활발하게 진행되었다. 그중에서도 에바그리우스와 카시아누스가 심도 있게 다룬 일곱 가지 대죄에 관한 가르침이 재발견되면서, 이 주제가 영성 훈련과 관련하여 지니는 본질적 함의에 관심이 고조되었다.

둘째, 대죄를 이해함으로써 그리스도인이 갖추어야 하는 덕에 대한 이해가 깊어질 수 있기 때문이다. 1970년대 중반에 걸출한 기독교 윤리학자인 스탠리 하우어워스(Stanley Hauerwas)가 그간 윤리학계의 주된 흐름이었던 행동 결정을 위한 규범을 강조하는 경향에 대항하여 덕과 성품, 인격을 강조하는 윤리 사상의 가치를 역설했고, 1980년대 전후에는 인문학과 신학 분야에도 덕과 성품, 공동체를 강조하는 사상적 흐름이 일어났다.[17] 이와 같은 흐름 속에서 개신교 신학자들도 그동안 로마가톨릭 신학자들의 전유물처럼 간주되던 아리스토텔레스와 아퀴나스의 덕 윤리를 주목했고, 아울러 일곱 가지 대죄와 이에 대응하는 덕에도 관심을 가지게 되었다.

이와 같은 교회적·신학적 흐름이 보여 주는 것은, 죄에 대한 이해가 인간의 변화와 성숙에 지대한 영향을 미친다는 사실이다. 하지만 오늘날 우리 사회에서는 죄에 대한 의식이나 논의가 거의 사라져 버린 것 같다. 그리스도인조차 '죄'나 '죄인'이라는 단어에 익숙하지 않고 오히려 거부감을 느끼는 실정이다. 계몽주의 시대 이후로 전 사회에 탈종교화와 세속화가 일어나면서 종교적 교리와 가르침의 영향력이 점점 약화되었고, 특히나 죄에 대한 의식은 현저히 줄어들었다. 20세기 미국 정신분석학계의 탁월한 학자 칼 메닝거(Karl Menninger)는 그의 책 『도대체 죄가 어떻게 되었는가?』(*Whatever Became of Sin?*)에서, 죄라는 단어가 세속화된 미국 사회에서 급속히 사라졌고, 그 결과 죄나 악과 같은 도덕적·신학적 용어는 아예 법률적·심리학적 용어로 대체되어 버렸다고 분석했다.[18] 죄라는 말은 이제 교회라는 울타리 안에서만 사용되는 특수 용어로 축소된 것이다. 그러므로 메닝거는 현대 사회의 각종 악과 고통에서 사람들을 보호하기 위해서라도 죄에 대한 각성과 논의가 회복되어야 한다고 강조한다.

　죄는 엄연히 존재하고 있으며, 우리는 그 양상과 결과를 매일 체감하고 있다. 전쟁과 폭력, 지역 간·계층 간 갈등, 소외, 음란물의 범람 등 갖가지 악이 만연해 있고, 이로 인해 사회에 정의와 평화가 사라지고 있다. 이런 것들은 누가 뭐라 해도 죄의 결과다. 일컫는 말을 바꾼다 하더라도 그 실재는 바뀌지 않는다. 이런 죄의 문제를 직면하여 다루고 해결하지 않으면 개인의 삶과 이 세상에는 진정한 평화가 있을 수 없다. 이런 현실 속에서 교회는 죄가 하나님과의 관계와 사람과의 관계를 근본적으로 파괴하고 온갖 사회적 갈등과 불의를 일으키는 중심 실체임을 폭로하고, 죄에 대항하는 교회의 오래된 지혜를 새롭게 증거해야 한다. 이런 점에서 7대죄의 가르침은 오늘날 교회가 다시 돌아보아야 할 중요한 주제들을 담고 있다.

　이 7대죄 문제는 모든 문화에 보편적으로 적용되는 주제이면서도, 문화적·종교적 시각에 따라 각 죄의 성격과 극복 방법에 대한 이해가 조금씩 다를 수 있다. 이 책은 여러 가지 학문적 시각과 분석을 참고했지만, 기본적으로 성경의 가르침과 교부들과 주요 신학자들의 사상을 따라 대죄를 분석했다. 이제 이 죄들이 구체적인 일상에서 어떻게 작용하는지, 공동체와 사회에 어떤 영향을 미치는지를 살펴보고, 이것들을 극복하기 위한 근본적인 방안과 실제적인 지침을 모색해 보도록 하자.

교만
superbia

한 여인이 마귀가 들고 있는 거울에 비친 자기 모습을 보며 경탄하고 있다.

1

교만
뭇별 위의 보좌

교만에 비하면 다른 죄들은 벼룩에 물린 자국과 같다.
C. S. 루이스

겸손의 일곱 번째 단계는 말로만이 아니라 마음으로도 자신을 가장 가치 없는 자로 여기면서 자신이 모든 사람들보다 비천하고 가치가 없다고 확신하는 것이다.
『베네딕트의 규칙서』 7장

프로메테우스는 고대 그리스 신화에 등장하는 예지력을 소유한 신이다. 그는 주신인 제우스의 뜻을 거스르고 천상 세계에서 불을 몰래 훔쳐 인간 세상에 전해 주었다. 이것을 자신의 권력에 대한 대항으로 간주한 제우스는 분노하여 그를 바위에 꽁꽁 묶어 놓았고, 프로메테우스는 독수리로부터 날마다 간을 쪼이는 끔찍한 형벌을 받게 되었다. 헤라클레스가 구출해 줄 때까지 실로 혹독한 대가를 치러야 했던 것이다. 그 불을 전해 받은 인간 세계도 다르지 않았다. 제우스는 여신 판도라에게 각종 병과 악이 가득 찬 상자를 주어 인간 세계로 보냈고, 상자가 열리는 순간 온갖 악과 병들이 창궐하게 되었다. 그리스 신화에서 교만을 의미하는 '휘브리스(hybris)'는 늘 분노를 의미하는 '네메시스'(nemesis)와 짝을 이루어 등장하는데, 이는 '휘브리스'가 신의 분노를 사고 재앙을 초래하는 악임을 말해 준다. 이런 사상은 교만이 인간을 타락시키고 죄와 불행을 이 세상에 가져온 가장 무겁고 핵심적인 죄라는 성경의 사상과 유사하다고 볼 수 있다.

그러나 인간 문명과 과학 기술이 획기적으로 발달한 현대 사회에서 이런 신화적·종교적 경고는 영향력을 잃어 가는 듯하다. 인류는 끈질긴 탐구열과 노력으로 신비의 영역으로만 보였던 세계의 비밀을 속속 밝혀냈고, 불가능해 보이던 것들을 가능하게 하면서 눈부신 문명을 이룩했다. 그렇게 자신의 성취에 자부심을 가진 인간은 세상의 지배자로서 자신의 영역을 점점 확장해 가고 있다. 이제 인간은 이전에 신의 영역이라고 여겼던 영역들, 즉 생명을 조직하고 태어나게 하는 신비의 영역에까지 손을 뻗치며 끝없이 한계를 넘어 더 나은 세상을 만들기 위해 분투하고 있다.

물론 인간이 스스로에게 가지는 신뢰와 자부심은 역사의 진보를 가능하게 하고 전 인류 혹은 개인의 삶을 개척하는 중요한 동력이다. 하지만 건강한 자부심이 아닌 교만을 기반으로 한 인류의 발전은 그 자체로 인간에게 재앙일 수밖에 없다. 실제로 우리는 현대의 화려한 성취 이면에 존재하는, 인류를 위협하는 파괴적인 결과들을 온몸으로 감지하고 있으며, 신적 존재의 영향력에서 벗어나 막다른 골목에 와 있음을 깨닫고 있다. 그러므로 신화 속에서뿐 아니라 오늘을 살아가는 인류 안에도 여전히 존재하며 불행의 원인이 되는, 또한 교회가 인간의 모든 죄 가운데 가장 큰 죄로 인정해 온 '교만'이라는 죄를 제대로 이해한다면, 우리는 하나님과의 온전한 관계를 궁극적으로 회복하는 길을 발견할 수 있을 것이다.

자기 높이기

교만은 자기를 높이는 것이다. 교만을 의미하는 라틴어 '수페르비아'(superbia)는 자기 자신을 높이(supra) 둔다는 의미로, 자신을 실제 상태보다 더 높이는 것을 말한다. 교만한 사람의 일반적 특징은 다른 사람보다 자신을 낮게 여기는 것이다. 그들은 스스로를 탁월하다고 생각하기 때문에 자신이 다른 사람 위에 있거나 사람들 사이에서 중심이 되는 것을 자연스럽게 여기며 행동한다. 이것은 뭇사람들 가운데서 우뚝 드러나고 싶은, "잘못된 높임에 대한 욕구"라고 할 수 있다.[1]

인간은 이 세상에서 피조물을 다스리고 그것을 통해 하나님께 영광 돌리며 살도록 창조되었다. 그러나 하나님의 대리자로서 동물들의 이름을 지어 주고 다스리며 살던 첫 인간은 은연중에 마음이 높아져 스스로 세상을 통치하고자 했다. 이것이 바로 첫 인간의 타락이다. 한편 이 인간을 유혹한 존재는 하나님의 수종을 들던 광명의 천사였는데, 자기 자리를 하나님의 뭇별 위에 높이려 하다가 땅에 떨어져 사탄이 되었다. 이후로 성경에 등장하는 많은 왕과 나라와 인물들은 자기를 높이고 그렇게 높은 존재인 양 행동하다가 몰락하여 비참한 최후를 맞았다. 이들의 한결같은 특징은 자기를 최고로 높이려 했다는 것이다. 구약성경에서 교만을 가리키는 단어인 히브리어 '가아와'(g'wa)는 '높이다'라는 어원에서 유래했다. 이 단어는 하나님의 말씀을 듣지 않는 백성의 자고함(렘 13:9, 17; 겔 7:20, 24)이나 이방 민족들의 자기 나라에 대한 자랑(사 13:19; 16:6; 겔 30:6 등)을 묘사하는 데 쓰였다.[2] 땅과 자신, 이름 등에 대한 자부심이라는 중립적 의미로 쓰이기도 했지만(시 47:5; 사 4:2; 나 2:3) 대개의 경우 부정적인 뜻으로 쓰였다. 그리고 패망에 이르게 하는 원인으로 간주되기도 했다(욥 22:29; 잠 16:18-19; 18:12). 신약성경에는 '휘브리스테스(hybristes, 모욕하는 자)와 '휘페르파노스(hyperphanos, 교만한)라는 단어가 나오는데, '휘브리스테스'는 고대 헬라어에서 교만을 가리키는 대표적 단어인 '휘브리스'에서 왔다. 이 단어는 자기를 탁월하다고 생각하고(약 4:6; 벧전 5:5) 자부심이 지나친 나머지 다른 사람들을 무시하거나 모욕한다는 뜻으로, '능욕하다'로 번역되기도 한다(롬 1:30). 이처럼 성경에 등장하는 교만에 해당하는 단어들은 모두 '자신을 다른 사람 위로 높인다'는 뜻을 지니고 있다.

중세의 문호 단테의 『신곡』(La Divina Commedia)에는 교만했던 자들이 연옥에서 등에 무거운 바위를 지고 느릿느릿 걷는 모습이 등장한다. 그들은 무거운 바위에 눌려 발걸음을 제대로 옮길 수 없을 정도로 혹독한 고통을 받고 있었다. 세상에서는 마음이 높아져 눈을 아래로 깔고 다른 사람을 내려다보며 지내던 자들이, 그곳에서는 가슴이 낮아져 아래만 바라보며 지내야 하는 형벌을 받게 된 것이다.[3] 여기서도 볼 수 있듯이, 교만의 본질은 마음과 눈을 높이고 자신을 우뚝 세우는 것이다.

스스로 하나님 되기

역사적으로 교회는 교만을 단순한 윤리적 개념을 훨씬 넘어서는 신학적 개념으로 이해해 왔다. 이것이 일반 윤리학계와 교회 전통의 현저한 차이점이다. 성경은 교만을 단순히 자기를 높이는 것을 넘어, 하나님을 떠나 스스로 자신과 삶의 주인으로 살아가려는 태도라고 가르친다. 아우구스티누스는 인간의 첫 범죄는 하나님의 통치를 거부하고 스스로 하나님처럼 되어 자신과 세계를 통치하며 살려고 한 것이었다고 해석했다(창 3:1-7). 시날 평지에서 바벨탑을 쌓던 인간의 행동도 다르지 않았다(창 11:1-9). 모여 살며 문명을 이루고 힘이 강성해지자, 사람들은 교만해져서 "우리 이름을 내고 온 지면에 흩어짐을 면하려고"(창 11:4) 했다. '이름을 내다'라는 말의 원뜻은 '스스로 이름을 짓는다'는 의미다. 에덴동산에서 아담이 동식물에게 이름을 지어 주었던 것처럼(창 2:20), 이름을 짓는다는 것은 그 대상에 대한 주권과 지배권을 가짐을 의미한다. 즉 그들은 바벨탑을 쌓고 성을 건설하여 함께 지내면서 스스로 하나님 대신 땅의 지배자요 주권자로 살려고 했던 것이다. 그래서 하나님은 결국 그들을 흩으셨다. 사무엘하에도 이스라엘 왕 다윗이 하나님의 명령을 거스르며 자기 뜻대로 인구 조사를 하는 내용이 나온다. 요압은 왕의 명령에 저항하며, 하나님이 이스라엘 백성의 규모와 상관없이 나라를 지키실 것임에도 그것을 믿지 못하고 자기 군대의 힘을 의지하려는 왕을 책망한다(삼하 24:3). 다윗의 행위는 하나님과 관계없이 스스로의 힘으로 나라를 지키려는 명백한 교만이었던 것이다.

이처럼 교만이란 하나님 없이 자기 힘으로 살아가고자 하는 것으로, 하나님의 법도를 무시하고 자기 뜻과 생각대로 하는 행동을 통해 확연히 나타난다(시 119:21, 69, 78, 85). 그래서 아우구스티누스는 첫 인간의 죄는 자기 눈이 밝아져 하나님같이 되기를 기대한 교만이었다고 말한 바 있다. 하나님같이 되려는 의지가 이미 있었기 때문에 이런 악한 행동이 나왔다는 것이다. 자신을 하나님처럼 높이려는 것은 자신이 굳게 뿌리내려 있어야 하는 "자신의 근원이신 하나님을 버리고 자기 자신을 그 근원으로 삼는 것"이라고 했다.[4] 그러므로 교만은 도로시 세이어즈의 말처럼 결국 스스로 "하나님이 되려는 것"과 다름없다.[5]

    기독교 윤리학자 라인홀드 니부어(Reinhold Niebuhr)는 첫 인간이 저지른 범죄의 핵심은 교만이고, 그것의 본질은 "자기중심성"이라고 분석했다. 인류의 조상 아담이 하나님의 명령을 거부하고 선악을 알게 하는 과실을 따먹은 것은, 하나님을 의지하고 순종하며 살아야 하는 피조물의 신분을 벗어나 스스로 운명의 주인이 되려고 한 행동이라는 것이다. 본래 인간은 한편으로는 자기 결정권을 갖고 자기 한계를 극복해 갈 능력을 지닌 존재이면서도, 다른 한편으로는 스스로는 결코 충족될 수 없는 '유한성'과 '의존성', '불충족성'이라는 본질적 한계를 지닌 이중적 존재였다.[6] 그리고 이와 같은 조건 아래서 하나님을 의지하고 그분의 보호를 받으며 살아가거나, 아니면 한계를 뛰어넘어 하나님 없이 스스로 운명을 책임지며 살거나 둘 중 하나를 선택할 수 있었다. 그런데 첫 인간은 결국 후자를 택했다. "과실을 먹으면 눈이 밝아져 하나님처럼 되어 선과 악을 알게 될 것"이라는 유혹에 빠져 스스로 통치자가 되고자 한 것이다. 니부어는 이 창조 기사를 해석하면서, 교만은 하나님의 통치를 거부하고 자신이 중심이 되어 사는 것이라고 말했다. 이처럼 교만은 자기를 높이는 것이고 결국은 하나님의 자리를 차지하는 것이다. 이와 같은 교만의 본질은, 사탄이 자기를 높여 하나님 자리에 앉아 세상을 다스리려고 시도하다 천사의 무리에서 떨어진 것을 보면 분명히 알 수 있다. "내가 하늘에 올라 하나님의 뭇별 위에 내 자리를 높이리라.…가장 높은 구름에 올라가 지극히 높은 이와 같아지리라"(사 14:13-14).

교만의 이런 성격 때문에, 6세기의 그레고리우스는 교만을 일곱 대죄 중의 하나가 아니라 다른 일곱 대죄의 뿌리라고 말했다.[7] 교만에서 다른 모든 죄가 나온다는 것이다. C. S. 루이스(Lewis) 역시 교만이야말로 죄 중의 죄요 "가장 큰 죄"이며, 다른 모든 죄악은 교만에 비하면 마치 "벼룩에 물린 자국"에 불과하다고 말했다.[8]

교만의 특징

자기기만 교만한 사람은 스스로를 무척 대단하게 여기며 자랑스러워하는데, 실제로 탁월한 경우도 있지만 그렇지 않은 경우도 허다하다. 그레고리우스는 교만의 네 가지 특징 중 하나가, 사실이 그렇지 않음에도 자신이 무언가를 갖고 있다고 우쭐거리는 것,[9] 즉 스스로를 속이는 자기기만적 성격이라고 말했다. 또한 칼뱅은 타락한 인간에게는 교만으로 인해 본성적으로 자신을 속이는 성향이 있다고 했다. 그렇기 때문에 이따금 착한 행동을 할 때 자신이 정말 선하다고 믿어 버린다는 것이다. 대부분 사람은 이와 같은 습관적인 자기기만적 성향에 젖어 있고, 그렇게 의식하지도 못하는 사이 자신의 선함과 탁월함을 기정사실화한다.

성전에 기도하러 올라간 바리새인과 세리의 비유는 인간의 이런 모습을 잘 보여 준다(눅 18:9-14). 바리새인은 이렇게 기도한다. "하나님이여, 나는 다른 사람들 곧 토색, 불의, 간음을 하는 자들과 같지 아니하고 이 세리와도 같지 아니함을 감사하나이다. 나는 이레에 두 번씩 금식하고 또 소득의 십일조를 드리나이다"(11-12절). 바리새인은 자신이 율법에 따라 행동하기 원하고 또 그렇게 살고 있었기에 스스로 의롭다고 믿었다. 하지만 실제로 하나님은 그를 의롭게 여기지 않으셨다.

임상심리학자인 솔로몬 쉬멜(Solomon Schimmel)은 자신을 찾아온 한 내담자에 관한 일화를 들려준다. 내담자는 동료가 자기를 제치고 먼저 승진하자 마음이 쓰라리고 분노가 치밀어 일을 제대로 하지 못하는 지경에 이르렀다며 고통을 호소했다. 쉬멜은 내담자에게 왜 자신이 그 동료보다 먼저 승진해야 한다고 생각하는지 물었고, 그 내담자는 자신이 부서에서 가장 지적이고 유능하기 때문이라고 대답했다. 쉬멜은 그 말을 듣고 그것이 사실인지 내담자와 함께 꼼꼼히 분석해 나갔고, 그 작업이 끝날 때쯤 내담자는 실제로 자신이 생각만큼 지적으로 탁월하거나 유능하지 않다는 사실을 깨닫게 되었다. 그것을 깨닫고 받아들이는 과정은 고통스러웠지만, 분노로 꽉 막힌 마음은 어느새 조금씩 풀려 갔다. 자신의 분노가 정당하지 않음을 깨달았기 때문이다. 쉬멜은 사실과 다르게 스스로를 탁월하다고 생각하는 자기기만, 즉 교만이 그 문제의 원인이었다고 진단한다.[10] 사도 바울은 고린도 교인들이 파당을 짓고 자기 지도자와 자기 은사를 자랑하며 스스로 지혜롭다고 생각하는 것을 보고, 그들 안에 있는 자기기만을 엄중히 질책했다. "아무도 자신을 속이지 말라"(고전 3:18).

공동체의 분열 교만한 사람은 타인의 의견을 존중하거나 경청하지 못한다. 자신의 판단과 생각이 더 합리적이고 의롭고 도덕적이라고 생각하기 때문이다. 그들은 다른 견해를 들을 필요를 그다지 느끼지 않으며, 혹 듣는다 하더라도 진심이 아니라 그저 예의상 듣는 시늉만 하는 경우가 많다. 특별히 자신이 진정으로 회사와 자기 부서의 발전에 기여하고 있다고 생각하는 사람은 일종의 도덕적 우월 의식에 빠져 다른 동료들을 무시하거나 멸시한다. 이러한 태도는 집단이나 국가적 차원에서도 동일하게 발견된다. 선진국들은 저개발 국가들의 문화나 삶의 방식을 무시하는 경향이 있는데, 딱히 참고할 만한 탁월한 것이 없다고 생각하기 때문이다. 결국 교만은 쌍방의 대화와 소통을 어렵게 만들고 독단적 고립 상태를 불러온다.

또한 교만은 주위 사람들에게 상처를 입혀 조직의 평화와 관계를 해친다. 이들은 동료가 어떤 식견과 능력이 부족하거나 어떤 일을 잘 못하는 것을 보면 참지 못하고 비판의 날을 세운다. 비록 말로 비판하지 않는다 하더라도 마음과 눈길로 무시해 버림으로써 함께 일하는 동료에게 상처를 준다. 또 교만한 사람은 어른이나 선배의 말에도 별로 귀를 기울이지 않는다. 자기 생각이 더 옳기에, 더 높은 권위에서 오는 정당한 지도나 통치를 무시하고 때로는 거부한다. 이처럼 교만한 사람들이 있으면, 조직은 결속력이 떨어지고 관계가 냉랭해지기 십상이다. 세이어즈는 교만과 시기, 탐욕, 나태를 "차가운 마음의 죄"로, 분노와 정욕, 탐식을 "뜨거운 마음의 죄"로 나누어 분류했는데 전자를 훨씬 치명적인 죄로 보았다.[1] 그 죄들은 사람들에게 해악을 끼쳐 결국 공동체를 파괴하기 때문이다. 예수님이 교만한 바리새인과 서기관들을 신랄하게 비판하신 것도 바로 이 때문이었다.

최후까지 남는 죄 교만이 모든 죄의 뿌리라고 말하는 데는, 다른 죄의 원천이라는 의미 외에 다음과 같은 의미도 내포되어 있다. 교만은 뿌리처럼 땅속 깊이 박혀 눈에 보이지 않기 때문에 가지에 해당하는 모든 죄가 제거된 후에도 남아 있어 제거하기가 몹시 어렵다. 나무를 뿌리째 뽑지 않으면 언젠가 다시금 싹이 트고 가지가 솟아나듯이, 교만은 탐욕, 정욕, 탐식과 같은 대죄들이 다 제거된 뒤에도 슬그머니 머리를 쳐들고 나온다.

C. S. 루이스는 『스크루테이프의 편지』(The Screwtape Letters, 홍성사)에서 교만이 얼마나 끈질기게 생존하고 활동하는지를 잘 보여 준다. 늙은 삼촌 악마는 젊은 조카 악마에게 이렇게 조언한다. 신자가 겸손해지면 위기감을 갖고 긴급히 대응해야 하는데, 그 상황에서는 무엇보다 자기가 겸손해졌다는 사실에 관심을 갖도록 유도해야 한다는 것이다. '세상에 내가 이렇게 겸손해지다니!' 하는 자부심과 만족감을 갖게 되면, 그 순간 자신이 겸손해졌다는 교만이 고개를 쳐든다. 신자가 이것조차 유혹으로 생각하고 마음을 다잡으려고 한다면, 자신이 이렇게 근신하려고 한다는 사실 자체를 자랑스러워하도록 만들

면 된다고 조언한다.[12]

 이 이야기는 교만이라는 악의 뿌리를 뽑기가 얼마나 힘든지를 잘 보여 준다. 정직하고 의롭게 살아가는 우리 이웃들 역시 이와 유사한 갈등을 겪는다. 예를 들어 소득의 상당 부분을 가난하고 어려운 이들을 위해 나누며 소박하게 살아가는 사람들의 경우, 그런 삶을 도우시는 하나님께 감사하는 마음이 도덕적 자부심으로 자리 잡으면서, 그렇게 살지 못하는 자들에 대해 도덕적 우월 의식을 갖는 것이다. 결정적으로 우리는 수도사들의 분투를 통해 교만의 끈질기고 강력한 속성을 엿볼 수 있다. 공동 수도 생활과 다양한 훈련으로 욕망을 다스리는 데 모든 힘을 쏟고 마침내 자기를 비우는 상태에 이르는 순간, 바짝 엎드려 숨어 있던 교만이 슬그머니 머리를 들고 나오는 것이다. 모든 욕망을 다스리게 된 것에 감사하는 순간, 그 마음이 묘하게 자부심과 교만으로 변모해 간다.

최악의 교만: 영적 교만

보통 사람들은 권력이나 명예, 재물, 사회적 지위 같은 것을 얻으면 우쭐해지고 교만해지기 쉽다. 한 예로, 구약성경에 나오는 두로 왕은 최고 전성기 때 획득한 재물과 준수한 외모 때문에 교만해졌다(겔 28:5, 17). 그런데 이런 일상적인 것과는 차원이 다른, 소위 경건한 자들이 빠지기 쉬운 교만이 있는데, 바로 영적 교만이다.

 수도사 카시아누스는 수도원에서 생활하는 수도사일수록 특히 이를 경계해야 한다고 엄중히 가르쳤다.[13] 또한 라인홀드 니부어는 교만을 '권력에 대한 교만' '지적 교만' '도덕적 교만' '영적 교만'으로 나누어 언급하면서, 영적 교만이 이중 가장 위험하다고 지적했다.[14] 경건하고 기도를 많이 하는 신자일수록 영적 교만에 빠질 가능성이 상대적으로 높은데, 대표적인 인물로는 성경에 나오는 바리새인을 들 수 있다. 그들의 일상은 율법을 연구하고 가르치고 율법에 따라 금식하고 구제하는 일로 채워져 있었다. 그런데 이 바리새인들은 상석에 앉고 사람들의 문안 받기를 좋아하는 사람들이었다(눅 20:46). 자신이 거룩한 하나님의 율법을 가까이하고 그와 관련된 직무를 행하기 때문에 당연히 존중받아야 한다고 생각한 것이다.

그레고리우스는 영적 교만을 '화살'에 비유했다. 화살은 언제 어디서 날아올지 예측할 수 없다. 성직이라 불리는 목회를 하고 있거나 남다른 영적 체험을 했기 때문에 스스로 특별한 은혜를 받은 거룩한 자로 여기는 사람이 있다면, 그는 영적 교만이라는 화살을 이미 맞은 것인지도 모른다. 이렇게 의식하지 못한 채 화살을 맞으면 그 상처도 훨씬 깊다. 그레고리우스는 이런 사람들은 무수한 악을 피했지만 그 모든 악보다 더 큰 악인 교만은 피하지 못한 셈이라고 말했다. 한편 니부어는 영적 교만이 종종 도덕적 교만에서 발전하는 경우가 많다고 보았는데, 사람들은 흔히 자신의 도덕성 때문에 하나님께 깨끗한 자로 인정받고 호의를 얻으리라 생각하기 때문이다.

때로 교회와 신자들은 자신이 속한 신학 및 신앙 전통에 대한 자부심 때문에 이런 교만에 빠지기도 한다. 그래서 네델란드 신학자 아브라함 카이퍼(Abraham Kuyper)는 자신이 속한 개혁 교회를 향해, 개혁주의 신앙이라는 귀한 유산을 물려받은 것을 감사하되 그것으로 다른 신학적 유산을 지닌 교회를 폄하하거나 함부로 판단하는 어리석음을 범해서는 안 된다고 경고했다. 이런 명백한 교만에서 나오는 승리주의적 태도는 다른 신앙 전통에 속한 그리스도의 몸 된 교회와 신자들에게 상처를 주고 교회의 연합을 깨뜨린다.

우리는 주변에서 이런 영적 교만의 사례를 많이 경험한다. 기도를 많이 하는 신자들은 이런저런 일로 힘들어하는 교우에게 간혹 사려 깊지 못한 신앙적 조언을 한다. "기도가 부족해서 그래요. 하나님이 이 일을 통해 당신에게 좀더 기도하라고 요구하시는 것 같아요." 우리는 이와 같은 영적 우월 의식에서 나오는 태도를 철저히 경계해야 한다. 욥이 자신의 범죄 때문에 혹독한 고난을 받았다고 볼 수 없듯이, 그 사람도 기도가 부족하거나 회개하지 않은 잘못이 있어서 고난을 당하는 것이 아닐 수 있다. 당시 욥에게 신학적으로 '바른' 조언을 했던 세 친구는 결국 하나님께 질책을 받았다(욥 42:7-9). 사람이 겪는 고난 중에는 때로 이해하기 어려운 것이 있는데, 그것은 오로지 하나님의 소관이다(신 29:29). 자신이 마치 해결 방법을 아는 듯이 조언하는 것은 영적 교만의 소치다. 하나님은 세상의 지혜로운 사람에게는 하나님 나라의 비밀을 숨기시고, 오히려 지극히 작은 자들에게 그것을 나타내신다(마 11:25-27).

교만을 이기는 길

교만을 극복하기 위해 어떻게 할 것인가? 교만의 성격과 특징을 분석한 바에 따라 대응하는 극복 방안을 마련해 가는 방법이 필요하겠지만 그러나 이 방법으로는 뭔가 부족하다. 아퀴나스는 악을 버리는 일에 힘쓰는 만큼 그와 동시에 대응하는 덕을 입는 방향으로 나아가야 한다고 강조한다. 이것은 바울이 성도는 그리스도를 본받아 서로 사랑하기를 힘써야 한다고 가르친 것과 흐름을 같이 한다. 바울은 성도들에게 적극적으로 사랑과 감사의 덕을 갖추어 행하라고 권면했다(엡 5:2, 4). 그리스도인이 악을 버리고 덕을 입는다는 것은 시간적 순서가 아니라 다분히 논리적인 순서라 해야 할 것이다. 두 가지는 동시에 진행된다. 덕이 형성됨에 따라 악이 조금씩 힘을 잃고 물러가는 것으로 보아야 한다.

자기 실상 바로 보기　　사람이 자기를 높이는 이유 중 하나는, 자신의 참 모습을 제대로 인식하지 못하기 때문이다. 따라서 자신의 실상을 바로 보는 것은 교만의 기초를 제거함으로써 교만을 극복하는 첫걸음이라고 할 수 있다. 그런데 사람들은 대개 자기 실상을 제대로 알지 못한다. 칼뱅은 그 이유를 두 가지로 설명하는데, 첫째로 인간은 본성적으로 교만해서 자신이 의롭고 지혜롭다고 생각하기 때문이고, 둘째로 세상의 오염된 도덕적 기준으로 자신을 판단하기 때문이라고 했다. 사람들은 흔히 세상의 기준으로 자신의 행위를 조명해서 별 문제가 없으면 자신이 도덕적이라 생각하고, 심지어 덜 악한 것은 선한 것이라고 판단해 버린다. 행여 자신의 모습을 본다 하더라도 바로 외면해 버리기 때문에, 여간해서는 자신의 실상을 제대로 알 수 없다.[15] 따라서 칼뱅은 사람이 자신을 제대로 보려면 사람이 아닌 하나님께로 눈을 돌려야 한다고 주장한다. 다른 방법은 없다. 절대자요 전능자이신 거룩한 하나님을 보게 되면 그분을 통해 자신을 알 수 있다. 칼뱅은 『기독교 강요』(Institutes of Christian Religion)에서 이렇게 역설한다. "하나님에 관한 지식과 우리 자신에 관한 지식은 서로 연결되어 있다." 즉 하나님을 알지 못하면 인간은 자신이 어떤 존재인지 결코 알 수 없다. 그래서 시편 기자는 이렇게 노래한다. "어리석은 자는 그의 마음에 이르기를 하나님이 없다 하는도다"(시 14:1). 하나님을 알지 못해서 감히 "하나님이 없다!"고 주장하는 사람은, 근본적으로 자기 실상을 깨닫지 못하고 피상적인 것밖에 볼 줄 모르는 어리석고 미련한 자다.

C. S. 루이스의 소설 『우리가 얼굴을 찾을 때까지』(Till We Have Faces, 홍성사)는 신화를 재구성해서 쓴 것인데, 이 책에서 저자는 인간을 자기 얼굴을 위장하고 감춘 채 얼굴 없이 살아가며 자신을 정확히 인식하지 못하는 존재로 묘사한다. 주인공 오루알은 자신의 추한 얼굴을 늘 위장하고 살았는데, 아름다운 동생 프시케를 데려간 신을 고소하기 위해 신 앞에 나아간다. 그런데 신 앞에 서는 순간 비로소 수건을 벗은 자신의 본래 얼굴을 보게 되고, 신의 거룩함 앞에서 자신이 죽을 수밖에 없는 미천한 존재임을 깨닫는다. 그리고 왜 신이 자신의 불만에 해명해 주지 않았는지, 그 대답을 듣기도 전에 깨닫게 되었다. 신을 만난 것 자체가 그 대답이었기 때문이다.[16] 인간이 하나님을 보고 경험할 때 자기 얼굴을 찾고 실상을 알게 된다는 이 소설의 내용은, 칼뱅이 『기독교 강요』 첫 장에서 말한 메시지와 아주 흡사하다.

우리의 생각을 높이 올려서 하나님께로 향하기 시작하여 그가 어떤 분이신가를 생각하고, 또한 그의 의와 지혜와 권능이 얼마나 절대적으로 완전한가를 생각하고, 또한 그것이야말로 우리가 따라야 할 표준인 것을 생각하면, 그 이전에 정의인 것처럼 뽐내어 우리를 즐겁게 하던 것들이 그야말로 추악하고 더러운 것이 되고 말 것이며, 지혜라는 이름으로 인간에게 감동을 주던 것들이 지극히 어리석은 냄새를 풍기게 될 것이고, 또 덕스러운 열심의 모습을 보이던 것들이 지극히 비참한 무능함으로 드러나고 말 것이다. 다시 말해서, 완전 그 자체인 것처럼 보이던 것들이 하나님의 순결하심에 비추어 보면 그것과는 너무나도 거리가 먼 것임이 드러나는 것이다.[17]

인간의 실상은 하나님 앞에서 낱낱이 밝혀진다. 마치 한 줄기 빛에 어둠 속 먼지가 생생히 드러나듯이 말이다. 하나님 앞에 서면 인간은 한갓 지렁이와 같이 누추한 존재임을 깨닫게 된다(사 41:14). 이런 자기 실상을 제대로 보고 알게 되면 인간은 한없는 두려움에 사로잡힐 수밖에 없다. 이사야는 천상의 어전 회의 광경을 보고 두려워하며 "화로다 나여, 망하게 되었도다. 나는 입술이 부정한 사람이요, 나는 입술이 부정한 백성 중에 거주하면서 만군의 여호와이신 왕을 뵈었음이로다"(사 6:5)라고 자백했다. 베드로도 그랬다. 그는 밤새 물고기 한 마리도 잡지 못하다가 예수님의 말씀대로 행해 그물이 찢어질 정도로 고기를 많이 잡아들인 뒤, 즉각 예수님께 나와 엎드려 "주여, 나를 떠나소서. 나는 죄인이로소이다!"(눅 5:8)라고 고백하며 두려워했다. 욥은 자신의 무죄함을 내세우며 고난의 부당함을 강변했지만, 하나님이 그에게 나타나 그분이 만드신 창조세계의 기묘한 질서와 그 안에 드러난 하나님의 통치와 지혜를 깨닫게 하자(욥 39장) 비로소 자신이 하나님의 섭리와 통치의 길에 대해 감히 언급조차 할 수 없는 우매한 자임을 깨달았다. 그래서 그는 자신이 내뱉은 온갖 말을 부끄러워하며 철회하고 "무지한 말로 이치를 가리는"(욥 42:3) 어리석음을 회개했다.

이처럼 인간이 하나님의 거룩한 임재 앞으로 나아가는 것이야말로 자신의 정직한 모습을 노출시키는 핵심적인 방법인데, 그렇게 할 수 있는 가장 중요하고 실제적인 통로는 바로 하나님의 말씀이다. 실제로 이스라엘 백성이 하나님의 거룩과 그분이 요구하는 의의 수준을 끊임없이 인식함으로써 자기의 처지를 정직하게 알 수 있었던 것은 바로 모세의 율법을 통해서였다. 율법에는 하나님의 의가 드러나기 때문이다. 백성들은 그것을 통해 의에 이를 수 없는 자신의 무능과 불의를 깨달으면서 심판에 대한 두려움에 사로잡혔다.[18] 율법이 하나님의 의와 인간의 악을 동시에 보여 주는 거울 기능을 한다는 칼뱅의 주장처럼, 인간은 이 거울을 통해 자신의 비참한 실상을 알고 절망하고 낮아질 수 있다.

초기 사막 수도사들에게도 빼놓을 수 없는 것이 바로 하나님의 말씀을 읽는 것이었다. 그들은 매일 함께 모여 말씀을 읽었다. 오늘날 '거룩한 독서'로 알려진 '렉치오 디비나'(*Lectio Divina*)는 이 수도원 전통에서 온 것이다. 이들은 정해진 시간에 매일 함께 말씀을 읽고(*lectio*), 묵상하며(*meditatio*), 시편 말씀으로 쓰인 찬송을 부르고(*oratio*), 개인적으로 그 말씀을 붙들고 하나님의 임재를 추구하며 침묵으로 깊이 기도했다(contemplatio).[19] 이런 과정 가운데 그들은 하나님을 깊이 추구하는 수도 생활 이면에 존재하는 (남을 판단하기 좋아하고, 조금만 불편해도 화를 내고, 조금도 양보하지 않으려 하는) 자신의 이기적이고 옹졸한 모습을 선명히 비추어 볼 수 있었다.

이렇게 하나님의 말씀을 가까이하는 수도사들은 자신의 더러운 내면을 더 치열하고 생생하게 볼 수밖에 없었고, 그만큼 겸손에 대한 열망도 컸다. 그래서 주의 은혜와 도움을 간구하는 '예수 기도'(Jesus Prayer)가 수도사들의 삶에 매우 중요한 위치를 차지했다. 수도사들은 많은 말 대신, "하나님의 아들 주 예수 그리스도시여, 더럽고 형편없는 저를 불쌍히 여기소서"의 형태로 구성된 짧은 기도를 하루에도 수십 번씩 드리곤 했다.[20] 이 기도는 2세기 이집트와 팔레스타인, 동방 교회 수도원에서 시작되어 서방 교회로 전해졌고, 현재는 로마가톨릭교회 안에서도 사용되고 있다. 이렇듯 자신의 정직한 모습을 치열하게 들여다보는 사람에게는 필연적으로 하나님이 원하시는 겸손의 경지로 나아갈 수 있는 복된 기회가 주어진다.

공동체 훈련 공동체에 속한다는 것은, 자기만의 방식을 내려놓고 공동체가 추구하는 삶의 방식을 자기 것으로 삼아 타인과 함께 생활하겠다는 의미다. 따라서 공동체 생활에는 공동의 질서와 규율과 특정한 삶의 방식을 따르는 것이 전제된다. 이는 새로운 자아를 형성하고 겸손을 비롯한 소중한 덕목을 익히는 데 실제적인 도움이 된다.

5세기 수도사였던 성 베네딕투스는 수도원에서 생활하는 수련생에게 순명(順命)과 겸손을 필수적으로 가르쳤다. 수도사들은 하나님의 말씀뿐 아니라 수도원장의 말도 경청하고 정해진 규율을 따라야 했다. 육체노동, 거룩한 독서, 기도는 결코 빠뜨려서는 안 되며, 식사 시간에 준수해야 할 것과 다른 수도사와의 관계에서 지켜야 할 규칙들도 따라야만 했다. 이렇게 하지 않으면 수도원 생활이 불가능했기 때문이다. 베네딕투스는 『베네딕트의 규칙서』(Rules of Benedict, 한국고등신학연구원) 첫 장에서 수도사를 네 가지 유형으로 분류했다. 첫째는 수도원장의 감독을 받고 규율을 따라 다른 수도사들과 함께 공동 수련을 하는 회수도사(cenobite), 둘째는 오랜 기간 수도원 생활을 통해 충분히 수련한 뒤 혼자 물러나 수련하는 은둔수도사(anchorite), 셋째는 공동생활의 경험 없이 자기 방식으로 수련하는 독립수도사(sarabaite), 넷째는 여러 수도원을 유랑하며 수도하는 유랑수도사(gyrovague)다. 베네딕투스는 이중 셋째 유형은 '수도사라 할 수 없는 자들'로 보았고, 넷째 유형은 '그보다 더 나쁜 유형의 무리들'로 평가했다. 그리고 첫째 유형인 회수도사가 가장 바람직한 수도사라고 보았다.[21] 수도원의 질서에 따르는 공동생활이 겸손과 경건을 배우는 첫 걸음이기 때문이다.

수도원은 다양한 배경과 성품을 가진 수도사들과 공동으로 생활하는 곳이기 때문에 자기만의 사고방식이나 생활 습관을 제어하지 않으면 서로 부딪힐 수밖에 없다. 이런 환경에서 교만은 최고의 적이다. 자기만 옳고 타인의 행동과 사고를 함부로 판단하는 교만은 필연적으로 공동체의 결속을 깨뜨린다. 그래서 구성원들은 동료가 마음에 들지 않아도 인정하고, 그 말을 한번 들어보고, 인내하는 연습을 하면서 서로에게 자기를 맞추는 것을 몸으로 배우고 익혀 가야 한다.

그래서 베네딕투스는 자기를 부인하는 겸손이 공동체의 번성을 위한 필수적인 덕이라 여기고 수도원 규칙에서 그것을 가장 강조했다.[22]

그렇다면 오늘날 그리스도인들이 공동체 훈련을 할 수 있는 최적의 장소는 어디일까? 바로 교회다. 교회에 속한다는 것은 단순히 예배에 참석하는 것 이상의 의미가 있다. 교회란 다양한 배경과 모습을 지닌 하나님의 자녀들이 다양한 '지체'로서 유기적으로 결합해 '한 몸'을 이루는 곳이다. 그리스도인은 교회를 통해 '자기 안'의 삶에서 '우리 안'의 삶으로 들어간다. 사실 이와 같은 목적이 없다면 사회적 신분과 지위, 지식수준과 연령 등이 저마다 다른 사람들이 서로 어울려 함께 지내기란 불가능할 것이다. 실제로 많은 교회 구성원들이 생각과 기호가 달라 충돌하고, 그것을 견디지 못해 교회를 떠나기도 한다. 그러나 자신을 교회를 이루는 한 지체로 인식하고 헌신하는 사람들은, 불편을 감수하고 공동체의 하나 됨을 위해 스스로를 훈련해 간다. 이런 사람들에게 교회는, 예배나 의식, 여타 모임과 관련된 공동의 가치와 규율을 함께 지키고 상호 복종이라는 미덕을 훈련할 수 있는 훌륭한 공동생활의 장이 된다.

디트리히 본회퍼(Dietrich Bonhoeffer)는 신자들이 공동체에서 다른 신자들과 친교하며 지낸다는 것 자체가 하나님이 주신 "은혜의 선물"이라고 말했다.[23] 그는, "이 땅에서 어떤 공동체든지 함께하기 싫은 자를 배제하기 위해 외딴곳에 자리 잡아서는 안 되고 그들과 함께 지내야 한다"고 가르쳤다. 심지어 "원수와도 함께 생활할 수 있어야 한다"고 말했다. 이처럼, 교만과 싸우고자 하는 그리스도인은 반드시 공동체에 속하고 공동생활에 힘쓸 필요가 있다.

겸손을 향하여　　예수님은 제자들에게 이렇게 말씀하셨다. "무릇 자기를 높이는 자는 낮아지고 자기를 낮추는 자는 높아지리라"(눅 14:11). 베네딕투스는 이 말씀을 인용하면서, 하나님은 겸손한 자를 가까이하시고 하늘에 이르게 하신다고 가르치며 수도사들에게 그 무엇보다 겸손할 것을 역설했다. 교회는 겸손이야말로 신자가 지녀야 할 최고의 덕이라고 가르쳤고, 아우구스티누스 역시 첫째도 겸손, 둘째도 겸손이라고 말했다.

단테는 연옥에서 교만한 사람들이 모여 있는 곳을 지나 다음 장소로 이동하는 과정에서 천사의 노래를 들었다. "심령이 가난한 자는 복이 있나니, 천국이 저희 것임이요"라는 가사의 노래였다. 교만과 대응을 이루는 겸손은 다름 아닌 가난하고 낮은 마음을 지니는 것이다.[24] 겸손을 '하심'(下心)이라 칭하는 불교 역시, 겸손을 마음을 낮추는 것으로 본다. 불교 신자들은 하심을 위해 먼저 삼천 배를 시작하는데, 몸을 바닥에 바짝 붙임으로써 마음을 낮추려는 것이다. 예수님은 직접 자신을 가리켜 "나는 마음이 온유하고 겸손하니"(마 11:29)라고 하셨는데, 여기서 쓰인 "겸손하니"라는 말의 헬라어 '타페이노스'는 마음이 낮음을 의미한다. 이렇게 진정으로 마음을 낮추기 위해서는 부단히 의식해야 할 것이 있다.

첫째, 인간은 하나님이 창조한 피조물이며 하나님이 자비를 베푸시지 않으면 심판을 피할 수 없는 죄인이라는 사실을 기억해야 한다. 이스라엘 백성이 율법을 손목에 매달아 놓고 읽었던 것과 같이 우리는 그 사실을 늘 마음에 새기고 상기해야 한다. 자신에게 뭔가 탁월한 것이 있다면 그 영광은 우리 것이 아니라 그것의 원 주인이신 하나님께 있다. 그리고 시편 기자가 고백하듯이, 하나님이 지혜를 거두시면 우리는 무지몽매한 존재가 될 수밖에 없고, 하나님이 우리를 멀리하시면 우리는 망할 수밖에 없다. 거룩하신 하나님 앞에서 우리는 "짐승"과 같은 존재일 뿐이다(시 73:22-23). 이런 의식을 가지고 살아간다면 자신이 가진 어떤 선한 것 때문에 남을 업신여기거나 감히 자기를 높이려는 태도를 버릴 수 있을 것이다. 그런 사람은 하나님이 맡기신 일을 행한 후에, 하나님께 영광을 돌리고 그 일을 할 수 있게 해 주심을 감사함으로써 스스로 무익한 종임을 고백할 수 있다.

둘째, 일상생활에서 다른 사람을 자기보다 낫게 여기고 낮은 자리를 찾아 앉도록 의지적으로 노력해야 한다. 자신의 정직한 실체를 깨닫는 것도 중요하지만, 상석을 피하고 뒷자리에 앉으려는 실제적 행동도 그 못지않게 중요하다. 생각이 행동을 낳지만 때로는 행동이 의식을 낳기 때문이다. 예수님은 하나님의 아들이셨지만 인간의 몸을 입고 말구유에서 태어나셨다. 몸을 낮춰 제자들의 발을 직접 씻기셨고, 나귀를 타고 입성하셨고, 십자가를 지셨다. 바울은 예수님의 겸손을 이렇게 표현했다. "그는 근본 하나님의 본체시나 하나님과 동등됨을 취할 것으로 여기지 아니하시고, 오히려 자기를 비워 종의 형체를 가지사 사람들과 같이 되셨고, 사람의 모양으로 나타나사 자기를 낮추시고 죽기까지 복종하셨으니, 곧 십자가에 죽으심이라"(빌 2:6-8). 삶 속에서 실제로 자신보다 남을 낮게 여기고 박수받는 자리를 되도록 피하다 보면, 조금씩 어깨에 힘이 빠지고 허리가 유연해져 더 숙이게 되고 입에서 부드러운 말이 나오고 손과 발은 다른 사람을 섬기는 데 더 빨라질 것이다.

자신을 낮추면 하나님이 높이신다. 하나님은 십자가를 지신 예수님을 다시 일으키시고 만물을 다스리는 주로 세우셨다. "이러므로 하나님이 그를 지극히 높여 모든 이름 위에 뛰어난 이름을 주사"(빌 2:9). 예수님은 공생애 기간에 "누구든지 첫째가 되고자 하면 뭇사람의 끝이 되며 뭇사람을 섬기는 자가 되어야 하리라"(막 9:35)고 말씀하셨고, 또 "자기를 낮추는 자는 높아지리라"(눅 14:11)라고 가르치셨다. 그러나 겸손이 주는 값진 보상은 하나님이 약속하신 평안이다. 겸손은 하나님을 의지하는 마음을 창조하고, 우리로 하여금 젖 뗀 아이가 그의 어머니 품에 있는 것 같은 고요와 평온을 누리게 한다. 이것이 바로 하나님이 주시는 최고의 복이다(시 131:1-2).

성찰과 나눔

1. 긍정적인 자아상(혹은 건전한 자존감)과 교만은 어떤 차이점이 있는가?
2. 라인홀드 니부어는 교만을 네 종류로 나누었는데 그것들은 무엇인가? 그중에서 가장 심각한 교만은 무엇이며, 그 이유는 무엇인지 설명해 보라.
3. 칼뱅이 『기독교 강요』 첫 머리에서 서로 연결되어 있다고 말한 두 가지 지식은 무엇인가? 자기 실상을 바로 아는 것이 왜 교만을 극복하는 대안이 될 수 있는가?
4. 교만하다고 생각되는 사람이 있는가? 그에 대한 솔직한 느낌을 말해 보라.
5. 수도사들이 교만을 극복하기 위해 사용했던 방법에는 어떤 것들이 있는지 설명해 보라.
6. 당신은 자신이 교만하다고 생각하는가? 어떤 부분에서 그런지 솔직하게 나누어 보라.

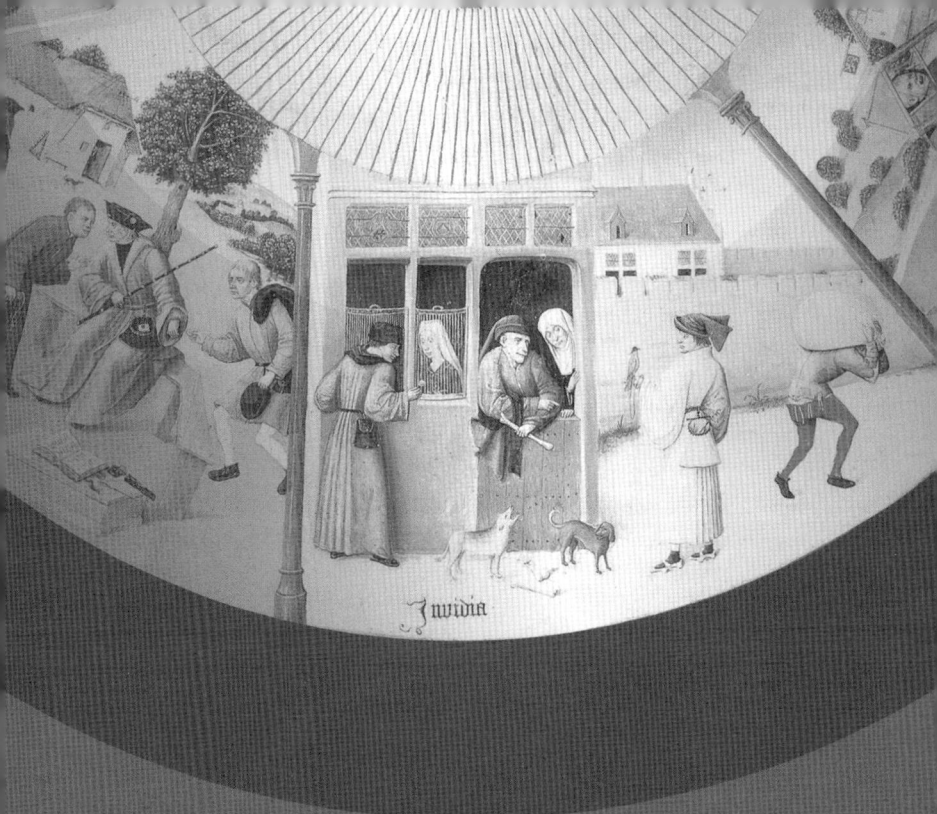

시기
invidia

한 부부가 현관문에 서서 부자를 시기하는 눈으로 흘겨보고 있다. 부자의 손목에는 사냥용 매가 앉아 있고, 곁에는 그의 종이 부자가 구입한 것들을 등에 얹어 운반하고 있다. 부부의 딸은 창문을 통해 어떤 남자와 시시덕거리고 있는데, 정작 그녀의 눈은 남자의 허리춤에 있는 두둑한 돈 주머니에 초점이 맞춰 있다.

2

시기
녹색 눈의 괴수

시기는 친구의 성공에 대해 결코 기립 박수를 제안하는 법이 없다.
제라드 리드

평온한 마음은 육신의 생명이나 시기는 뼈를 썩게 하느니라.
잠언 14:30

미국 소도시의 작은 교회에서 목회하는 한 목사는, 어느 날 잡지에 신학교 시절 친하게 지냈던 친구 목사에 대한 기사가 실린 것을 보았다. 그 친구 목사의 교회는 그가 부임한 지 5년 만에 교인이 수백 명으로 늘어날 정도로 급성장했다. 그는 목회한 지 10년이 넘었지만 여전히 교인 100명이 안 되는 작은 교회에 몸담고 있는 자신이 갑자기 초라하게 느껴졌다. "교회당을 배경으로 환하게 웃는 그 친구의 사진을 보는 순간 마치 한 대 얻어맞은 듯한 기분이 들었고, 기사를 읽는 내내 이상하게 가슴이 조여 왔다. 그리고 잡지를 덮는 순간 아스라한 절망감이 몰려왔다."

아마도 대부분 사람들이 비슷한 경험을 한 적이 있을 것이다. 사촌이 논을 사면 배가 아프다는 속담처럼, 가까운 친구나 잘 아는 동료가 잘되면 기쁘기보다는 이상하게도 우울해지고 겉으로 드러나지는 않지만 속이 무척 쓰라리다. 이것이 바로 시기의 속성이다. 도로시 세이어즈는, 시기란 "가지지 못한 자들이 가진 자들에 대해 느끼는 감정"이라고 말했다. 또한 "친구의 행복해하는 모습을 보기 싫어하는 것"이라고 했다.[1] 쇼펜하우어는 인간은 남이 가진 것을 보면 본능적으로 자신이 갖지 못한 것을 쓰라리게 떠올린다고 했는데, 이는 진실을 정확히 꿰뚫은 말이라 할 수 있다.[2] 잠언 기자는 시기에 빠져 가슴이 쓰라리고 우울해진 상태를 다음과 같은 재치 있는 은유로 표현했다. "시기는 뼈를 썩게 하느니라"(잠 14:30).

사막 교부들과 중세 도덕철학자들이 시기를 대죄 목록에 포함시킨 것은, 그것이 영혼과 삶을 파괴하는 죄악이고 거기서부터 수많은 죄악들이 나오기 때문이다. 또한 시기는 일곱 대죄 중에서도 '가장 야비하고, 더럽고, 잔인한 죄'라고 불리는데, 상대가 잘될 때 앞에서는 축하한다고 말하면서 돌아서서는 배 아파하며 그를 그 자리에서 끌어내리고 싶어 하는 속성이 있기 때문이다. 시기는 자기 행복을 위해 친구의 불행을 제물로 삼는 잔인하고 비틀어진 자기 사랑이라 할 수 있다.

눈으로 짓는 죄

시기를 뜻하는 영어 단어 envy는 '자세히 보다'라는 어원을 지닌 라틴어 '인비디아'(*invidia*)에서 왔다. 시기는 승진 소식을 듣고 기뻐 어쩔 줄 몰라 하는 입사 동기나, 아들이 명문 대학에 입학했다는 소식을 듣고 활짝 웃는 동창을 '보는' 것에서 시작된다. 영화 〈아마데우스〉(Amadeus)에서 궁정 작곡가 겸 지휘자인 살리에리가, 황제의 초대를 받고 궁정의 하프시코드 앞에 앉아 즉흥적으로 곡을 연주하는 모차르트를 뚫어지게 쳐다보던 때의 그 야릇한 눈을 생각해 보라. 바로 그 눈빛과 표정이 시기를 상징적으로 나타낸다. 그 눈에는 경탄을 넘어 '왜 나는 저런 악상이 자유롭게 떠오르지 않을까?' 하는 우울함과 쓰라림이 가득 차 있었다. 살리에리는 이내 모차르트가 존재하는 한 자신은 이전의 인정과 갈채를 받지 못할 것이라는 생각으로 넘어간다. 이런 생각에 사로잡히자 그의 마음속에는 모차르트를 제거하려는 음모가 싹트기 시작했다. 이처럼 시기란 눈에 '보이는' 존재 때문에 자신이 형편없고 비참하게 여겨져 상대를 끌어내리고 싶어 하는 마음이다.

성경도 시기를 눈과 관련시키고 있다. 예수님은 사람의 마음에서 나오는 악들이 사람을 더럽게 한다고 하시면서 그중 하나로 '악한 눈'을 말씀하셨는데(막 7:22), 대부분의 성경 번역본은 이것을 '시기' 또는 '질투'로 번역한다.[3] 이는 시기란 눈앞의 대상을 악한 눈으로 응시하는 것에서 시작됨을 암시한다. 성경에서 시기를 눈과 연관지어 묘사하는 대표적인 곳은 사울이 다윗을 시기하는 장면이다. 블레셋과의 전쟁에서 승리한 뒤 "사울이 죽인 자는 천천이요, 다윗은 만만이로다"(삼상 18:7)라는 백성의 환호를 받으며 입성하는 다윗을 바라보는 사울은 이렇게 묘사된다. "그날 후로 사울이 다윗을 주목하였더라"(삼상 18:9). '주목'에 해당하는 히브리어 '아인'('ayin)은 눈을 의미하는 단어다. 따라서 위의 구절을 직역하면 '사울은 질시로 가득 찬 눈으로 다윗을 바라보았다'라는 의미가 된다. NIV는 이 단어를 '시기하는 눈'(jealous eye)으로 번역했다.[4] 자기보다 더 높이 칭송받으며 의기양양하게 입성하는 다윗을 보면서 눈이 뒤집힐 정도가 되었다는 것이다. 다윗의 늠름한 승전 때문에 자신이 초라해 보이고 모욕당했다는 느낌을 받은 사울은 그 일 이후 다윗을 항상 의식하고 주목했으며, 그의 직무와 삶은 그것에 매여 자유롭지 못했다. 그의 뼈는 그야말로 시기로 썩어 들어간 것이다.

단테도 시기를 '눈의 죄'로 묘사했다. 『신곡』을 보면 생전에 시기에 사로잡혀 살던 자들은 연옥에서 눈꺼풀이 굵은 철사로 챙챙 꿰매진 상태로 지낸다. 칼 올슨(Karl Olsson)은 이것을, 눈으로 죄를 짓고 살던 자들이 눈으로 대가를 치르는 것으로 해석한다.[5] 셰익스피어는 시기를 '녹색 눈의 괴수'라고 묘사했는데, 이후 이 표현은 시기의 대명사처럼 사용되어 왔다. 시기를 녹색으로 표현한 이유는 크게 두 가지다. 첫째, 초록빛이 도는 덜 익은 과일을 씹을 때의 맛처럼 시기도 속을 쓰리게 하기 때문이다. 둘째, 눈이 녹색으로 바뀐 고양이가 쥐를 잡아먹으려고 덤비는 것과 시기에 빠진 사람이 상대방을 넘어뜨리는 데 골몰하는 것이 매우 유사하기 때문이다.

행복을 슬퍼하고 불행을 기뻐하다

토마스 아퀴나스의 정의에 따르면, 시기는 '다른 사람의 행복을 슬퍼하는 것'이다.[6] 여기에는 '남의 불행을 기뻐하다'는 뜻도 포함된다. 누가 정당한 몫 이상의 대우를 받으면 화가 나는데, 아리스토텔레스는 이 감정이 '네메시스' 즉 '의분'이며, 이 감정이 중용을 지키면 덕이지만 지나치거나 모자라면 악이 된다고 말했다. 그 감정이 지나치면 친구가 잘되어 칭찬을 받을 때 분노하게 되는데, 이것이 '프토노스'(phthonos) 즉 시기다. 반대로 그 감정이 모자라면 친구가 대우를 받지 못하거나 낮은 자리로 내려갈 때 은근히 기뻐하는데, 이것은 '에피카이레카키아'(epikairekakia) 즉 '심술' 또는 '고소히 여기는 것'이다.[7]

시기와 심술이 묘하게 얽힌 인간의 감정을 현대 심리학에서는 '샤덴프로이데'(Shadenfreude)라는 전문 용어로 불러 왔다. 이 말은 '고통'(Shaden)과 '기쁨'(Freude)이라는 두 의미가 들어간 독일어로서, 상대의 고통을 즐긴다는 뜻이다. 이 단어를 자세히 살펴보면 아리스토텔레스가 말한 심술, 즉 '불행'(kakon)과 '기뻐하다'(chairo)라는 두 헬라어 단어로 이루어진 복합어 '에피카이레카키아'의 의미 구성과 매우 흡사하다. 친구의 불행을 기뻐하는 시기의 감정은 이미 고대부터 존재한 보편적 정서인 것이다. 한편으로 단테는, 시기에 사로잡히면 "그저 친구가 기뻐하는 모습을 보아도 가슴이 쓰라려 온다"고 말했다. 『신곡』에 등장하는 시기심 많은 자는 늘 '자신이 가지지 않은 것'보다는 '상대가 가진 것'을 의식하고 불편해했다고 고백한다.

이처럼 시기라는 감정은 매우 복합적이고 미묘한 부분이 있으며, '남이 잘되는 것을 시샘하고 미워하는 마음'이라는 사전적 정의를 넘어선다. 그래서 그레고리우스는 시기가 상대의 행복에 대한 '애통'과 상대의 곤경에 대한 '환호'라는 두 딸을 동시에 낳는다고 말했다.[8]

형제에게 짓는 죄

시기의 독특한 점은, 그 대상이 일반적인 사람이 아니라 가까운 지인이나 친구라는 점이다. "사촌이 논을 사면 배가 아프다"는 속담은 이와 같은 성격을 잘 말해 준다. 우리는 이런 속성을 성경에서도 흔히 찾아볼 수 있는데, 동생 아벨을 죽인 가인, 요셉을 죽이려 한 형들, 모세와 아론에게 반역한 고라와 그 무리들, 다윗을 시기한 사울 왕 등이 바로 그런 경우다. 또한 예수님의 포도원 품꾼 비유(마 20:1-16)에서, 아침 일찍 나와 일한 품꾼들은 오후 늦게 와서도 자기와 똑같은 삯을 받은 품꾼들을 시기한다(마 20:15). 오늘날 우리 주변에도 직장 동료나 동종 업계 전문가들이 서로 시기하고 헐뜯으며 뒤에서 나쁜 소문을 퍼뜨리는 일들이 적지 않다. 특히 사람들은 자기보다 뛰어난 친구보다는 여러모로 자신과 비슷한 친구가 잘되면 더 견디기 힘들어하는 경향이 있다. 그래서 윤리학자 윌리엄 메이(William May)는 시기를 '형제에게 짓는 죄'라고 불렀다.[9]

십계명의 열 번째 계명인 "네 이웃의 집을 탐내지 말라. 네 이웃의 아내나, 그의 남종이나 그의 여종이나, 그의 소나 그의 나귀나 무릇 네 이웃의 소유를 탐내지 말라"(출 20:17)는 명령은 탐욕을 금하는 명령이다. 그런데 이 계명이 금하는 탐욕의 대상은 불특정한 물건이나 사람이 아니라, 바로 옆에 있는 이웃의 소유와 아내다. 여기에 쓰인 '탐내다'라는 단어는 남의 소유에 대한 비정상적인 욕망을 가리킨다. 르네 지라르(Rene Girard)는 우리에게 이웃이 소유하는 것을 동일하게 소유하려는 '모방 욕구'가 있다고 말했는데[10] 이 욕구는 시기와 무관하지 않다. 이러한 모방 욕구는 경쟁과 갈등을 낳곤 하는데, 이것을 잘 제어하지 못하면 공동체와 집단의 평화는 깨지게 마련이다.

이 모방 욕구 뒤에는, 모두가 같은 것을 누리고 똑같이 대접받아야 한다는 잘못된 평등 욕구가 숨어 있다. 그런데 하나님은 사람을 각기 다르게 만드셨고, 각자에게 다양한 은사와 자질, 기질, 감성을 주셨다. 그래서 사람들은 각기 다양한 능력을 가지고 그에 따라 색다른 가치와 결과를 창출해 낼 수 있다. 시기는 이 사실을 받아들이지 않으려는 것과 다름없는데, 마치 접시가 국그릇을 보고 "나도 국을 담을 수 있어"라고 주장하고 불평하는 것과 같다. 그러므로 시기는 결과적으로 하나님의 주권을 받아들이지 않는 악이 되는 셈이다.

시기와 질투

질투는 시기와 나란히 쓰이는 경우가 많으며, 대개 유사한 뜻으로 사용된다. 성경에서도 마찬가지다. 구약에서는 '벌겋게 달아오르다'라는 의미인 히브리어 '카나'(*kana*)가 어떤 곳에서는 '시기'(창 26:14; 30:1; 37:11; 잠 27:4)로, 또 어떤 곳에서는 '질투'(신 32:16, 21; 겔 8:3)로 번역된다. 한편 몇몇 곳에서는 '열정', '열심'이라는 의미로 번역되기도 한다(왕상 19:10, 14). 하지만 신약성경을 보면 질투는 '젤로스'(*zelos*)로, 시기는 '프토노스'(*phthonos*)로 구분되어 나온다(우리말 성경에서는 그리 엄밀하게 구분되지 않는다). '젤로스'의 경우 때로는 '열정', '열심'이라는 뜻으로도 쓰이는 반면(요 2:17; 롬 10:2; 고후 9:2; 11:2; 빌 3:6), '프토노스'는 대부분 '시기'로만 번역된다.

현대에 와서 이 둘의 의미는 별다르지 않게 혼용되고 있지만, 고대 그리스 철학자들은 이 둘을 구별하여 사용했다. 아리스토텔레스는 질투(zelos)란 이웃이 지닌 것을 자기가 소유하지 못한 사실에 슬퍼하는 것이고, 시기(phthonos)란 자기가 갖지 못한 좋은 것을 이웃이 가진 사실에 슬퍼하는 것으로 정의했다.[11] 먼저, 질투는 초점이 자신에게 있다. 상대의 성공과 행복에서 촉발된다는 점은 시기와 유사하지만, '왜 저 친구에겐 있는데, 내게는 없지?'라고 물으며 무게 중심을 자신에게 둔다는 점에서 시기와 다르다. 질투는 때로 상대방처럼 되고 싶은 마음과 의지를 불러일으키고 경쟁심을 유발하여 열심을 내는 동력이 될 수 있다. 철학자 홉스는 경쟁심은 자신이 다른 사람보다 뒤처졌다는 사실을 씁쓸해하며 그 친구를 모방하거나 추월하고자 하는 감정이라고 설명했다. 이는 질투가 성장의 동력으로 쓰일 수 있음을 시사하는 말이다.[12] 이 단어가 '열정'(zeal)이라는 말과 동일한 어원에서 왔다는 사실도 질투가 긍정적인 추진력으로 작용할 수 있음을 시사해 준다.

반면, 시기는 초점이 상대방에게 있다. 동료에게 있는 어떤 좋은 것을 보면 단지 그 사실 때문에 불편해지는 것이다. 단테의 『신곡』에서 시기의 죄목으로 형벌을 치르는 사람은 이렇게 고백한다. "나는 지상에 있을 때 늘 내가 지닌 행복을 즐기기보다, 다른 사람이 비통해하는 것을 더 즐겼지요."[13] 시기는 늘 다른 사람을 의식하면서, 그저 친구가 잘되거나 좋은 것을 지니고 있는 상황을 불편해하는 마음이다. 이처럼 일상에서 비슷하게 사용되지만 엄밀하게 말하면 이 둘은 의미가 무척 다르다.

시기의 결과

시기는 다툼(고전 3:3; 고후 12:20)과 분쟁(롬 13:13), 중상, 한담, 수군거림, 미움(딛 3:3; 벧전 2:1) 그리고 고통과 악의를 낳기 마련이다. 그레고리우스는 시기가 증오와 험담과 비난이라는 딸을 낳는다고 말했다. 시기는 사람의 약점을 은근히 흘리고, 그에 대한 나쁜 소문을 들으면 동조하고 뒤에서 수군거린다. 이것은 상대방을 무참히 넘어뜨리는 행동이다. 그러나 시기는 부메랑처럼 상대방뿐 아니라 자신에게도 예상치 못한 피해를 입힌다.

신데렐라와 그 언니들　　『신데렐라』는 시기가 낳은 비극적 결과를 보여주는 대표적인 고전 동화다. 아름다운 미모로 언니들의 시기의 대상이 되는 순간부터, 신데렐라는 객체가 되어 일방적으로 관찰되고 평가받는다.[14] 본인의 실제 모습과 인격, 살아온 삶의 내용과는 무관하게 타인에 의해 판단받는 것이다. 그리고 자기 힘으로는 상황을 바꿀 수 없는 지극히 부조리한 구조에 내던져진다. 누가 자신을 시기하는지 알 수도 없고, 비록 알게 된다 하더라도 해명하여 관계를 호전시키기도 힘들다. 거의 모든 것이 일방적으로 시기하는 사람에게 달려 있는데, 그들은 갈등 상황의 해결을 원하지 않는 경우가 대부분이다. 신데렐라와 언니들의 관계 양상은 바로 이런 고통을 적나라하게 보여준다.

　또 시기를 받는 사람은 신데렐라처럼 공격의 대상이 된다. 자신은 상대에게 어떤 해악을 가한 적이 없는데 단지 상대방의 시기 때문에 함정에 빠지거나, 일방적인 험담과 소문, 중상과 같이 어디서 날아오는지 모르는 화살을 맞고 치명적인 상처를 입을 수 있다.

부메랑의 고통 셰익스피어의 소설 『오셀로』(Othello)는 출신과 신분, 능력, 지위를 둘러싼 시기와 질투가 뒤엉킨 주인공들의 묘한 심리를 다룬 비극이다. 오셀로의 부하 이아고는 오셀로의 성공과 그의 아름다운 아내를 시기했는데, 오셀로가 다른 부하인 카시오를 더 총애하여 부관으로 삼자 오셀로에게 앙심을 품는다. 그는 복수를 위해 오셀로에게 아내 데스데모나가 카시오와 내연 관계에 있다고 거짓말을 한다. 아내를 지극히 사랑했던 오셀로는 인종과 신분의 차이를 무릅쓰고 흑인인 자기를 선택했던 아내의 사랑을 의심하기 시작하고, 집안과 출신 성분이 비슷한 카시오가 자기 아내를 취한 것으로 오해하면서 카시오에 대한 시기심과 분노를 폭발시킨다. 타고난 신분과 인종으로 인한 피해의식, 자신을 차별대우한 사회에 대한 분노와 시기가 복합적으로 작용하면서 오셀로는 결국 사랑하던 아내를 죽이고 만다. 그러나 이 모든 것이 이아고의 계략이었다는 사실을 뒤늦게 안 그는 괴로워하다가 스스로 목숨을 끊음으로써 비극적 최후를 맞는다. 오셀로는 시기로 인해 아내에게 칼을 휘두르고 결국 그 칼로 자신까지 벤 것이다.

시기의 날선 칼은 상대방을 벤 후 부메랑이 되어 자신에게로 돌아온다. 시기에 사로잡혀 있으면 성장하기가 어렵다. 온 신경과 시선이 경쟁자를 향해 있기 때문에 자기 직무에 몰입하거나 전문성을 계발하고 심화시켜 나가기가 쉽지 않다. 시기가 가져다주는 또 한 가지 심각한 폐해는 긍정적인 자존감을 가질 수 없다는 것이다. 미국 미시간 대학교 교수 돈 허조그(Don Herzog)는, 시기하는 사람은 자기가 먹을 수 없는 음식은 상대방도 먹지 못하도록 그것에 재를 뿌리거나 독을 넣어 상대에게 해를 가함으로써 자기 자리를 유지하는 데 만족한다고 말했다.[15] 시기의 속성은 주위의 뛰어난 사람을 넘어뜨림으로써 자기 위치를 지키고 유지해 나가는 것인데, 이런 삶의 태도는 결코 한 인간의 자존감을 높여 줄 수 없다.

피학적 시기 시기가 의식을 지배하면 '피학적 시기'의 양상으로도 발전될 수 있다. 상대의 웃음을 거둘 수만 있다면 자신이 피해를 당하는 것도 마다하지 않는 것이다. 한 유대인 민담은 이런 종류의 시기를 해학적으로 잘 보여 준다.[16] 두 친구가 길을 가다 왕을 만났다. 둘 중 한 명은 욕심이 많았고, 다른 친구는 시기심이 많았다. 왕은 두 사람에게 "만약 너희 중에 한 명이 요청하면 무엇이든지 다 들어주겠다. 단, 옆 사람에게는 요청한 것의 두 배를 주겠다"고 말했다. 왕의 말을 들은 시기심 많은 친구는 먼저 나서서 요구하려 하지 않았다. 왜냐하면 친구가 두 배로 받는 것이 달갑지 않았기 때문이었다. 욕심 많은 친구도 마찬가지였는데, 자신이 친구보다 더 많이 차지하고 싶었기 때문이다. 그래서 서로 머뭇거리며 눈치를 보고 도무지 요청을 하려 들지 않았다. 기다리던 왕이 부탁이 없으면 그냥 가겠다고 말하자, 시기심 많은 친구가 드디어 입을 열었다. "임금님, 저의 왼쪽 눈을 빼 주십시오!"

친구가 자기보다 많이 갖거나 더 좋은 것을 갖는 꼴을 보느니, 차라리 자기 눈 하나를 잃더라도 친구의 두 눈이 상해 자기보다 더 불행해지는 편이 좋다는 것이다. 이 이야기는 어느 대상에 대한 시기가 극대화되면 이런 극단적인 행동도 불사할 수 있음을 시사한다. 실제로 우리는 우리 사회의 다양한 영역에서 이와 같은 형태의 시기를 발견할 수 있다.

신 포도   시기가 낳는 또 다른 극단적인 모습은 의욕 상실이다. 자신이 상대방이 지닌 것을 가질 수 없거나 없애 버릴 수 없는 경우, 아예 그가 지닌 것의 가치를 평가절하하거나 그것을 가지려고 시도조차 하지 않는 것이다. 이런 '별것 아니야!' 식의 태도를 일컬어 '신 포도 심리'라고 부른다. 이솝 우화에서 여우는 먹고 싶은 포도가 너무 높이 달려 있어 딸 수 없다는 판단이 들자, '그 포도는 신 포도야'라고 말하면서 포기를 합리화한다. 이런 상태가 되면, 냉소적이 되면서 의욕이 저하되고 급기야 나태로 빠져든다.

　이러한 유형의 시기는 어쩌면 분노하고 상대를 넘어뜨리려는 시기보다 더 파괴적일 수 있다. 낙담한 나머지 상황을 개선하기 위해 뭔가 해 보려는 의욕이 없어지고 무기력해져서 꼼짝달싹하고 싶지 않기 때문이다. '나는 안 돼' '해 봐도 별로 좋은 결과가 나지도 않고 누가 알아주지도 않아!' 하는 생각이, '해 봐야 뭐 해. 별 쓸데도 없는데'라는 냉소적인 생각으로 변해 가는 것이다. 이런 유형의 시기는 다른 사람이 선천적으로 부여받은 탁월한 재능을 보고 압도당할 때 빠져들 가능성이 높다.

시기를 이기는 길

한담을 피하라   시기를 멀리하는 아주 실제적인 방법 중 하나는 한담(gossip)을 피하는 것이다. 이것은 시기라는 목표를 향한 달음질에서 아예 출발조차 하지 않는 것과 같다. 무언가가 사람의 마음에 가득하면 자연히 입으로 나오기 마련이다. 어떤 사람을 의식하고 불편하게 느끼는 마음은 어떤 형태로든 나타나지만 대개 그 첫 단계는 말로 나타난다. 야고보서에 등장하는 미숙한 선생들은 교회 내 다른 지도자의 가르침을 비판하면서 스스로 총명하고 지혜롭다고 자랑한다. 이들은 자신들이 진리를 세우기 위해 이러한 일을 하는 것이라고 자랑했다. 그러나 야고보는 이들이 진리를 옹호하는 척하지만 실상은 다른 선생이 교회 내에서 인정받는 것에 대한 '독한 시기' 때문에 비판의 날을 세우는 것이라고 지적했다. "그러나 너희 마음속에 독한 시기와 다툼이 있으면 자랑하지 말라. 진리를 거슬러 거짓말하지 말라"(약 3:14).

이 경우처럼 직접적인 형태는 아니지만, 사람은 시기하는 대상에 대해 이상한 소문이 들릴 때 겉으로는 염려하는 척하면서 그 소문을 이리저리 옮기며 쑥덕거리고 그 대상을 폄하하거나 왜곡한다. 중세 도덕철학자들이 시기를 가리켜 '뒤에서 씹는 것'(backbiting)이라고 표현한 것은 시기의 이런 성격을 바로 간파했기 때문이다. 잠언 기자는 이곳저곳을 다니며 한담하는 것은 친구의 약점과 비밀을 누설하는 것이라고 단언했다(잠 11:13; 20:19). 시기하는 자들은 의도적으로 약점을 퍼뜨리지만, 신실한 친구는 허물을 감추고 덮어 준다.

험담은 보통 한담으로 출발하는 경우가 많다. 한담이란 다른 사람들을 화제 삼아 가볍게 이런저런 일을 말하는 것이다. "남의 말 하기를 좋아하는 자의 말은 별식과 같아서 뱃속 깊은 데로 내려간다"(잠 26:22)는 구절은 한담의 매력을 잘 보여 준다. 하지만 가볍게 여흥 삼아 시작하는 한담은 종종 험담으로 빠지곤 한다. 물론 처음부터 작심하고 시작하는 험담도 있다. 이런 경우에는 좋은 말로 시작하는 듯하다가 '그렇지만'이라는 접속사를 살짝 넣어 비틀거나 흠집을 내고 끝낸다. "불량하고 악한 자는 구부러진 말을 하고 다니기"(잠 6:12) 마련이다. 이 험담은 독사의 혀처럼 대상에게 치명적인 피해를 입히는 무서운 무기가 된다. 바울은 "집집으로 돌아다니고 게으를 뿐 아니라 쓸데없는 말을 하며 일을 만들며 마땅히 아니할 말을 하는"(딤전 5:13) 젊은 과부들을 교회의 일꾼으로 세우지 말 것을 디모데에게 엄중하게 권고했다. 한담이 문제를 만들어 성도들에게 큰 해악을 끼칠 수 있음을 경고한 것이다.

다른 사람에 대한 말은 칭찬이 아니면 가능한 한 시작하지 않도록 조심해야 한다. 친구에 대한 험담이 들릴 때 그것을 은근히 즐기고 또 어느새 한두 마디 보태는 자신의 모습을 보면 그 순간 자신의 귀를 막고 그 자리를 박차고 나와야 한다. 그렇지 않으면 시기의 덫에 걸려들 수밖에 없다.

선의 총량은 무한하다　　무엇보다 시기를 근본적 차원에서 극복하기 위해서는 '선의 총량은 한정되어 있다'는 잘못된 의식을 교정해야 한다. 시기하는 사람은 대개 '선 총량 불변의 법칙'을 믿으며 살고 있다.

어떤 단체나 모임에 자기보다 뒤늦게 들어와 활동하던 친구가 자기보다 먼저 임원으로 뽑히는 순간 마음이 불편해지는 것은, 그 친구가 주목받으면 자신이 받아야 할 주목과 인정이 줄어들 것이라는 생각과 무관하지 않다. 선(이 경우에는 명예)의 총량은 정해져 있는데 그 친구가 상당 부분 차지해 버렸고, 자기가 받을 인정의 몫이 줄어들지 않게 하려면 그만큼 친구가 주목받지 못하게 해야 하는 것이다.

그러나 우리의 생각과는 달리 많은 경우 '선'은 그 총량이 정해져 있지 않다. 특히 비물질적인 선은 더욱 그렇다. 아우구스티누스는 영적인 선은 쪼개어 나누어도 그 양이 줄어들지 않고 오히려 더 늘어난다고 말했다. 지식이나 명예와 같은 선은 누군가가 아무리 많이 가지고 누린다 하더라도, 다른 사람이 얻고 누리기에 부족하지 않을 정도로 충분하기 때문이다. 그것은 선의 근원이신 하나님으로부터 무제한으로 넉넉하게 흘러나오는 것이다. 따라서 옆자리의 동료가 박수를 받는 경우, 내가 받을 박수가 결코 줄어들지 않는다는 생각으로 전환하여 그 상황을 건강한 모방 욕구의 계기로 삼을 수 있어야 한다.

하나님이 '주신 것'을 바라보기 시기를 극복하는 또 다른 방법은, 눈을 자신에게로 돌려 자신이 가진 것을 보는 것이다. 시기는 끊임없이 상대가 가진 것을 보게 함으로써 자신에게 있는 것을 제대로 보지 못하게 한다. 그러나 한번 자신을 찬찬히 들여다보면 자신에게 남다른 재능이 있음을 발견하고 놀랄지도 모른다. 하나님은 사람을 창조하실 때 각자에게 고유한 은사를 주셨다. 그러나 제대로 찾지도, 사용하지도 않기 때문에 많은 경우 그냥 방치되어 있다. 우리는 우리에게 이미 주어진 것들을 찾아내 먼지를 털고 빛을 내야 한다. 남의 떡이 커 보인다고 해서, 다른 사람의 것과 비교해 자기 것을 하찮게 생각하고 방치해서는 안 된다.

달란트 비유(마 25:14-30)는 이와 관련하여 귀한 가르침을 준다. 우리는 이 비유에서, 진정으로 관심을 가져야 할 중요한 사안이 '몇 달란트 받은 사람이 더 가치 있는 사람인가'가 아니라 '자신이 받은 것으로 열심히 일해 이윤을 남겼느냐 아니냐'임을 알 수 있다. 이 이야기에서 자기가 받은 것으로 장사를 해서 이윤을 남긴 이들은 모두 동일하게 주인으로부터 "잘하였도다. 착하고 충성된 종아!"라는 칭찬을 받았고, 주인의 잔치에 참여하는 영광을 누렸다. 따라서 두 달란트 받은 자는 다섯 달란트 받은 친구를 시기할 필요가 없고, 더 적게 받았다고 자기 연민에 빠질 필요도 없다. 모두가 다섯 달란트를 받을 필요도 없고, 또 다섯 달란트가 더 좋은 것이라고 말할 이유도 없다. 주인의 뜻과 주권에 따라 각각 차이를 두어 맡기신 것뿐이다. 하나님이 자신에게 두 달란트를 맡기셨다고 생각된다면, 그것을 받아들이고 최선을 다해 그것으로 장사하면 되는 것이다.

C. S. 루이스는 신약성경에서 발견되는 신자가 누릴 참된 영광이란 "하나님이 알아주고 인정해 주시는 것"이라고 말했다.[17] 이 관점에서 본다면 '누가 몇 개 받았느냐?' '누가 세상에서 더 인정받는 은사나 재능을 받았느냐?' 하는 것은 중요하지 않다. 하나님이 맡겨 주신 고유한 은사를 신실하게 사용하고 주인을 위해 이익을 남긴 사람이라면 누구든지 하나님의 칭찬과 인정을 받게 된다. 이것이 신자가 받는 최고의 영광이다.

구약성경에 나오는 사울은 좋은 가문과 준수한 외모 및 여러 뛰어난 덕목을 지닌 한 나라의 왕으로서 감사할 조건을 충분히 가지고 있었다. 하지만 다윗을 의식하면서 자신이 지닌 귀한 것을 볼 수 있는 눈을 잃어버리고, 비교 의식과 우울의 굴레에서 헤어나지 못하는 삶을 살았다. 1960년대에 마틴 루터 킹 목사와 함께 미국 흑인 민권운동을 주도했던 맬컴 엑스는 흑인들이 자신이 지닌 독특한 장점과 가치를 발견하고 감사할 때, 즉 백인에 대한 시기와 적대 의식에서 벗어나 '검은 것이 아름답다'는 생각으로 의식의 전환을 이룰 때에야 비로소 해방된 삶을 살 수 있다고 주장했다.

이렇듯 우리는 눈을 자신에게로 돌려 하나님이 주신 것이 무엇인지를 밝은 눈으로 바라볼 필요가 있으며, 그때 비로소 감사가 생겨난다. 만약 자신에게 뭔가 탁월한 것이 없다고 여겨질 때도 감사하는 마음을 갖는다면 그것은 훨씬 복된 일이다. 그리고 이것이야말로 그리스도인에게 요구되는 가장 수준 높은 태도일 것이다. 주님은 제자들에게 애통하는 자가 복이 있다고 말씀하셨다(마 5:4). 이 땅에서 경험하는 결핍과 상실과 고통으로 인해 애통할 때, 그것은 어떤 의미에서 하나님의 영광의 무게와 임재를 더 가까이 체험하는 복된 계기가 될 수 있기 때문이다.[18]

지체 의식 함께 있는 사람이 나에게 필요한 존재로 인식되기 시작하면 시기는 힘을 잃는다. 즉 동료 의식은 시기의 공격을 막아 주는 강력한 방패다. 자동차가 달리려면 부품 하나하나가 제대로 성능을 발휘해야 하듯이, 사회나 단체도 마찬가지다. 다양한 사람들이 서로 유기적으로 엮여 맡겨진 역할을 잘 감당해야 조직이 순조롭게 돌아간다. 따라서 동료의 탁월한 능력은 내가 속한 모임을 잘 돌아가게 하고 발전시키는 자원이 된다. 바울 역시 각 그리스도인을 머리 되신 그리스도의 몸 된 교회를 구성하는 눈, 귀, 코, 입, 손, 발에 해당하는 지체로 비유했다. 이들은 몸을 건강하게 세우기 위해 서로 필요한 존재인 것이다.

그런 의미에서 성찬 의식은 성도가 한 몸을 이룬 지체임을 가르치는 훌륭한 시각적 상징이 된다. 신자들이 한 식탁에 앉아 그리스도의 살과 피를 함께 먹고 마시며 교제하는 성찬은, 각 신자가 서로 유기적으로 연결되어 있는 지체라는 사실을 잘 보여 준다. 그리고 이 의식에 참여하는 자들과 그들의 재능은 모두 교회를 세우고 더욱 풍요롭게 만드는 자원이다. 이런 의식을 갖는다면, 내 동료가 가진 탁월한 은사와 재능은 나를 이롭게 하고 내가 속한 공동체를 윤택하게 하기 위해 하나님이 주신 선물이 된다. 그리고 하나님이 내 지체에게 주신 나와 다른 은사와 기능은 부러움의 대상을 넘어 감사의 제목이 된다. 바울도 시기로 분쟁을 앓고 있던 고린도 교회 성도들에게 이런 시각을 가지라고 요구했다. 바울은 '바울파' '게바파' '아볼로파'로 나누어 시기하며 분쟁하던 고린도 교회를 향해 '자신과 아볼로는 복음의 씨를 심고 물을 준 자이고, 자라게 하신 이는 하나님'이라고 말하면서, 아볼로가 경쟁자가 아닌 고린도 교회를 위해 함께 사역하는 '동역자'임을 강조했다(고전 3:9). 이와 같은 동역자 의식이야말로 시기로부터 자유로워지고 공동체를 건강하게 만드는 데 꼭 필요한 자원이다.

사랑: 궁극적인 대안　　시기를 물리치는 궁극적이고 최종적인 무기는 사랑이다. 다소 추상적이고 비현실적으로 들릴지 모르겠지만 사랑이야말로 가장 실제적인 방안이다. 아퀴나스는 "사랑은 친구가 잘될 때 기뻐하고, 넘어질 때 마음 아파하는 것"이라고 말했고,[19] A. A. 반 룰러(Van Ruler)는 어떤 사람을 사랑한다는 것은 "그 사람 자체를 좋아하고 나아가 그 사람의 모든 것을 받아들이는 것"이라고 했다.[20] 어떤 사람을 진정으로 사랑하면 그가 성공할 때 자기 일처럼 기뻐하며, 그가 힘들어할 때 같이 아파한다. 사랑은 친구의 고통이나 기쁨을 함께 나누는 것이다(롬 12:15). 그래서 바울은 파벌끼리 서로 시기하고 다투던 고린도 교회 사람들에게 무엇보다도 사랑할 것을 당부했다. 사랑은 그 어떤 것보다 뛰어난 치유력을 지닌 명약이기 때문이다(고전 13:4).

　　그런데 라이벌까지 사랑하는 것이 정말 가능할까? 결코 불가능하지 않다. 사랑의 근원이신 하나님의 사랑을 힘입는다면 못할 것이 없기 때문이다. 그 사랑은 패역하고 불의한 죄인을 불쌍히 여기시고 죄인들을 위해 자신의 생명을 십자가에서 내어 주신 사랑이다. 이 십자가 사건은 하나님의 사랑의 수준과 내용을 극명하게 보여 주며, 이 사랑을 더 깊이 체험하고 그 힘을 취한다면 라이벌을 사랑하는 일도 충분히 가능하다. 요한은 이 사랑이 하나님께 속한 것이며, 그 사랑이야말로 다른 사람을 사랑하는 힘이 된다고 말했다(요일 4:7-8). 단테는 연옥에서 시기의 죄인들이 모여 사는 곳을 막 벗어나려는 순간, 뒤에서 들려오는 천사의 노랫소리를 듣는다. "긍휼히 여기는 자는 복이 있고, 시기를 극복하는 자는 행복한 자로다." 단테를 안내하던 천사는 이 노래에 대해, 하늘의 긍휼과 사랑을 맛보고 그 힘으로 친구를 긍휼히 여기고 사랑하는 자가 복이 있음을 강조하는 노래라고 해석해 준다.[21] 시기를 극복하는 힘이 바로 하나님의 사랑임을 가르쳐 주는 대목이다.

그렇다면 우리는 어느 수준까지 동료를 사랑해야 하는가? 친구를 사랑하면 그가 좌절할 때 같이 아파하고 진심으로 그를 위로한다. 그러나 친구가 영예를 얻고 박수를 받을 때 함께 박수를 치고 기뻐하는 것은 그것보다 훨씬 어렵다. 그야말로 시기의 기운이 완전히 빠져야만 가능한 수준인데, 그리스도인들은 바로 이 수준에 도달하기 위해 애써야 한다. 바울은 성도들에게 "즐거워하는 자들과 함께 즐거워하고 우는 자들과 함께 울라"(롬 12:15)고 당부했다. 제라드 리드(Gerard Reed)는 "시기는 친구의 성공에 대해 결코 기립 박수를 제안하는 법이 없다"고 말했는데, 이 말을 뒤집으면 친구를 위해 기립 박수를 제안하는 것은 시기를 벗어난 상태에서만 가능하다고 할 수 있다.[22] 사랑하는 친구를 위해 누구보다 먼저 기립 박수를 쳐 주는 모습이야말로 그리스도인들이 바라야 할 최상의 목표다.

성찰과 나눔

1. 이전에 누군가를 격렬하게 시기해 본 경험이 있는가? 그 대상은 누구였고, 그 까닭은 무엇이었는가?
2. 시기에 대한 정의 중 가장 인상 깊은 것은 무엇인가?
3. 시기는 누구에게로 향하며, 그것의 열매는 무엇인지 정리해 보라.
4. 시기를 극복하기 위한 방안은 피해야 할 것과 해야 할 것으로 나뉜다. 각각에 해당하는 것은 무엇인가?
5. 현재 시기하고 있는 대상이 있다면, 시기로 말미암은 열매 중 어떤 것이 가장 두드러지게 나타나고 있는지 나누어 보라.
6. 시기를 극복하기 위해 가장 우선적으로 취해야 할 것은 무엇인가?

분노
ira

선술집에서 술 취한 두 농부가 서로 다투다가, 한 농부가 불같이 화를 내며 상대를 향해 칼을 휘두르려고 하자 한 여인이 그것을 제지하며 싸움을 말리고 있다.

3

분노
사탄의 화로

분노하는 자는, 비록 죽은 자를 다시 살려낸다 하더라도 하나님이 받지 않으신다.
아가톤, 3세기 사막 수도사

미련한 자는 당장 분노를 나타내거니와 슬기로운 자는 수욕을 참느니라.
잠언 12:16

분노, 그 일상성

분노는 다른 죄들에 비해 우리가 일상에서 가장 가까이 피부로 느끼는 감정이다. '분노의 시대를 살고 있다'는 표현은 결코 문학적인 수사나 과장이 아니다. 우리는 보스니아와 세르비아 간의 민족 전쟁, 북아일랜드 내의 신구교 간 종교 갈등과 같은 민족적·종교적 분노, 개인이나 특정 집단의 권익을 침해하는 국가 정책에 반발하는 정치사회적 분노 등을 매일 대중매체를 통해 접한다. 그뿐 아니라, 신호가 바뀌었는데도 출발하지 않는 앞차에 대한 분노의 경적 소리, 감정적 손상을 입었거나 손해를 봤다고 생각하는 이들 간에 벌어지는 실랑이 등 우리 주변에서 일상적 분노의 표출은 심심찮게 목격된다. 인터넷 가상공간에서 욕설과 인신공격을 퍼붓는 컴퓨터 자판 앞 전사들의 분노도 빼놓을 수 없다.

한편으로는 분출되지 않고 내면에 차곡차곡 쌓이는 분노도 많다. 이렇게 억누른 분노는 결국 곪아 터지거나 다른 병의 원인이 된다. 시부모와 남편, 자식 등에게서 받은 스트레스를 풀지 못한 한국 중년 여성들의 상당수는 화병을 갖고 있다고 한다. 또한 직장과 사회에서 받은 스트레스를 풀기 어려운 남성들도 크게 다르지 않다.

이렇듯 분노는 일상적으로 일어나지만, 그 결과는 생각보다 훨씬 심각하다. 어떤 때는 마치 폭탄이 터진 것같이 처참한 파편과 잔해를 남기기도 하는데, 개인이나 집단 간의 분노는 증오를 낳고 결국 당사자들을 원수로 만들어 버린다. 분노가 쌓이면 언젠가 터져 칼을 휘두른 것처럼 상대방에게 큰 상처를 입히고, 이를 회복하는 데 막대한 비용과 시간이 걸릴 수밖에 없다. 내면에 쌓인 분노는 결국 자신을 해치고, 언젠가는 타인을 향해 폭발하며 그 결과는 걷잡을 수 없이 파괴적이다. 그래서 성경은 분을 터뜨리는 자는 '어리석은 자'이며, 또 분을 품더라도 해가 질 때까지 품어서는 안 된다고 말한다. 결과적으로 분노는 하나님의 의를 이루지 못하게 하기 때문이다.

자연스러운 감정 및 의로운 분노

분노에 대한 성경적 가르침의 큰 줄기는 그것이 통제해야 할 악이라는 것이다. 그러나 한편으로 분노는 인간이 지닌 자연스러운 감정 중 하나이기도 하다. 아퀴나스는 분노가 자연스러운 감정의 표현이고, 무엇보다 자신이나 어떤 특정 대상에 가해진 위협이나 상처 때문에 촉발되는 반응이라고 보았다. 즉 분노는 기쁨이나 슬픔과 다르지 않은 감정인 셈이다. 따라서 분노 자체는 악이 아니며, 그것이 지나치거나 모자라지만 않는다면 오히려 미덕이 될 수 있다. 고대 그리스 철학자 플라톤은 용기 있는 자만이 분노할 수 있다고 말하며 분노를 현자가 마땅히 지녀야 할 덕으로 간주했다. 아리스토텔레스 역시 화를 낼 만한 일이나 대상에 대해 적절한 때에 화를 내는 일은 칭찬받을 만하며, 이것은 악이 아니라 도리어 미덕이라고 주장했다.[1] 아퀴나스는 한걸음 더 나아가, 분노가 불의에 대한 강렬한 반응이라고 생각했다. 분노는 자신이나 어떤 대상이 입은 부당한 피해를 주위 사람에게 인식시키고, 부당한 것을 바로잡고자 하는 욕구 때문에 표출된다는 것이다. 그러므로 어떤 면에서 이것은 응보적 정의를 세우려는 욕구와 무관하지 않다. 이처럼 성을 내는 것, 즉 분노는 어떤 면에서는 선과 정의를 구현하는 방편이 될 수 있다.[2]

성경에 나오는 믿음의 인물들도 때로 분노했다. 시내산에서 십계명 돌판을 받고 내려오던 모세는 백성들이 스스로 만든 금송아지 우상 앞에서 춤추는 모습에 분노하여 돌판을 던져 버렸다. 다윗은 블레셋 장수 골리앗이 하나님의 군대인 이스라엘을 능욕하고 조롱하는 것에 분연히 일어나 그를 돌로 쳐 죽였다(삼상 17:41-49). 느헤미야는 궁한 처지의 동족을 대상으로 고리대금을 놓아 자기 배를 불리는 귀인과 관리들의 소식을 듣고 분노했다(느 5:6-7). 그리고 무엇보다 성경에 나타난 의로운 분노의 대표적인 모델은 예수님이다. 자신의 탐욕을 채우기 위해 하나님의 집을 장사치의 소굴로 만든 제사장과 레위인들을 본 예수님은 채찍을 들어 양과 소를 쫓아내시고 돈 바꾸는 자들의 상을 엎어 버리셨다(요 2:15). 복음서는 이러한 예수님을 무죄한 감정을 온전히 드러낸 인간으로 묘사한다. 이런 분노들은 한결같이 자기 유익과는 무관한, 하나님의 영광과 공의를 위한 동기에서 촉발된 의로운 분노였다.

중요한 것은, 하나님도 분노하신다는 사실이다(시 78:49). 하나님의 분노는 환경과 외부 여건에 따라 조작되거나 강화되는 것이 아니라 그 속성에서 나오는 것이기에 충동적이거나 즉흥적이지 않다. 먼저 분노는 하나님의 거룩하고 의로운 속성에서 발현되는 자연스러운 모습이다. 불의나 죄는 그분과 공존할 수 없기에(시 5:4), 하나님은 행악자를 미워하시며(시 5:5) 배교를 저지르고 강대국의 힘을 의지하는 이스라엘에 분노하시고(사 30:1-5; 렘 2:35-37) 동시에 이방인들의 불의와 죄에도 분노하신다. 또한 하나님의 분노는 그분의 중요한 속성인 사랑에서 촉발된다. 자기 백성을 깊이 사랑하시는 하나님은 그들이 회개하고 돌아오도록 하기 위해 분노하신다(시 90:7-12). 또 아론의 아들 나답과 아비후에게 진노하신 것은 그들의 행동이 백성들에게 악한 영향을 미치지 않도록 하기 위해서였다(레 10:1-2).

통제하기 어려운 감정

하지만 인간이 화를 낼 때 그것이 치명적인 문제가 되는 이유는, 그 화가 의로운 것이든 아니든 좀처럼 통제하기 쉽지 않다는 데 있다. 바로 여기서 중요한 문제가 발생하는데, 분노해야 마땅한 대상에게 마땅한 몫으로 갚아 주는 정의의 수준을 유지하기가 쉽지 않기 때문이다. 그래서 이성적 사고와 평정을 강조한 스토아 철학자들은 감정을 대개 영혼의 육욕적 부분에 속하는 것, 이성으로 철저히 통제해야 할 것으로 취급했다. 스토아 철학자 세네카는 감정이 이성에 따른 합리적 판단을 방해한다고 생각했기 때문에, 감정에 사로잡히는 것은 마음의 병과 같다고 주장했다. 그리고 화를 내는 사람은 이성에 이미 등을 돌린 것이라고 말했다. 이 사상은 에바그리우스를 통해 카시아누스 같은 사막 수도사들에게 영향을 미쳤다.

먼저 에바그리우스는, 분노를 영혼을 어둡게 만드는 가장 극렬한 감정으로 보았다. 그에 따르면 분노는 사탄이 기도를 방해하기 위해 촉발하는 악한 감정으로, 신자들의 가장 강력한 적이다. "분노는 영혼의 눈을 어둡게 하고 기도하는 상태를 망가뜨린다."[3] 우리는 이와 같은 상태를 단테의 『신곡』에 나오는 분노하는 영혼들의 모습에서 단적으로 볼 수 있다. 지상에서 분노의 죄를 지은 영혼들은 지옥의 시커먼 늪에서 형벌을 받는데, 그곳에서조차 이들은 분노로 일그러진 얼굴로 서로 으르렁거리며 물어뜯고 있다. 그리고 "햇살이 화사하게 내리쬐는 청명한 하늘 아래 있으면서도 마음이 분노의 연기에 싸여 있었기에 늘 우울했는데, 이제 이곳에서조차 시커먼 진흙 수렁에서 고통당하고 있구나" 하고 탄식하면서도 여전히 화를 통제하지 못한다.[4]

카시아누스도 수도사에게 감정은 통제의 대상이고 특히 분노는 마음의 요동을 일으키는 주 요인이기에, 이것을 영혼에서 제거하려면 특별히 수련해야 한다고 주장했다.[5] 신곡에서 분노의 죄를 지은 영혼이 그 죄를 씻기 위해 하나님의 어린양에게 "평화와 자비를" 구하는 찬송을 부르고 간구했듯이, 우리 역시 분노가 마음에 요동을 일으키지 않도록 늘 주님께 평화를 요청하는 기도를 드려야 한다. 그레고리우스도 분노하면 성령이 떠나고 의가 사라진다고 생각했기에 이것을 통제하는 법을 배워야 한다고 조언했다.

우리는 역사를 통해서도 이와 같은 교훈을 얻을 수 있다. 소위 선의의 집단이 불의한 집단과 투쟁해 가는 과정에서 처음의 의로웠던 분노가 점차 과격하고 악한 분노로 변질될 위험이 매우 크다는 것이다. 의로운 인물이나 그룹도 불의한 세력과의 투쟁 과정에서 자신도 모르게 통제력을 상실하면서, 당면한 불의를 변혁하는 데 그치지 않고 점차 상대방을 미워하고 파멸해야 할 원수로 여기게 되는 경우가 있다. 이런 상태에 빠지면, 자신은 철저히 의롭고 자신이 정의를 위해 발하는 분노 역시 철저히 의롭다고 생각한다. 그리고 하나님이 불의의 세력과 투쟁하는 자신의 편에 계시다고 생각하면서 점차 도를 넘는 과격한 분노를 행사하게 된다. 그러므로 불의한 제도와 권력에 대해 정당하게 화를 낼 때조차도 분노가 적대적 앙갚음과 같은 형태로 변질되지 않도록 감정을 더욱 통제할 필요가 있다.

복수하려는 의지

분노가 분명히 역사 발전과 사회정의 구현에 활화산 같은 긍정적 힘으로 작용해 왔음에도 교회와 신학자들이 이것을 대죄로 지목하고 경계해 온 것은, 분노가 감정을 넘어 의지와 결합하기 때문이다. 아우구스티누스는 분노를 "복수하려는 주체할 수 없는 욕구"라고 했고,[6] 아퀴나스도 자기에게 고통을 준 사람이 "벌 받기 바라는 욕망"이라고 정의했다.[7] 그것은 다른 사람의 공격에 반격함으로써 고통받은 만큼 앙갚음하겠다는 의지의 표출이다.

분노는 이처럼 자신을 공격한 상대에게 해를 가하겠다는 의지를 수반하기에, 이미 이성의 동의와 의지의 승인을 받아 놓은 것이라고 할 수 있다. 그것이 도덕적으로 문제인 것을 알면서도 의지적으로 그 감정을 유지하며 앙갚음할 기회를 기다리는 것이다.[8] 흔히 분노가 극에 달하면 이성을 잃는다고 표현하는데, 이 말은 복수에 대한 욕망으로 정신이 한 곳으로 몰린다는 뜻으로 이해하는 것이 정확하다. 이성은 실종되는 것이 아니라 오히려 복수할 계획과 전략을 짜는 쪽으로 몰린다. 이러한 복수는 공격을 받은 즉시 실행될 수도 있고, 해악을 끼친 당사자가 죽고 몇 세대가 흐른 후까지 소멸되지 않고 남아 있다가 복수로 실행될 수도 있다. 중요한 것은, 가슴에 품은 분노는 언젠가는 보복의 형태로 나타난다는 점이다.

우리는 창세기에서 분노로 촉발된 처절한 복수극을 볼 수 있다(창 34장). 가나안 땅 세겜 지역의 왕 하몰의 아들 세겜이 야곱의 딸 디나를 사모하여 강간한 뒤 하몰이 야곱을 찾아와 디나를 자기 족속에게 줄 것을 간청하는 일이 발생한다. 이때 야곱의 형제들은 이들이 자기 누이를 더럽힌 것에 분노한 나머지, 그들이 할례를 받으면 누이 디나와 결혼을 허락해 주겠다고 속인다. 이 말을 믿은 세겜과 그 형제들은 자기 족속의 모든 남자들과 함께 할례를 받는데, 사흘이 지난 뒤 이들의 거동이 불편한 때를 틈타 야곱의 아들들은 성읍을 급습하여 하몰과 세겜과 그 형제들 그리고 그 성읍에 거하는 모든 남자를 몰살해 버렸다. 그것으로도 모자라, 그 성읍을 노략하고 재물과 부녀자와 자녀들을 사로잡았다. 야곱의 아들들이 마음에 품은 분노는 이렇듯 대복수극으로 이어졌고, 야곱은 이 일로 말미암아 가나안 족속에게 보복을 당할까 두려워하면서 아들들의 앙갚음을 한탄하고 꾸짖었다(창 34:30).

보복하려는 의지를 담고 있는 분노는 필연적으로 상대방을 적으로 만든다. 여기에는 어떤 은혜의 개입도 불가능하며, 해를 끼친 상대는 거의 즉각적으로 원수가 되고 만다. 그레고리우스가 말했듯이 분노는 결국 분쟁, 마음의 동요, 모욕, 야유, 분개, 모독과 같은 딸들을 주렁주렁 낳기 때문에,[9] 상대를 무참히 괴롭히고 관계를 공격과 증오의 악순환에 빠뜨리는 매우 치명적이고 심각한 죄라 할 수 있다. 반면 예수님은 산상수훈에서 제자들에게 원수를 미워하지 말고 오히려 사랑하고 그를 위하여 기도하라고 권고하셨다(마 5:44). 분노하고 원수 삼고 칼을 가는 것은 하나님 나라 시민의 삶의 방식과 정면으로 배치되는 태도다.

분노의 원인들: 상처, 좌절된 욕구, 교만

간단히 말해, 분노는 상처받은 자의 반응이다. 타인에게 공격받고(또는 받았다고 여기고) 상처받을 때 우리는 분노하는데, 특히 무시나 모욕을 당했다는 느낌을 받을 경우 더욱 극심해진다. 자존심이 강한 사람들이 타인의 공격에 더 쉽게 분노하는 이유는 상처로부터 자신을 보호하려는 내적 기제가 강하게 발동하기 때문이다. 한편 어린 시절 부모나 주위 사람으로부터 존중받지 못하고 무시당하며 자란 사람들도 분노에 취약한데, 이는 지난 시절의 상처에 대한 보상 심리와 무관하지 않다. 그런데 그다지 심각하지 않은 일에도 민감하게 반응해 스스로 상처받았다고 생각하며 분노하는 사람들도 있다. 즉 가상의 상처에 아파하며 분통을 터뜨리는 것이다.[10] 여기서 우리는 사건의 객관적 상황보다는 본인이 그것을 어떻게 느끼느냐에 따라 분노의 정도가 달라짐을 알 수 있다. 창세기에서 가인은 근거 없는 피해 의식을 가지고 분노하여 동생 아벨을 죽였다. 그는 자신이 믿음으로 제사를 드리지 못했다는 사실(히 11:4)은 전혀 고려하지 않고, 아벨이 드린 제사 때문에 자신의 제사가 열납되지 않았다고 생각하며 동생에게 분노하여 결국 동생을 죽이고 만다.

분노의 또 다른 이유는 좌절된 욕구다. 사람은 누구나 매 순간을 살아가면서 어떤 상황이 어떤 식으로 이루어질 것이라는 일정한 기대치를 가지기 마련이다. 그런데 그런 기대가 무너지는 순간 실망이 찾아오고 어떤 사람은 분노라는 형태로 그 실망을 표출한다. 그리고 기대가 이루어지기를 바라는 욕구가 클수록 분노의 정도도 커진다. 물품을 구입하기 위해 몇 시간이나 줄을 섰지만 품절되어서 구입하지 못했다면, 그는 오랜 시간 기다리며 가졌던 기대와 욕구가 좌절된 것만큼의 분노를 느낄 것이다. 또 사람들은 어떤 이해관계 속에서 자신이 손해를 본다고 생각하는 경우에 분노한다. 님비 현상(NIMBY, Not In My Backyard의 줄임말로 자기 지역 내 혐오 시설 유치를 집단적으로 반대하는 현상)도 그 한 예다. 공익을 위해 필요한 일이라도 자신과 자신이 속한 집단에 조금이라도 손해를 끼친다면 무슨 일이 있어도 반대하며 개인적·집단적 분노를 표출하는 것이다.

마지막으로, 교만도 분노의 한 원인이 된다. 교만한 사람일수록 자신의 생각이 받아들여지지 않을 경우 자존심이 상하고 큰 모독감을 느낀다. 그래서 더 쉽게 화를 내고 앙갚음을 하고 싶어 한다. 헨리 나우웬(Henry Nouwen)에 따르면, 분노에는 교만과 함께 자기 의가 밑바닥에 깔려 있다. 교만한 사람은 자신의 권위와 견해가 더 옳고 우월하기 때문에 마땅히 존중받아야 한다고 생각한다. 그래서 그렇게 되지 않을 경우 크게 상처받고 분노한다. 그러나 겸손한 사람은 웬만한 일로는 상처받지 않는다. 이들은 자신의 생각이 탁월하다고 생각하지 않으며, 따라서 쓸데없이 분노할 필요가 없어 마음의 평정을 유지할 수 있다.

파괴성

분노가 가져오는 치명적인 결과는 무엇보다 그 파괴성에 있다. 분노는 불같이, 또 매우 무모하게 일어난다. 화가 나면 초기에는 눈살이 찌푸려지고 코와 입이 떨리고 심장박동이 빨라진다. 때로 이 감정이 더 격해지면 상대에게 해를 가하고 싶은 마음과 죽이고 싶은 감정까지 생기기도 한다. 구약성경에서 분노를 의미하는 히브리어는 '아프'(*aph*)인데, 이 단어는 코 또는 콧구멍을 가리키며 얼굴을 의미하기도 한다.[11] 화가 나면 코가 벌렁거리고 콧구멍에서 뜨거운 김이 나오고 안색이 달라진다는 얘기다. 분노를 가리키는 또 다른 단어는 '하라'(barah)인데, 이것은 '불'이라는 의미로도 쓰였다. 이 단어에서 보듯 분노는 불처럼 맹렬히 타는 것이다. 안색이 변할 정도로 불타올랐던 가인의 분노는(창 4:5) 결국 그의 동생을 삼켜 버렸다. 야곱의 외삼촌 라반은 야반도주하던 딸 라헬과 야곱을 밤새 추적했는데, 그들은 라반의 눈에 드러난 분노를 생생히 보았다(창 31:35).[12] 그런데 이 '하라'는 종종 '아프'와 함께 쓰여 '불붙는 분노'를 의미하기도 했다(민 25:4; 32:14). 이런 어원들을 볼 때, 분노는 불처럼 상대를 순식간에 태우고 잿더미로 만드는 파괴적인 죄임을 알 수 있다. 우리는 이와 같은 분노의 파괴성을 상징적으로 보여 주는 다소 극단적인 사건들을 익히 알고 있다. 2011년 7월 한국 사회에서 큰 이슈가 된 해병대 내 총기 난사 사건, 폭탄을 장착한 차를 몰고 건물로 돌진한 자살 테러, 그리고 2001년 9월 11일 전 지구촌을 공포에 빠뜨린 뉴욕 세계무역센터 테러 폭파 사건 등을 기억해 보라. 가해자로부터 입은 상처가 분노로 차곡차곡 쌓여 임계점을 넘으면, 인간은 자기를 공격했던 자에게 복수하고자 하는 일념에 사로잡혀 판단력을 잃고 극단적이고 무모한 행동을 저지를 수 있다.

그런데 분노가 비단 폭력적인 행동으로만 나타나는 것은 아니다. 일상에서 분노는 말로 나타나는 경우가 훨씬 더 많은데, 사실 말은 폭력만큼이나 파괴적인 결과를 낳는다. 화가 나서 내뱉은 멸시에 찬 한두 마디는 인격을 짓밟는 크나큰 상처를 주기 때문이다. 예수님은 형제에게 '라가' 즉 '골 빈 놈'이나 '미련한 놈'이라고 부르는 자는 지옥 불에 떨어진다고까지 말씀하셨다. 말로 형제에게 고통을 안겨 준 사람이 지옥에 떨어질 정도로, 그 고통이 극심하고 처참함을 시사하는 대목이다. 때로 화를 참지 못해 부주의하게 내뱉은 말 한마디가 상대의 마음에 박혀 일생을 비극에 빠뜨리기도 한다. 1990년대 신출귀몰한 범죄 행각을 벌인 희대의 탈옥수 신창원은 한 수녀에게 어린 시절의 가슴 아픈 경험을 들려주었다. 그는 초등학교 5학년 때 너무 가난해서 육성회비를 제때 내지 못하기 일쑤였는데, 어느 날 담임선생님이 회비를 독촉하는 과정에서 화를 내며 "너 같은 놈은 학교 다닐 필요 없어!"라고 소리쳤다고 한다. 이 한마디는 그의 마음에 비수처럼 꽂혀 세상과 사람에 대한 분노의 씨앗이 되었다. 누구나 멸시에 가득 찬 말을 들으면 인격이 짓이겨지고 견디기 힘든 상처를 입는다. 쓰라린 말 한마디는 쓴 뿌리가 되어 복수심과 더 큰 분노를 잉태할 수 있다.

하나님의 의를 가리다

분노의 또 한 가지 치명적 결과는, 분노가 하나님의 의를 이루지 못한다는 점이다(약 1:20). 모세는 광야에서 끊임없이 반역을 일삼는 이스라엘 백성을 40년이나 인내로 이끈 온유한 지도자다. 그러나 그러한 모세도 치명적인 실수를 범했다. 가데스바네아에서 마실 물이 없자 백성들은 모세와 아론을 원망했고, 하나님은 모세와 아론을 불러, 백성들이 보는 가운데 반석에게 물을 내라고 명령하라고 말씀하셨다. 그러나 모세는 억눌렸던 분노를 백성에게 폭발시키며 반석을 지팡이로 내리쳤다. 비록 물이 솟아나서 모두가 그것을 마실 수 있었지만, 하나님은 모세의 행동에 준엄하게 책임을 물으셨다. "이스라엘 자손의 목전에서 내 거룩함을 나타내지 아니한 고로, 너희는 이 회중을 내가 그들에게 준 땅으로 인도하여 들이지 못하리라"(민 20:12).

그는 거룩한 하나님 앞에서 그분의 거룩한 명령에 순종해야 할 지도자의 책임을 망각하고 일순간의 감정을 표출해 버림으로써 하나님의 의를 훼손해 버렸다. 그렇게 지상에서 최고로 온유한 자라고 칭함 받았던 모세는 중요한 순간에 분노를 참지 못해(단 한 번이었음에도 불구하고) 약속의 땅으로 들어가는 영광을 놓치고 말았다. 교회 지도자를 포함하여 모든 하나님 백성은 이 점을 깊이 새겨 끊임없이 자신의 성정과 싸워 분노를 토하지 않도록 해야 한다. 도저히 참기 힘들거나 어쩔 수 없는 상황이라 할지라도 의지적 분노의 표출은 결국 하나님의 의를 가리기 때문이다.

"형제에게 노하는 자마다 심판을 받게 되고, 형제를 대하여 라가라 하는 자는 공회에 잡혀가게 되고, 미련한 놈이라 하는 자는 지옥 불에 들어가게"(마 5:22) 된다는 사실을 기억하라. 그리고 윗사람에게 화가 날 때, 그 자리를 박차고 일어나기보다 오히려 자리를 지키고 공손한 태도로 반응하도록 의식적으로 노력하라. "공손함이 큰 허물을 용서받게 하느니라"(전 10:4). 분노의 감정이 솟구칠 때 인내하고 화를 더디 내는 사람과 달리, 즉시 노를 발하는 사람은 결국 어리석은 사람이다(잠 14:17, 29; 29:11; 전 7:9). 분노는 궁극적으로 하나님의 뜻을 거스르는 것이며, 분노 앞에서 하나님의 의는 결코 들어설 자리가 없다.

분노를 이기는 길

분노는 위험한 폭약과 같다. 세이어즈는 분노를 터뜨리면 수습하기 힘들고 깨어진 평화를 회복하는 데도 비용이 너무 많이 든다고 말했다. 그리스도인은 "분을 내어도 죄를 짓지 말며 해가 지도록 분을 품지 말라"(엡 4:26)는 바울의 말을 명심하면서, 설사 화를 내더라도 어떻게 해서든 잠자리에 들기 전에 그 분을 떨쳐 내도록 애써야 한다. 갈수록 분열과 싸움으로 험악해져 가는 사회에서 그리스도인들은 화평케 하는 일에 부름받은 평화의 사도라는 신분을 늘 의식하며 분노를 이기는 데 힘써야 한다.

원수 갚는 일은 나에게 속해 있지 않다 화를 내면 일단 속이 후련해지는 것 같지만, 문제는 해결되지 않고 도리어 상황을 악화시킨다. 복수는 상대방의 되갚음을 불러오고 결국 악순환을 낳기 때문에, 복수로는 문제를 해결할 수 없다. 어떤 사람은 상처받은 만큼 되돌려주는 것이 정의이기에 복수가 정당하다고 말한다. 그런데 문제는 실제 자기가 당한 만큼 정확하게 갚기가 쉽지 않다는 점이다. 따라서 보복으로 정의를 이루기는 실질적으로 어렵다고 보아야 한다. 복수는 오히려 모두에게 증오와 고통을 가중시킬 뿐이다.[13]

이런 현실적 이유와 함께, 그리스도인은 분노를 피해야 할 신학적 이유가 있다. 바울은 "그들이 실족할 그때에 내가 보복하리라"(신 32:35)는 구약 말씀을 인용하면서, "친히 원수를 갚지 말고 하나님의 진노하심에 맡기라"(롬 12:19)고 권면했다. 궁극적으로 복수는 인간에게 허용된 것이 아니며, 직접 보복하려는 것은 하나님이 하실 일을 대행하려는 태도와 같다. 공의로운 하나님은 결코 졸지도 주무시지도 않고 불꽃같은 눈으로 모든 일을 감찰하신다. 따라서 우리는 하나님이 가장 적절한 때에 마땅하게 벌하시리라 믿으며 보응을 하나님께 맡겨야 한다. 이것이 신자가 취할 윤리이자 믿음의 태도다.

다윗은 자기를 죽이려고 했던 사울에게 원수 갚을 기회가 두 번이나 있었지만 자신이 직접 행하지 않고 하나님께 맡겼다. 또한 그가 쓴 시편에는 대적들에게 무고하게 고난당하며 고통받는 가운데서 간구하는 시들이 많다. "내 앞에서 나를 압제하는 악인들과 나의 목숨을 노리는 원수들에게서 벗어나게 하소서.…여호와여, 일어나 그를 대항하여 넘어뜨리시고 주의 칼로 악인에게서 나의 영혼을 구원하소서!"(시 17:9, 13) 소위 '저주 시'라 불리는 시편에서도 그는 원수 갚는 일을 철저히 하나님께 맡긴다. 그저 하나님께 주의 백성을 조롱하고 넘어뜨리는 자들을 그냥 두지 마실 것을 간청할 뿐이다(시 35:1-8; 58:6-9). 시인은 하나님께 통곡하고 간구하면서 동시에 하나님의 종국적인 처결을 믿는다. 자신의 무고함을 하나님께 아뢰면서 맺힌 분노를 풀고, 자신에게 복수할 권리가 없음을 인정하면서 하나님이 의롭게 다스려 주실 것을 간청하고 맡기는 것이다. 무척 비현실적으로 보이지만, 이것이야말로 가장 궁극적인 해결책이다.

용서하기   단테는 『신곡』의 연옥 편에서, 분노의 죄를 저지른 자들이 참회하는 곳을 지나다가 갑자기 온화한 스데반의 환영을 본다. 스데반은 분노에 사로잡혀 "죽여라"라고 소리치며 자신에게 돌을 던지는 무리 앞에서 죽어 가면서도, 하나님께 그들을 용서해 달라고 기도하고 있었다. 단테는 이 모습을 보며 분노의 대안으로 용서를 제시한다.[14] 용서는 분노를 해결하는 가장 정확하면서도 근본적인 방법이다. 왜냐하면 분노가 치밀어 오를 때 순간적으로 그 기운을 누를 수는 있지만, 그렇게 억누른 분노는 언젠가 다시 불쑥 솟아나오기 때문이다. 따라서 가장 확실한 방안은 분노의 뿌리를 뽑는 것인데, 그것이 바로 용서다. "모든 악독과 노함과 분냄과 떠드는 것과 비방하는 것을 모든 악의와 함께 버리고…서로 용서하기를 하나님이 그리스도 안에서 너희를 용서하심과 같이 하라"(엡 4:31-32)는 바울의 권고 역시 용서가 궁극적인 대안임을 말해 준다.

분노한다는 것은 이전에 받은 상처에 얽매여 있다는 뜻인데, 용서는 우리로 하여금 그 상처에서 벗어나게 해 준다. 헬라어로 용서를 의미하는 단어는 '아페시스'(*aphesis*)이며, 이는 '체포된 상태에서 풀어 준다'는 뜻이다. 용서는 분노의 대상자와 당사자 모두를 과거의 상처에서 자유롭게 풀어 주고 미래로 나아가게 하는 놀라운 힘을 지니고 있다. 1990년 남아프리카공화국에서 인종차별 정책인 아파르트헤이트(Apartheid)가 철폐되고 흑인 정권이 들어선 직후, 성공회 주교 데즈먼드 투투(Desmond Tutu)는 "용서 없이는 결코 남아공의 미래도 없다"고 역설하면서, 이전에 자신들을 지배하고 차별해 온 백인들을 용서하고 그들과 손을 잡고 함께 미래로 나아갈 것을 호소했다.[15] 이처럼 용서는 분노로 점철된 과거가 아닌 전혀 달라진 미래를 창조하는 핵심적인 출발점이다.

야곱에게 장자의 복을 빼앗기고 분노하며 동생을 죽이고자 했던

에서는, 14년 뒤 삼촌 라반의 집에서 도망쳐 돌아오는 야곱을 맞을 때 완전히 다른 모습이 되어 있었다. 야곱은 형을 보자마자 두려워하며 바닥에 엎드려 자비로운 처분만 바랐지만, 에서는 오히려 반갑게 그를 맞이하며 목을 어긋매끼어 안고 입을 맞추었다. 그는 복수가 아닌 용서를, 증오가 아닌 사랑의 입맞춤을 베풀었다. 그리고 함께 울었다(창 33:4). 이는 용서하고 함께 울면서 과거에서 풀려나 함께 자유를 누리는, 오래도록 기억할 만한 아름다운 장면이다. 야곱은 형의 무조건적인 용서를 체험하면서 은혜의 진수를 맛보고,[16] "내가 형님의 얼굴을 뵈온즉 하나님의 얼굴을 본 것 같사오며"(창 33:10)라고 고백하며 감격한다. 이런 놀라운 경험은 야곱의 아들 요셉의 삶에서도 찾아볼 수 있다. 이집트의 총리대신이 된 요셉은 자기를 죽이려 하다가 종으로 팔아넘긴 형들이 자기 앞에 머리를 조아리고 엎드렸을 때, 그들에게 복수하기보다(충분히 그럴 수 있었음에도) 오히려 쓴 기억을 털어내고 그들을 용서하며 눈물로 얼싸안았다. 형들에 대한 분노가 용서의 눈물로 승화되어 터져 나왔을 때 요셉은 비로소 과거의 상처에서 온전히 벗어나게 되었다.

이처럼 용서는 분노에 매인 상태에서 자유를 허락하는 실제적인 유익을 지니고 있다. 이것을 심리학 용어로 '이기적 용서'라고 한다. 그러나 신자는 이런 실제적인 유익 외에도, 용서를 해야 하는 신앙적이고 신학적인 이유와 당위가 있는 사람들이다. 즉 모든 신자는 하나님께 용서받았기 때문에 마땅히 타인을 용서해야 한다. 사실, 앞서 언급한 성경 인물들의 용서는 하나님에 대한 깊은 믿음과 순종의 결실로 이해하는 것이 옳다.

따라서 그리스도인들은 하나님의 자녀이자 예수님의 제자로서 삶을 살아내기 위해 끊임없이 용서를 추구하고 실천해야 한다. 예수님은 용서를 제자도의 핵심이자 참된 제자 됨을 가늠하는 표지로서 강조하셨다(눅 17:1-10). 그는 제자들이 용서하지 못하면 다른 사람들이 이를 보고 하나님께 나아오고 싶은 마음이 사라져 버린다고 말씀하셨다. 즉 용서하지 못하는 것은, 사람들이 회개하여 하나님께 돌아오는 길에 장애물을 놓아 실족하게 만드는 심각한 죄악인 것이다(눅 17:1-2). 그리고 용서는 대단하고 특별한 일이 아니라 제자의 당연한 임무임을 말씀하시기 위해 비유를 덧붙이신다. 비유에 나오는 주인은 밭에 나가 땀 흘려 일하고 돌아온 종들을 특별히 칭찬하지 않고, 도리어 자신의 식사를 시중들고 난 뒤에 식사하라고 말한다(눅 17:8-10). 용서는 했다고 해서 칭찬받는 부가적인 덕목이 아니라, 오히려 행하지 않으면 제자의 신분을 박탈당하는 엄중한 의무다. 제자는 하나님 나라의 복음을 전하고 많은 사람을 그 은혜의 세계로 초대하도록 부름받은 사람들이기 때문이다.

물론 용서는 인간의 힘으로는 불가능하며, 오직 믿음에서 나오는 의지를 통해서만 가능하다. 주인 되신 예수님의 명령이기 때문에, 용서를 명하신 하나님이 용서할 수 있는 능력을 주시리라는 믿음을 가지고 용서하는 것이다. 테드 피터스(Ted Peters)는 하나님은 그의 백성이 회개할 때 그 죄악을 기억하지 않으시는 분(시 103:12; 사 43:25; 렘 31:34)임을 강조한다. 끊임없이 상대의 허물을 기억하고 분노에 머무르는 성정을 지닌 인간은, 자신 안의 그 어떤 선과 도덕으로도 용서에 이를 수 없지만 이와 같은 하나님의 선하심을 힘입어 용서할 수 있다.

바로 이것이 믿음의 본질이요, 기독교 영성의 핵심이다.[17]

분석하고 소통하기   분노를 다스리기 위해 좀더 실제적인 차원에서 접근하는 방안도 있다. 정신과 의사나 상담가들은 화병을 호소하는 이들을 대할 때, 가장 먼저 화가 나는 원인을 분석하라고 조언한다. 그들은 화가 난 원인과 그것을 표출한 방식, 그리고 이후 자신이나 상대에게 일어난 변화 등을 꼼꼼히 생각하고 기록해 볼 것과, 그 이유가 외부적 요인에 있는지 아니면 자신의 판단이나 느낌에 있는지를 검토하고 분석해 볼 것을 권한다. 이를 소위 인지치료라고 하는데, 이 작업을 몇 차례 하다 보면 자신이 분노를 느끼는 이유를 뚜렷이 알 수 있게 된다. 그리고 의외로 주관적인 느낌과 섣부른 판단, 과거의 상처 등으로 근거 없이 화를 내는 경우가 적지 않음을 발견한다. 이런 과정을 통해 자신의 분노 습관과 성향을 제대로 분석하면 그에 맞는 처방을 내림으로써 분노를 효과적으로 다스릴 수 있다.

또 한 가지 중요한 단계는 자신의 화난 감정을 잘 소통하는 훈련이다. 화가 날 때 그 감정을 숨기기보다 솔직히 상대에게 표현하고 소통하는 기술을 훈련하는 것이다. 그런 대화 중에, 불필요한 분노를 촉발한 서로에 대한 오해가 드러나기도 한다. 우리는 자신이 왜 그리고 얼마나 화가 났는지를 전함으로써 상대방이 내 상황을 정확히 알게 할 필요가 있다. 이는 불편한 일이지만 인내를 통해 반드시 해 나가야 할 필수적인 훈련이다. 우리는 싸움이 아니라 화해를 원한다는 사실을 상대방이 정말로 믿을 수 있도록, 상대를 성실과 진심으로 대하도록 노력해야 한다. 하나님께 예물을 드리기 전에 먼저 다른 사람과 화해해야 한다는 예수님의 말씀(마 5:23-24)은 이와 같은 관계 회복 노력의 중요한 근거가 된다.

입안에 침이 고이기까지　　화가 나는 순간, 일단 어떻게든 표출을 지연시키기 위해 의식적으로 시행해야 하는 즉각적 방안도 있다. "듣기는 속히 하고 말하기는 더디 하며 성내기도 더디 하라"(약 1:19)는 야고보의 권고대로, 화가 나면 그 상태를 인식하고 곧바로 행동으로 옮기지 않도록 의식적으로 한 발 뒤로 물러나는 것이다.

　오래전 어느 신학교 교수는 학생들에게, 참기 힘들 정도로 화가 날 때 즉각 입을 다물고 의식적으로 혀로 침을 모으면서 입안에 침이 가득 고일 때까지만 분을 참으며 기다리라고 가르쳤다. 아주 상징적이면서도 유용한 권고라 할 수 있다. 침이 고이기를 기다리는 동안 분노의 말을 내뱉기를 미룰 수 있고, 그동안 자기 판단이 잘못되었거나 적어도 그 순간 화내는 것이 온당하지 않다는 생각을 할 수도 있기 때문이다. 또 정작 고인 침을 삼킬 즈음에는 이미 화가 상당 부분 사라지기도 한다. 이 방법이 말하는 핵심은, 어떤 경우에도 즉각적으로 화내는 것은 피해야 한다는 것이다. 시편 기자의 말대로, 의지적으로 화를 늦추고 잠잠히 기다리며 생각할 필요가 있다(시 37:7-8).[18]

　『신곡』을 보면, 연옥에서 분노의 죄를 참회하는 사람들은 어린양에게 평화와 자비를 갈망하는 노래를 부른다. 그들은 지상에서 늘 참지 못하고 분노하여 싸움과 분열을 일으키며 살았기 때문이다. 분노의 순간에 잠시 물러나 기다리는 연습은 점진적으로 관계에 평화를 가져올 것이다.

생산적 에너지로 전환하라   분노는 엄청난 에너지를 발산한다. 그것이 정당한 분노든 아니든 무척이나 강한 화력을 가지고 있기에 대부분 즉각적인 행동으로 이어진다. 우리는 이 점을 잘 이용해서 그 에너지를 생산적인 힘으로 전환시켜야 한다. 즉 분노하는 사람은 엄청난 힘과 결단력이 있어서 일단 그 물꼬가 긍정적인 방향으로 돌려지면 그것을 선한 일에 강한 동력으로 사용할 수 있다. 예를 들어, 독재 정권에 대한 시민들의 분노가 극에 달했을 때, 그것은 불의한 제도를 뒤엎고 사회정의를 세우고 개혁을 일으키는 활화산 같은 힘으로 쓰였다. 마르틴 루터는 화가 나면 화를 솟구치게 하는 그 에너지를 이용하여 글쓰기와 연구에 몰두할 수 있었다고 한다.

몇 년 전, 횡단보도가 없는 도로에서 아들을 교통사고로 잃은 어느 부모는 평소 횡단보도 설치 건의를 무시한 행정 당국에 대한 분노로 힘든 시간을 보냈다. 그러나 그는 곧 사고가 난 그 자리에서 1인 시위를 하는 것으로 분노를 전환시켰다. 그곳에서 다시는 자기 아이와 같은 희생자가 생기지 않도록 횡단보도를 설치하자는 캠페인을 전개했는데, 적지 않은 학부모들이 그 뜻에 호응하고 동참했다. 이어진 1인 시위는 공무원들의 시선을 끌었고, 마침내 그곳에 횡단보도가 설치되었다. 분노는 이처럼 강력한 에너지로 전환되어, 중요한 목표에 도달하는 동력으로 쓰일 수 있다.

성찰과 나눔

1. 최근에 화를 낸 적이 있는가? 화를 낸 이유는 무엇이었고, 그 결과는 어떠했는가?
2. 분노는 왜 죄가 되는가? 분노는 어떤 면에서 심각한가?
3. 의로운 분노는 무엇이며, 그것은 일반적인 분노와 어떤 면에서 다른가?
4. 분노의 주된 원인과 그 결과는 무엇인가?
5. 분노를 극복하는 궁극적인 해결책은 무엇인가? 분노를 다스리는 개인적인 방법이 있다면 나누어 보라.

나태
acedia

나태한 사람이 따뜻한 벽난로 앞 의자에 앉아 꾸벅꾸벅 졸고 있다. 그의 발치에는 그와 마찬가지로 강아지가 웅크린 채 졸고 있다. 수녀는 그에게 일어나서 정해진 기도문으로 기도해야 할 때라는 것을 상기시키지만 그는 수녀가 온 것도 모른 채 꿈속을 헤매고 있다.

4

나태
정오의 마귀

> 세상에서는 나태를 관용이라 부르고, 지옥에서는 절망이라 부른다.
> 도로시 세이어즈
> ―
> 선을 행하되 낙심하지 말지니, 포기하지 아니하면 때가 이르매 거두리라.
> 갈라디아서 6:9

분주한 현대인의 게으름

테이크아웃 커피와 도넛을 손에 쥐고 총총걸음으로 사무실로 들어가는 직장인들의 모습은 현대인의 바쁜 일상을 상징적으로 보여 준다. 대부분 영역에서 전산화와 기계화가 이루어졌지만, 오히려 현대인들은 이전 세대보다 더 바쁘고 더 오래 일한다. 아마도 끊임없이 진화하는 문명사회에서 아울러 이루어지는 기술 발전에 적응하기가 만만치 않고, 생존 경쟁 역시 이전보다 더 치열해졌기 때문일 것이다. 그래서 직장인들은 아침 식사도 제대로 하지 못한 채 집을 나서기 일쑤고, 대학생들은 각종 자격증 취득과 취업 준비 때문에 젊음을 즐길

새도 없이 바쁜 삶에 자신을 내맡긴다.

 이런 시대 분위기 속에서 사람들에게 "게으른 자여, 개미에게 가서 그가 하는 것을 보고 지혜를 얻으라"는 잠언 구절이나 "게으름은 영혼의 적"이라는 경구를 들이미는 것은 적절하지 않은 듯하다. 오히려 너무 많은 사람이 일중독에 가까울 만큼 분주하게 살아가고 있고, 그래서 '느리게 살기' 식의 반문화적 동기 부여를 하는 것이 더 적합해 보인다. 하지만 이러한 우려는 나태의 정확한 본질을 이해하지 못한 데서 기인한다. 사실상, 성실함으로 가장한 수많은 이들의 표면적 분주함 아래에는 치명적인 나태가 숨겨져 있을 가능성이 크다. 사람들에게 '당신은 왜, 무엇을 위해 이렇게 바쁘게 지내는가' 물어보라. 그 대답이 바로 진정한 성실과 표면적 성실을 구분하는 지표가 될 것이다. 특별한 소명이나 목적의식, 열정 같은 것이 없는, 그저 수동적으로 주어지는 일상의 무의미한 반복과 목적 없는 열심을 성실이라 말할 수 있을까? 나태의 치명적 특성을 잘 알았던 사막 수도사들과 중세 도덕철학자들은, 이런 현대인의 모습에서 분명히 나태라는 무서운 죄를 간파했을 것이다.

영혼의 병

흔히 '나태'라고 하면, 느지막이 일어나 잠옷을 입은 채 빈둥거리며 집에서 시간을 보내는 것, 혹은 설거짓거리를 싱크대에 내팽개쳐 두고 소파에 비스듬히 누워 종일 텔레비전만 보며 게으름을 피우는 것을 연상한다. 나태를 가리키는 영어 단어는 sloth인데, 이 단어는 중

남미에 주로 서식하는 나무늘보를 뜻하기도 한다. 나무늘보는 나무에 거꾸로 매달려 꼼짝도 하지 않고, 최소한만 움직이며 사는 동물이다. 이처럼 사람들은 나태라 하면 '몸이 굼뜨고 행동이 느린 모습'을 연상하고, 그 정의를 '좀처럼 움직이거나 일하기 싫어하는 것' 정도로 이해하는 경향이 있다. 하지만 교회가 죄로 규정해 온 나태는 이와는 성격이 무척 다르다. 교회 전통은 나태를 단순히 몸이 느린 상태가 아니라, 영혼이 병든 것처럼 의욕과 활력을 잃어 움직이지 않는 상태에 빠진 것으로 이해했다.

교회 전통에서 주요하게 취급해 온 악덕으로서의 나태는 본래 사막 수도원에서 나온 것이다. 4세기 사막 수도사 에바그리우스는 나태가 수도 생활을 망치는 최고의 악덕임을 경험으로 알게 되었다. 처음 이집트 사막에 들어간 그는 은둔수도사들의 상당수가 나태에 빠져 있음을 보았다. 열악한 환경과 오랜 금욕 훈련 등으로 지치고 건강 상태가 나빠진 은둔수도사들은, 미래에 대한 불안과 염려로 의기소침해지고 무기력한 상태에 빠져 있었다. 특히 기대만큼 영성과 하나님에 대한 앎이 깊어지지 않자, 수도사들은 우울과 낙심에 빠져 금욕과 수도 생활에 의욕을 잃고 수도하는 자리를 슬슬 벗어나 어슬렁거리고 있었다. 에바그리우스는 바로 이것을 '나태'라고 불렀다. 그의 제자 카시아누스는 이것을 수도사들을 무기력하게 만드는 '영혼의 병'이라 부르기도 했다.

나태의 이런 성격은 어원을 통해 더 확실히 알 수 있다. 나태를 뜻하는 라틴어 '아케디아'(*acedia*) 혹은 '아키디에'(*accidie*)는 헬라어 '아케디아'(*akedia*)에서 왔는데, 이는 '관심(*kedos*) 없음(*a-*)'이라는 의미다.

즉, 나태는 겉으로 드러난 행동 이전에 더 깊은 내적 태도와 관련 있다. 카시아누스는 사막이나 은둔지에서 수도하는 수도사들이 이 나태의 유혹에 넘어가면 하나님에 대한 몰입이 무너지므로 이것이야말로 수도사에게 가장 무서운 적이라고 보았다.[1] 이처럼 나태는 의욕이 없어서 무기력해지고 어떤 일에도 감정이 동하지 않아 마침내 손을 놓고 아무것도 행하려 하지 않는 마음의 상태를 가리킨다. 그래서 세이어즈는 나태를 이렇게 정의했다. "아무것도 믿지 않고, 신경 쓰지 않고, 알려고 추구하지 않고, 간섭하지도 않고, 즐기지 않고, 사랑하지도 않고, 미워하지도 않고, 위해서 살아야 할 그 무엇도 없고, 또 죽어야 할 어떤 이유도 없기 때문에 그저 살아 있는 죄다."[2]

사랑하지 않는 죄

앞서 보았듯 나태가 다른 죄들에 비해 독특한 점은, '행하는 죄'(sins of commission)가 아니라 '행하지 않는 죄'(sins of omission)라는 점이다. 어떤 흉악한 악을 행하는 것이 아니라, 마땅히 행해야 할 선을 행하지 않는 것이다. 단테는 이것을 "선을 행하는 데 미지근한 것"이라고 표현했다. 그래서 어떤 이들은 의도적으로 다른 사람에게 피해를 가하는 것이 아니기 때문에 시기나 분노처럼 나태를 대죄로 취급하는 것은 곤란하다고 주장하기도 한다. 그러나 분명히 알아야 할 것은, 나태가 '선을 행하지 않으려는 의지'라는 능동적 성격을 지닌다는 점이다. 예를 들어, 자신이 타인을 불편하게 하는 상황을 만들었음을 알고도 그 상황을 개선하려 하지 않고 내버려 둔다면, 그것은 엄연히 이기적 나태이자 의지적 나태다. 의지적으로 선을 행하기를 거부하는 행동이며, 의도적으로 악을 범하는 것과 같다.

　교회와 신학자들이 나태를 문제 삼는 핵심적인 이유는, 이것이 무엇보다 하나님 사랑과 이웃 사랑의 계명을 거스르는 심각한 성격을 지니기 때문이다. 나태와 반대되는 '근면'을 뜻하는 영단어 diligence는 라틴어 '딜리게레'(*diligere*)에서 왔는데, 그 의미는 '사랑하다'이다. 부지런함이 사랑하는 것에서 온다는 의미다. 우리가 열심히 일하고 부지런히 무엇을 하는 것은 그 대상에 대한 애정이 있기 때문이다. 반대로, 무엇이든 하기 싫어한다는 것은 사랑하는 마음이 없다는 뜻이다. 나태가 도덕적·종교적으로 문제가 되는 것은 단지 몸이 굼뜨기 때문이 아니라 그 누구에 대해서도 관심을 가지지 않고 사랑하지 않기 때문이다.

　즉 나태란, 하나님께 드려야 할 예배와 섬김과 사랑을 충분히 드리지 않는 것이다. 하나님을 사랑하지 않는 것은 십계명의 가장 우선적인 명령을 어기는 것과 다르지 않다. 온 마음과 뜻과 정성을 다해 하나님을 사랑하고 그의 계명에 순종하며 살아야 할 사람이 별 의욕 없이 자기 안에 갇혀 지낸다면 그것은 하나님 앞에서 심각한 죄다. 예수님의 달란트 비유에서, 한 달란트를 받고 땅에 숨겨 둔 종의 모습은 이에 해당하는 전형적인 예다. 주인은 그 종을 "악하고 게으른 종"이라 부르며 책망했다(마 25:26). 그 이유는 종이 장사를 잘못하여 주인에게 손해를 끼쳤기 때문이 아니라, 주인의 명령에 순종하지 않고 아예 장사할 생각조차 하지 않았기 때문이다. 일하지 않는 것은 일하다가 잘못하여 손해를 보는 것보다 더 나쁘다. 이것은 하나님이 각자에게 주신 독특한 은사를 하나님을 위해 사용하지 않고 그냥 묵혀 쓸모없게 만들어 버리는 태도이기 때문이다.[3] 이러한 모습은 하나님을 사랑하지 않는 것과 다르지 않다. 단테는 나태를 "덕을 행하는 데 느린 것", "하나님을 그의 온 몸과 마음과 영혼으로 사랑하지 않는 죄"라고 말했고,[4] 레베카 드영(Rebecca DeYoung)은 "사랑의 요구에 저항하는 것"이라 표현했다.[5] 이 표현은 나태가 하나님 명령에 대한 의지적 거부를 내포함을 시사한다.

그리스도인은 나태를 결코 가볍게 생각해서는 안 된다. 예수님은 마지막 심판에 대한 가르침에서, 영원한 형벌을 받을 자들이 지은 죄는 다름 아닌 사랑을 행하는 데 무관심하고 태만한 것이라고 말씀하셨다. 또 헐벗고 굶주린 지극히 작은 자 하나에게 하지 않은 것을 바로 주님께 하지 않은 것으로 간주하셨다(마 25:46). 악을 행한 것뿐 아니라, 마땅히 돌보아야 할 대상을 돌보지 않고 선을 행하기를 거부하는 것이 심각한 죄임을 분명히 하신 것이다. 그래서 아퀴나스는 나태가 때로 용서받기 힘든 대죄(mortal sins)로 발전한다고 보았다. 그 이유는 이것이 사랑을 거스르는 죄이기 때문이다. 나태하면 하나님을 앙망하고 사랑하는 데 소홀해지고 하나님과 점점 멀어지며 마침내 하나님의 자비와 사랑에서 끊어지고 만다.[6] 따라서 아퀴나스는 이것을 참회성사를 거쳐야만 용서받을 수 있는 중대한 대죄라고 본 것이다.

우울과 지루함

나태는 영적 메마름, 정신적 고갈, 내키지 않음, 지루함, 기쁨의 부재

등과 같은 특징이 있는데, 그중에서도 대표적인 것이 우울함과 지루함이다.[7] 아퀴나스는 나태를 "선에 대해 슬퍼하는 것"이라 정의하기도 했다. 실제로 나태에 빠지면 하나님의 선하심과 창조세계의 아름다움을 보면서도 시큰둥하고 우울해지곤 한다.

에바그리우스와 카시아누스는 수도사들을 위해 여덟 가지 대죄 목록을 만들면서 나태와 우울(tristitia)을 각각 나란하게 목록 안에 넣었다. 카시아누스는 우울이 일어나는 원인을 세 가지로 정리했는데,[8] 첫 번째 주요한 원인이 바로 분노라고 보았다. 분노가 해소되지 않으면 반드시 우울증으로 넘어가게 된다. 둘째, 바라고 성취하고 싶었던 것이 좌절될 때 우울해진다. 수도사들의 경우, 기도 생활에서 하나님의 응답을 얻지 못하고 수도 생활에서 어떤 만족이나 기쁨을 맛보지 못할 때 낙오감과 좌절감이 생기면서 우울해질 수 있다. 그리고 결과적으로, 도달하고 싶은 영적 목표에 이를 수 없다는 비관적 생각에 무기력해지고 금욕과 기도에 대한 의욕이 사라진다. 셋째로, 이유 없이 우울해지는 경우도 있다. 이는 영혼의 적인 마귀가 실제 상황과는 다른 부정적 방향으로 생각하도록 선동하기 때문에 우울에 빠지는 경우라 할 수 있다. 사람이 우울해지면 미래가 보이지 않고 그 어떤 전망이나 계획도 세울 수 없기 때문에, 결국은 절망하고 자포자기하게 된다.[9] 그래서 우울은 병이면서도 큰 죄가 되는 것이다. 수도사들이 이것을 독립된 죄로 본 것도 이런 이유와 관련 있다.

그리고 카시아누스와 에바그리우스는 우울이 반드시 나태로 이어진다고 생각했다.[10] 그레고리우스 역시 둘의 유사성과 연관성을 인정했고, 나태를 우울의 일부로 여겨 우울이라는 큰 개념 안에 나태를 집어넣었다.[11] 그러나 아퀴나스는 도리어 나태를 더 큰 개념이라고 생각해서 우울을 나태 안으로 집어넣고 대죄 목록에서 빼 버리기도 했다. 이처럼 둘은 서로 연계되어 있고 한편으로 뒤섞여 있다고 할 수 있다. 나태하면 우울해지고 또 우울증이 생기면 나태는 깊어진다. 하나님이 창조한 세상의 생명력과 아름다움과 은혜의 손길을 보면서도 감동하지 않고 우울하다면 나태에 빠져 있다는 뜻이다. 이처럼 서로 유사하여 명확한 구분이 쉽지 않지만, 둘의 치료법을 생각해 보면 그 차이점도 어느 정도 파악할 수 있다. 우울은 대개 상담과 약물 치료가 필요한 일종의 병리적 성격이 강한 반면, 나태는 영적 훈련과 실천을 통해 치유할 수 있는 윤리적·영적 특성을 더 많이 지닌다.[12] 그러므로 죄로서의 성격은 나태가 더 강하다고 볼 수 있다.

아퀴나스는 우울과 함께 나태의 중요한 특징이 되는 감정이 바로 지루함이라고 말했다.[13] 지루함이란 자신의 일과 일상을 따분해하고 싫증을 느끼는 것이다. 에바그리우스는 수도사들이 기도와 읽기, 노동, 침묵 등 반복적인 일들로 이루어진 단조로운 수도 생활에 지루함을 느끼는 것에 대해, 그 지루함은 마귀가 조장하는 것이라고 생각했다. 어떤 일을 하더라도 다른 사람에 비해 특히 지루함을 더 잘 느끼고 중도에 포기하는 사람들이 있다. 칼 올슨은 이런 태도를 두고, "하나님을 따분한 분으로 만드는 죄"라고 표현했다.[14] 하나님은 만물을 창조하시고 흡족해하셨고, 인간에게 세상과 그에 속한 모든 것을 활용하고 연구하여 문명과 질서를 세우도록 명령하셨다. 그런데 이런 창조세계 안에서 하나님을 섬기고 그분의 명령을 수행하는 것을 따분한 일로 취급하는 것은, 하나님을 따분한 분으로 취급하는 것과 같다. 반복되는 지루함을 그대로 방치하면 나태로 발전되기 마련이다. 지루한 마음이 많이 생긴다면, 그것이 나태에 빠질 조짐임을 인식하여 더욱 경계해야 한다.

파괴적인 미루기

나태의 특징 중에서 빠질 수 없는 것은 미루는 성향이다. "내일 하지 뭐!" 이 말은 나태한 사람에게서 어렵지 않게 들을 수 있다. 어떤 일이든 약간 힘든 일이 생기거나 귀찮아지면 내일로 미루어 버리는 것이다. 수도사들도 이런 유혹을 종종 받았다. 수도 생활은 어떤 긴급함도 없는 일상적인 일의 반복이고, 하루 이틀 기도나 노동을 하지 않고 미룬다 해도 특별한 어려움이 생기지 않기 때문이다.

모든 죄는 마귀로부터 온다고 믿었던 에바그리우스는, 수도사에게 가장 위험한 죄라고 간주한 이 나태를 '정오의 마귀'라고 불렀다. 이 표현은 시편 91:6의 '정오에 임하는 재앙'(plague that destroys at midday)이라는 구절에서 온 것인데, 게으름이 마치 대낮에 닥치는 재앙처럼 밝은 때에 수도사들을 넘어뜨린다고 생각했기 때문이다. 마귀는 오전 10시경이 되면 기도굴 안의 수도사에게 슬그머니 접근해 속삭이기 시작한다. 마귀는 "중천에 떠 있는 해가 족히 50시간은 지지 않고 계속 떠 있을 것처럼" 이야기한다. 그는 이따금씩 창밖을 내다보라고, 골방에서 나와 태양이 중천에서 얼마나 움직였는지 바라보라고, 저녁까지는 아직도 한참이나 남았다고 속삭이고, 다른 수도사들도 밖으로 나와 있는지를 한번 확인해 보라고 유혹한다.[15]

마귀가 이렇게 일과를 미루도록 유혹하는 목적은 수도하는 자리를 떠나게 하려는 것이다. 마귀는 이 전략이 어느 정도 먹혀들 경우 마침내 요한복음 4:21-24을 인용하며, 수도원이 아닌 다른 장소에서도 얼마든지 수도하고 하나님을 깊이 체험할 수 있다고 속삭인다. 수도사에게 나태를 조장해 수도하는 곳을 벗어나게 함으로써 영적 싸움의 대열에서 낙오하게 만드는 것이다.[16] 우리는 오늘 자신이 지켜야 할 자리와 일상의 일을 귀중히 여기고, 때로 따분해지거나 힘이 들어도 그곳을 벗어나지 않으려고 노력해야 한다. 수도사가 개인 기도실과 공동 예배실에서 빠져나오고 싶은 유혹이 있을 때 더욱 인내하며 끝까지 자리를 지켜야 하듯, 우리 역시 자기에게 주어진 일과 직무에서 이탈하는 것을 더욱 경계하고 인내해야 한다.

수도사가 단 한 시간을 미루기 시작하다가 결국 수도원까지 벗어나게 되듯이, 오늘의 우리도 마찬가지다. 한 시간을 미루다 내일 그리고 모레가 되면서 점점 미루기에 익숙해지고 이것이 반복되면 일을 끝내지 못하는 경우가 잦아진다. 그러다가 때로 치명적인 결과를 맞기도 한다. 폭포를 향해 떠내려가는 큰 얼음덩이 위에 놓인 동물의 사체를 보고 그 위에 내려앉은 독수리 한 마리가, 얼음이 폭포 아래로 떨어지기 직전에 날아오르겠다고 생각하며 먹이를 계속 먹다가 막상 날아오르려 하니 발바닥이 빙판에 달라붙어 버려 결국 얼음과 함께 폭포로 떨어지고 말았다는 이야기가 있다. 또한 김준곤 목사는 『예수 칼럼』(순출판사)에서 '내일 마귀'에 대한 이야기를 들려줌으로써 내일로 미루는 것의 엄청난 파괴성을 보여 준다. 마귀들이 그리스도인을 공격하는 전략을 짜려고 모였는데, 그리스도인을 죽이거나 고통을 주자는 여러 의견들 사이에서 가장 노련한 늙은 마귀가 탁월한 제안을 한다. 인간에게 다음과 같이 속삭임으로써 그를 단번에 유혹할 수 있다는 것이다. "열심히 전도도 하고, 기도도 하고, 사랑도 하자. 그러나 내일부터 하자."

단테는 나태한 자는 일생 동안 미루는 습관을 갖고 있다가 더러는 회개하는 일까지도 미루고 만다고 말했다. 그는 연옥 입구에 나태한 자들이 상당수 있음을 보았는데, 이들은 늘 선한 의도를 가졌지만 한 번도 제대로 실행하지 못한 채 생을 마무리한 자들이었다. 회개하기를 끝까지 미룬 나태한 자들은 그렇게 미루며 산 인생의 기간만큼 연옥 입구에서 맴돌아야 했다.[17]

나태의 이 같은 성격은 인간관계에도 큰 영향을 끼친다. 특히 결혼 생활에 문제가 있는 부부를 살펴보면 서로에 대한 나태함이 큰 원인인 경우가 적지 않다. 부부간에 생겨나는 오해나 갈등에 대해 얼굴을 맞대고 대화하며 해결해 나가기보다 끊임없이 내일로 미루는 것이다. 그것이 지속되면 부부 사이가 돌이킬 수 없을 정도로 멀어지고 파경에 이르는 경우가 허다하다. 이는 다른 우정 관계나 여타 사회적인 관계들에도 동일하게 적용된다.

자기 연민

게으른 사람은 상대적으로 자기 연민에 잘 빠지는 경향이 있다. 이들은 다른 사람이나 대상에게 돌려야 할 관심을 자신에게로 과도하게 집중시킨다. 엘리야는 북왕국 이스라엘에서 사역한 선지자로, 갈멜산에서 바알과 아세라 선지자 850명과 대결하여 하나님이 참 신이심을 증명하고 그들을 모두 쳐 죽이는 엄청난 사역을 했다. 그러나 바로 다음 날 왕후 이세벨에게 살해 위협을 받자 목숨을 보전하기 위해 즉시 국경을 넘어 브엘세바 광야로 도망쳤다. 그리고 로뎀 나무 아래 주저앉아 하나님께 섭섭한 마음을 토로하며 자기 생명을 취하여 주시기를 간청했다. "내가 주를 위한 열심이 특심했으나…." 그는 죽을힘을 다해 이방 선지자들과 싸우며 하나님을 위해 일했지만 보상은커녕 살해의 위험에 처한 자신을 지극히 불쌍히 여기며 더 이상 살아야 할 의미를 잃어버렸다.

이와 유사한 일은 누구에게나 생길 수 있는데, 특히 무언가를 위해 최선을 다했던 사람에게 일어날 가능성이 크다. 노력에 합당한 결과가 주어지지 않고 도리어 어려움에 빠지면, 묘한 배신감이 밀려온다. '내가 얼마나 희생하고 얼마나 간절히 엎드려 간구했는데…' 자기 연민과 아울러 분노가 일어나고, 선한 일에 대한 열심이 서서히 식어 모든 일에서 물러나고 싶어진다. 그리고 마귀는 그 틈을 놓치지 않고 찾아와 허탈감과 섭섭함, 분노, 낙담, 우울, 연민과 같은 감정을 증폭시킨다. 그리고 마치 하나님이 그곳에 계시지 않고 응답하지 않으신다고 느껴지게 만든다.

그러나 하나님은 그의 자녀들이 어떤 형편에 처해 있든지 그들을 돌보고 함께하신다. 거의 소망이 보이지 않는 상황에서도 하나님은 여전히 그곳에 계신다. 엘리야는 자기 연민에 빠져 북이스라엘에 자기처럼 하나님을 경외하는 자가 아무도 없다고 푸념하고 원망했지만, 실제로 하나님은 바알에게 무릎 꿇지 않은 사람을 7천 명이나 숨겨

두셨다. 다만 엘리야가 자기 연민에 빠져 주위를 볼 수 없었을 뿐이다. 겉으로 보기에는 사방에 악만 횡행하는 것 같아도, 하나님의 섭리와 선한 간섭은 계속되고 있었다. 이처럼 마귀는 자기 연민을 조장하여 하나님의 선한 역사와 도우시는 손길을 보지 못하게 한다.

힘든 상황에서 '하나님, 왜 제게 이런 일이 일어나게 하십니까?'라고 분노하며 부르짖는 자는 하나님의 긍휼을 얻을 가능성이 있다. 그러나 나태에 깊이 빠져 '하나님은 더 이상 관여하지 않는다' '이 부조리한 세상, 될 대로 되라!'는 식으로 자포자기하고 기도조차 하지 않는 사람에게는 그 어떤 희망도 없다. 소망이 사라진 듯한 순간에도 하나님이 계시고 하나님의 은혜가 감춰져 있지만, 자기 연민에 빠진 사람은 그것을 보지 못하고 또 보려 하지도 않는다. 한때 수도사였고 현재 작가로 활동하는 캐슬린 노리스(Kathleen Norris)는, 나태는 "황무한 곳이라도 거기에 반드시 존재하는 하나님의 놀라운 은혜를 바라고 찾기를 거부하는 것"이라고 말했다.[18] 마귀는 그 같은 상황에서 하나님의 은혜를 찾으려는 것은 '바보 같은 짓'이라고 사람들을 속이는데, 나태한 사람은 이런 유혹에 빠져 결국 자포자기하고 만다.

나태를 이기는 길

목적의식과 소명 에바그리우스는 수련에 소홀하고 태만한 수도사에게 기도나 성경 암송, 노동 시간을 늘리라는 식의 주문을 내놓지 않았다. 그는 모든 것에 앞서 왜 수도를 해야 하는지, 왜 하나님을 섬기고 욕망을 절제하는 일에 힘써야 하는지 등을 생각하며 수도의 목적을 재확인해 보라고 독려했다. 또 익명의 한 수도원장은 수도사들에게 악한 자들이 지옥에서 받을 영원한 심판과 형벌을 생각하고, 장차 받을 구원과 천국에서 누릴 삶을 눈앞에 계속 그리라고 주문했다.[19]

이처럼 나태를 예방하거나 극복하기 위해 요구되는 가장 우선적인 작업은 '자신이 왜 태어났고 무엇을 위해 살아야 하는지'를 확인하는 것, 즉 삶의 목적을 재수립하거나 재확인하는 것이다. 확고한 목적의식과 소명이야말로 일을 힘차게 추진할 수 있는 동력이며, 이것이 있으면 도중에 어떠한 난관에 부딪히더라도 포기하지 않고 다시 일어날 수 있다. 그러나 목적이 분명하지 않으면 희생을 무릅쓸 의욕도, 돌파할 에너지도 없어지게 마련이다. 사람은 뚜렷한 삶의 목적을 갖게 되면 생활이 달라지고, 머뭇거리지 않고 앞으로 나아가게 된다. 세계 평화나 지구 환경 보호와 같은 고상한 가치에 헌신한 운동가들이 남들처럼 높은 경제적 보상과 사회적 지위 없이 그 일에 즐거이 매진하는 것도 남다른 목적의식과 소명 때문이다.[20] 가치 있는 일에 부름받았다는 소명 의식은 삶을 이끌어 가는 최고의 힘이다.

20세기 독일의 걸출한 사회학자 막스 베버(Max Weber)는, 자본주의가 근대 서구 국가에서 일찍 발흥한 원인이 금욕과 근면을 구원받은 자의 외적 표지로 여기고 가르쳐 온 칼뱅주의적 개신교 교리와 윤리 때문이었다고 주장했다. 그는 『프로테스탄티즘의 윤리와 자본주의 정신』(*Die protestantische Ethik und der 'Geist' des Kapitalismus*, 문예출판사)에서, 구원받은 신자들은 이 세상에서 하나님의 영광을 위해 살고자 하는 새로운 목적을 가지게 되고, 그 목적을 이루기 위해 금욕하며 부지런히 땀 흘려 일하게 된다고 말한다. 그에 따르면, 금욕과 근면은 구원의 결과인 동시에 구원받았음을 재확인해 주는 객관적 표지가 되며, 바로 이런 삶의 양식이 자본주의 발흥에 크게 기여했다는 것이다. 논쟁의 여지가 없는 것은 아니지만, 이 분석은 여전히 설득력 있는 이론으로 자리 잡고 있다.

여기서 볼 수 있듯이, 그리스도인은 차원이 다른 목적을 지닌 사람이다. 영국 장로교인들이 신앙 교육을 위해 만든 웨스트민스터 교리문답서는 "사람의 제일 되는 목적이 무엇인가?"라는 물음에 "하나님을 영화롭게 하고 영원토록 그를 즐거워하는 것"이라고 답한다.[21] 인생 최고의 목적과 존재 이유는 생명의 근원이자 창조자이신 하나님을 기뻐하고 그를 영화롭게 하는 것이어야 한다는 의미다. 인간은 하나님의 피조물로서 만물과 함께 '그를 위하여 창조되었다'(골 1:16). 바울은 피조물로서의 인간은 자신이 아니라 자신의 창조자 하나님을 위해 살아야 하며 이것이 신자의 삶의 목적이라고 가르친다. 그런데 바울은 여기에 구원론적 관점을 덧붙인다. "너희 몸은…너희 자신의 것이 아니라. 값으로 산 것이 되었으니, 그런즉 너희 몸으로 하나님께 영광을 돌리라"(고전 6:19-20). 속량받은 자는 그 값을 치른 주인을 위해 사는 것이 마땅하다. 바울이 성도들에게 '일하기 싫은 자는 먹지도 말라'고까지 강하게 훈계한 것도(살후 3:10) 이와 같은 신학적 관점에서 보면 충분히 이해할 만하다.

G. I. 윌리엄슨(Williamson)은 사람은 하나님의 영광을 드러내기 위한 도구이기에 선행을 통해 하나님의 사랑과 자비와 능력을 온 세상에 드러냄으로써 결국 하나님이 찬양받으시도록 해야 한다고 강조한다.[22] 17세기의 많은 청교도 신학자들 역시 이 점을 강조했는데, 그중

리처드 백스터(Richard Baxter)는 신자들이 일반 사람들보다 더 부지런히 살아야 할 이유가 바로 여기에 있음을 누구보다 자주 언급했다.[23]

구체적 목표 설정   삶의 목적을 인식하고 하나님을 영화롭게 하는 삶의 방식은 사람마다 다르다. 하나님이 주신 성격과 재능, 건강 상태 등이 모두 다르고 각자가 처한 삶의 정황과 문화에도 차이가 있기 때문이다. 따라서 자신이 어떤 구체적인 일이나 영역에서 하나님을 영화롭게 하도록 부름받았는지 안다면 우리는 삶을 훨씬 더 성실하게 살아낼 수 있을 것이다. 예를 들어, 이웃과 사회에 탁월하게 봉사할 수 있는 능력을 갖춘 학생들을 키워 내는 교사로서의 소명을 확인하고, 또 교사로서 추구하고 수행해야 할 세부적인 목표들을 세우고 실천해 간다면, 그 사람은 매우 구체적이고 성실하게 하나님을 영화롭게 하는 것이다. 이와 같이 삶의 현장에서 하나님을 영화롭게 할 수 있는 자신만의 독특한 '부르심'과 이에 따른 실현 가능한 구체적 '목표'를 설정하는 것은 결국 인생의 궁극적 소명을 효과적으로 성취하는 지름길이다.

또한 인생의 목적을 성취하는 것은 삶의 각 단계마다 그 양상이 달라지기도 한다. 그래서 그리스도인은 바울의 권고처럼 늘 '잡은 줄로 생각하지 않고 푯대를 향해' 나아가려고 노력해야 한다. 현재의 성취에 안주하지 말고 더 고상한 목표를 세우고 다시 나아가야 한다는 말이다(빌 3:13-14). 바울 자신도 소아시아와 유럽 지역에 복음을 전하고 교회를 세운 후 그 지역을 더 굳게 세우기 위해 여러 번 방문했고, 당시 제국의 중심인 로마에도 복음을 전하기 원했으며 실제로 그렇게 했다. 그에 따르면, 그리스도인은 날마다 자신을 죽이는 삶을 살아야 하고(고전 15:31), 하나님을 따라 의와 진리와 거룩함으로 새 사람을 입는 삶을 경주해야 한다(엡 4:24). 즉 현재의 수준에 만족하기보다 더 흠모할 만하고 온전한 삶을 위해 날마다 달려가야 한다.

인생을 여러 단계로 나눌 때, 특히 중년기에 가장 위협적으로 작용하는 죄가 바로 나태다. 중년기는 자녀들을 다 키우고 생활도 안정되어 있으며 특별히 더 추구할 목표가 없기에 현실에 안주하고 싶어지기 쉬운 때이기 때문이다. 사람은 어떤 목표를 성취한 후 다시금 새로운 목표를 세우고 새로운 길로 나아가기를 꺼리게 마련이고, 특별히 중년이 되면 불안과 두려움 때문에 되도록 안전하고 검증된 길을 가려고 한다. 밥 버포드(Bob Buford)는 『하프타임』(*Halftime*, 국제제자훈련원)이라는 책에서 인생을 전반전과 후반전으로 구성된 운동 경기에 비유하면서, 전반전을 뛴 후 하프타임에 치밀하게 전반전을 돌아보고 목표 조정과 전략 수정을 거친 후 제대로 후반전을 뛰어야 한다고 주장한다. 그리고 성공 중심인 전반전과 달리 후반전은 의미와 사명 중심으로 전환시킬 필요가 있다고 말한다. 구약성경의 갈렙은 팔십이 넘은 고령에도 불구하고 "이 산지를 내게 주소서"라고 외치며 전쟁에 나가고자 하는 뜻을 표했다. 그와 같은 진취적 도전이 가능했던 것은, 그에게 헤브론 지역을 차지하고자 하는 하나님이 주신 고상한 목표가 있었기 때문이다. 따라서 중년기에는 '교회와 이웃, 지역의 소외된 사람들과 극빈국 어린이들을 돌보는 일' 등과 같은 좀더 높은 차원의 새로운 목표를 다시금 설정할 필요가 있다.

수도사들의 덕목　　앞서 말했듯 사막 수도사들은 나태를 가장 위험한 대죄로 인식했기에, 그만큼 나태를 이기기 위한 덕목들을 많이 제시하고 훈련에 힘썼다. 그리고 오늘을 살아가는 우리 역시 그 덕목들을 이해함으로써 큰 도움을 얻을 수 있다.

먼저 에바그리우스가 제시한 덕목 중 가장 핵심적인 세 가지는 바로 분별과 자기 절제와 순종이다.[24] 그는 수도사들에게 늘 "자기 마음에 떠오르는 생각을 주의 깊게 살펴서" 영적이고 도덕적인 분별력을 고양하도록 했다. 나태에 빠지는 중요한 이유 중 하나는 마귀가 내면에 부정적 감정을 일으키기 때문인데, 그것에는 일정한 패턴과 리듬이 있기 마련이고 따라서 그 패턴을 읽고 강하게 대처할 수 있는 분별력을 키워야 하는 것이다. 다음으로, 정오의 마귀가 대낮에 찾아와 부단히 마음을 움직여도 스스로 통제하고 자제하여 기도의 처소를 지키고, 수도사들과 함께하는 시편 낭송의 시간을 굳게 지킬 것을 강조했다. 이런 자기 절제 훈련을 통해 수도사들은 마음이 끌리는 대로 행동함으로써 나태에 빠지는 것을 피할 수 있었다. 또 그는 윗사람과 멘토의 말에 겸손히 귀를 기울이고 순종하는 태도도 나태를 극복하는 데 유익하다고 주장했다.

다음으로 카시아누스는 신약 사도들의 가르침과 모범을 근거로 수도사들을 권고했는데, 몸과 마음이 느슨해져 있는 수도사에게는 무엇보다 육체적인 노동이 좋은 치유책이 된다고 말했다. 즉 사도 바울이 브리스길라와 아굴라 부부와 더불어 천막을 만들며 생활한 이야기를 모범으로 삼아 육체노동이 나태를 치유하는 대안이 된다고 본 것이다.[25] 단테의 『신곡』에는 연옥에서 참회하는 게으른 자들의 참회

기도 내용이 없다. 단지 그들은 쉴 새 없이 뛰어다니는 자로 묘사될 뿐이다. 그런데 그것이 바로 그들에게 요구된 참회의 내용이었다! 이들은 세상에 있을 때 늘 마음만 먹었지 그 마음먹은 바를 제대로 실행한 적이 없었던 것이다. 나태를 극복하려면 몸을 움직여 마음에 품은 것을 행동으로 실천해야 한다.

한편 7세기 수도사 요한 클리마쿠스는 공동생활이야말로 나태를 이기는 핵심적인 방법이라고 보았다. 에바그리우스, 카시아누스와 함께 그 역시 마귀의 최종 목표가 수도사의 자리 이탈이라고 보았는데, 마귀는 갑작스런 복통 등 갖은 수단 방법을 동원해 수도사들이 공동 모임에 나가지 못하도록 치밀하게 방해하고 마침내 수도 장소를 떠나게 만든다고 했다. 마귀가 수도사들의 공동생활을 싫어하는 데는 이유가 있다. 시편 찬송을 외워야만 잠들 수 있고 육체노동을 해야만 음식을 먹을 수 있는 공동체 생활의 규율은 기본적으로 나태를 억제하는 데 매우 유익하기 때문이다. 하지만 무엇보다 수도사들은 공동체를 통해 순종을 배움으로써 영적 훈련을 할 수 있었다. 정오의 마귀는 "독수도사들의 기도실을 보며 늘 미소 지으면서 그곳 주위를 배회하지만…순종하는 사람들 마음속에는 자리를 잡지 못하고 조용히 지낸다."[26] 이처럼 오늘날의 그리스도인들도 함께 주를 찾고 그분의 뜻대로 살고자 하는 사람들과 함께하는 모임을 소중히 여기고, 서로 격려하며 지내기를 힘쓸 필요가 있다.

소망의 끈 에바그리우스는 특별히 낙망하여 침체되고 무기력한 모습으로 수도에 정진하지 못하는 제자들에게, 무엇보다 소망의 끈을 끝까지 붙들라고 권한다. 오늘날의 신학 용어로 '종말론적 소망'을 가지라는 것이다. 아무리 현실이 암담하고 난관에 둘러싸여 앞이 보이지 않고 스스로 역부족이라는 느낌이 들더라도, 그 상태가 결코 영원히 지속될 것이 아니며 결국은 끝이 올 것이라는 믿음과 소망을 함께 가져야 한다는 것이다.

에바그리우스는 낙망하여 자포자기한 상태에 있는 제자들에게 다윗의 기도를 들려주며, 자기 영혼을 위로하며 소망 가운데 인내할 것을 촉구했다. 다윗은 낙담할 수밖에 없는 기막힌 처지에서도 이렇게 기도했다. "내 영혼아, 네가 어찌하여 낙심하며 어찌하여 내 속에서 불안해하는가? 너는 하나님께 소망을 두라. 그가 나타나 도우심으로 말미암아 내가 여전히 찬송하리로다"(시 42:5). 바로 이 소망이 역경과 침체를 극복하는 위로와 힘이 된 것이다.

이것은 개인적인 문제뿐 아니라 교회나 국가적인 문제에서도 마찬가지다. 교회가 돌아가는 현실이나 부패한 정치인들과 기업가의 모습을 보면 절망스럽지만, 이런 가운데서도 하나님의 공의와 궁극적 간섭을 믿으며 소망을 잃지 않으면 분명히 사회는 변화된다. 왜냐하면 그 소망이 현실을 견인하는 근본적 힘이기 때문이다. 그리스도인들은 도움이 없는 상태(helplessness)보다 소망이 없는 상태(hopelessness)가 훨씬 무서운 것임을 깨닫고, 궁극적 미래에 대한 소망으로 인내하며 구체적인 한 걸음을 내디뎌야 한다. 온통 불의가 횡행하고 절망적인 상황이 득세하더라도, 냉소와 패배주의에 넘어가지 않고 하나님의 정의가 결국 승리한다는 분명한 믿음으로 불의한 것에 '아니오'라고 말하며 자기 몫을 묵묵히 감당해야 한다.

지금 여기서, 힘써 사랑하기   나태의 본질은 결국 사랑의 명령을 거부하는 것임을 감안할 때, 나태를 극복하는 가장 핵심적인 방법은 사랑하는 마음을 회복하는 것이다. 창조자이며 구속자이신 하나님과 그분이 내게 보내 주신 사람들, 그리고 내가 발을 딛고 살아가는 터전이요 일터인 이 세상을 더 사랑하며 살아야 하는 것이다. 특히 우리는 이웃을 자기 몸처럼 사랑하라는 구체적인 명령을 받은 사람들이다. 배고픈 이웃, 마음이 상한 이웃, 사랑이 필요한 친구들이 나의 사랑을 요구하고 있다. 우리는 이들을 돌보아야 하는 현실을 외면해서는 안 된다. 우리는 자식과 친구, 제자, 동료 등 세상 속에서 다양한 이름을 가지고 살아가지만 맡은 책임을 소홀히 하면서 지내기가 쉽다. 하지만 우리가 맡은 사랑의 임무는 돈과 시간과 여유가 있을 때만 수행할 수 있는 것이 아니다. 바로 오늘 따뜻하게 손잡아 주고, 인사하고, 전화하고, 삶이 힘든 친구에게 이메일을 보내고, 사회의 불의에 대해 정의로운 말 한 마디 던지는 것이 바로 부지런함이고 사랑이다. 우리는 바로 '지금, 여기서부터' 이 일들을 시작해야 한다.

"항상 기뻐하라. 쉬지 말고 기도하라. 범사에 감사하라"(살전 5:16-18)는 말씀 안에 있는 '항상' '쉬지 말고' '범사에' 같은 단어들을 특별히 기억하면서, 일상에서 선을 행하고 서로의 선행을 격려하는 일을 게을리하지 말자. 하나님의 영광을 위해 지난해보다 올해, 어제보다 오늘, 바로 지금 여기서 더 사랑하며 선을 행하며 살자. "우리가 선을 행하되 낙심하지 말지니, 포기하지 아니하면 때가 이르매 거두리라"(갈 6:9).

성찰과 나눔

1. 최근 자녀나 배우자 또는 부모님과 마주 앉아 대화한 적이 있는가? 아니면 컴퓨터나 텔레비전 앞에 더 자주 앉아 있었는가?
2. 나태와 우울은 어떤 면에서 비슷하고, 또 어떤 면에서 다른가?
3. 교회와 신학자들은 나태를 왜 심각한 문제로 생각했는가?
4. 성경에서 나태를 다루고 있는 본문을 찾아보고, 그것이 왜 나태와 관련 있는지 토의해 보라.
5. 당신은 요즘 의욕을 갖고 열심히 살고 있는가? 아니면 그날그날 주어지는 일을 하고 있는가? 이 책을 읽고 새롭게 깨달은 것이나 결심한 것이 있다면 나누어 보라.

탐욕
avaritia

돈을 밝히는 부패한 판사가 어떤 소송 건에서 소송을 제기한 사람의 눈을 마주보며 그의 말을 자세히 들어주는 척한다. 그러면서 손을 몸 뒤로 내밀어 상대편이 주는 뇌물을 챙기고 있다.

5

탐욕
불룩 나온 올챙이 배

부는 분뇨와 같아서 축적되면 악취를 내고, 뿌려지면 땅을 비옥하게 한다.
레오 톨스토이

—

네가 어찌 허무한 것에 주목하겠느냐.
정녕히 재물은 스스로 날개를 내어 하늘을 나는 독수리처럼 날아가리라.
잠언 23:5

—

내 하나님이 아닌 모든 부는 내게 빈곤이다.
아우구스티누스

자본주의 사회의 최고 이데올로기

"문제는 경제야, 바보야!"(It's the economy, stupid!) 세간에 자주 회자되는 이 유명한 말은, 1992년 빌 클린턴(Bill Clinton)을 미국 대통령으로 당선시키는 데 결정적 역할을 한 선거 참모 제임스 카빌(James Carville)이 내뱉은 말이다. 그는 다른 선거 참모들이 제시한 전략들을 일축하며 사람들의 '더 갖고 싶어 하는 욕망'을 건드리지 않으면 승리할 수 없다고 판단했다. 1991년은 소련 해체와 걸프전 승리 등으로 부시 대통령의 지지도가 굳건해진 반면 경제가 하강할 조짐을 보이기 시작하던 때였고, 참모진은 정확하게 그 틈을 타고 들어갔다. "현재, 4년 전보다 더 잘 사십니까?" 이 선동적 구호는 먹혀들었고, 철옹성 같던 부시의 인기를 무너뜨렸다. 이와 유사하게, "경제를 살리겠습니다!" "경제 대통령!" "747!" 등의 구호로 점철된 2007년 한국 대통령 선거 역시 초점은 처음부터 끝까지 '경제'였고, 경제 전문가의 이미지를 부각하며 노골적으로 탐욕을 겨냥한 후보가 결국 대통령으로 당선되었다.

이처럼 탐욕은 오늘날 어떤 이데올로기보다도 강력한 힘이다. 왜냐하면 탐욕이야말로 자본주의를 지탱하는 핵심 동력이기 때문이다. 현대 자본주의 사회에서 탐욕은 도덕적 악의 이미지가 현저히 탈색되고, 물질적 풍요와 성장을 이루게 하는 동력을 넘어 일종의 선으로까지 여겨진다.[1] 사회주의가 자본주의를 '합법화된 탐욕 체제'라고 부르는 것도 이 때문이다. 즉 자본주의는 '풍요'에 의존하며 '끊임없는 성장'이라는 전제 위에서만 지탱되는 체제이고, 그와 같은 성장에 인간의 탐욕은 절대적으로 필요한 것이다.

이와 같은 사회에서 사람들이 가장 큰 행복으로 여기는 것은, 무엇보다 돈을 많이 소유하는 것이다. 돈은 탐욕을 확실하게 만족시키는 도구이기 때문이다. 피터 크리프트(Peter Kreeft)는 현대인들이 성(性)이나 권력보다 재물의 유혹에 더 취약하다고 분석했는데, 돈만 있으면 사실상 성이나 권력도 손쉽게 얻을 수 있기 때문이다. 그래서 현대인들의 최고 관심사는 자유와 정의 같은 가치에서 돈과 행복으로 대체되었고, 누구나 '부자가 되고 싶다'는 욕망을 떳떳하게 밝히는 세상이 되었다. 심지어 대학가에서조차 부자학 강의가 인기를 끌고 있다. 이러한 최근의 사회 분위기는 문화 이상으로 일종의 종교와도 같으며, '부자병'이라 불리는 재물욕을 다스리기가 개종만큼이나 어려워지고 있다.

그러나 이 욕망을 만족시키면 행복해질 것이라는 일반적 생각과는 달리, 성경은 욕심이 죄를 낳고 결국 사망에 이르게 하는 악이라고 경고한다(약 1:15). 단테 또한 탐욕이 마치 굶주린 늑대마냥 사람들과 그들의 행복을 갈가리 찢고 사회 질서를 무너뜨리는 최대의 적이라고 경고했다.[2]

성경 속의 탐욕

탐욕이 현대 자본주의 사회에서 가장 맹위를 떨치는 악이라고 해서 비단 현대 사회에만 해당되는 것은 아니다. 예전에는 탐욕이 얼굴을 숨긴 채 활동했다면, 오늘날에는 아예 드러내 놓고 활개를 치고 있을 뿐이다. 성경을 보면 탐욕과 관련된 수많은 사건과 인물들이 나타난다. 수도사 에바그리우스는, 사탄이 예수님을 높은 산으로 끌고 가서 천하만국을 보여 주며 "만일 내게 엎드려 경배하면 이 모든 것을 네게 주리라"(마 4:9)는 말로 그분을 시험한 것은 세상의 모든 것을 소유하고자 하는 욕심을 겨냥한 것이었다고 해석했다. 사탄이 하나님의 아들이신 예수님조차 재물에 대한 욕망을 가졌다고 보았다면, 일반 사람들은 두말할 필요가 없다. 사탄은 의인이었던 욥에 대해서도 그가 하나님을 경외하는 것은 그가 지닌 소유 때문이라고 참소했고, 그것을 빼앗기면 더 이상 하나님을 경외하지 않을 것이라고 주장했다(욥 1:10-11).

구약성경에는 탐욕의 시험에 빠진 인물의 이야기가 많이 등장한다. 민수기에 나오는 선지자 발람은 이스라엘 백성을 저주하는 대가로 얻을 재물에 눈이 어두워져 모압을 향해 가다가 나귀에게 책망을 받았음에도(민 22:21-33), 끝내 모압 왕 발락에게 이스라엘을 범죄의 길로 이끄는 책략을 제공했다(계 2:14). 아간은 하나님의 명령을 거부하고 여리고성에서 취한 노획물을 빼돌려 자기 집에 숨기는 죄를 지음으로써 아이성 전투에서 이스라엘을 패전으로 이끌었다(수 7:21). 아합왕은 나봇이 소유한 포도원을 탐하여 거짓 증거로 그를 죽게 하고 결국 그것을 탈취했다(왕상 21:1-16). 선지자 엘리사를 들먹여 나아만 장군에게 재물을 받았다가 나병에 걸린 사환 게하시의 이야기(왕하 5:20-27)도 빼놓을 수 없다. 한편 신약에는, 베드로 앞에서 헌금의 일부를 숨기고 거짓말을 하다가 그 자리에서 즉사한 초대 예루살렘 교회의 아나니아와 삽비라 이야기(행 5:1-6)가 있다. 이외에도 잠언과 전도서, 복음서와 사도들의 서신서들에는 탐욕에 관한 직접적인 교훈과 경고가 곳곳에 기록되어 있으며, 예수님이 공생애 기간에 가르치신 교훈들 가운데에도 탐욕과 관련된 것이 15퍼센트에 해당할 정도로 많은 비율을 차지하고 있다.

탐욕에 해당하는 가장 정확한 성경 용어는 신약에 나오는 '플레오넥시아'(*pleoneksia*)다. 이것은 돈에 대한 통제되지 않는 욕망을 뜻한다. 예수님이 형과 유산 다툼을 벌이던 한 사람에게 탐심을 물리칠 것을 권고하실 때(눅 12:15), 그리고 바울이 새사람이 된 성도가 벗어 버려야 할 옛사람의 속성 중 하나로 탐심을 언급할 때(골 3:5; 엡 5:5) 바로 이 단어가 쓰였다.³ 한편 구약의 하마드(*ḥamad*)⁴와 신약의 에피튀미아(*epithymia*)⁵라는 단어도 간혹 이 뜻으로 쓰였는데 모두 '강한 욕망'을 가리킨다. 탐욕은 본질적으로 저항하기 힘든 재물에 대한 강렬한 욕구로서 적당한 수준에서 만족하지 못하는 성격을 갖고 있다.

탐욕의 성격과 그 말들

이처럼 '만족을 모르는 재물에 대한 욕구'를 의미하는 영어 단어 avarice(탐욕)는 라틴어 '아바리티아'(*avaritia*)에서 왔다. 수도사 에바그리우스는 강물이 모여 바다로 흘러들지만 결코 바다를 채우지는 못하듯이(전 1:7) 탐욕 역시 어떤 것으로도 만족시킬 수 없다는 점에서 바다와 같다고 말했다.⁶ 인간의 욕망은 그 속성상 만족을 모르기에 늘 '조금 더'를 외치고 '이제 그만!'이라고 말할 줄 모른다. 24시간 편의점의 대표 업체인 '세븐일레븐'은 탐욕의 이런 성격을 잘 보여 준다. 아침 7시부터 밤 11시까지 영업하겠다는, 당시로서는 매우 파격적인 영업 방침을 가지고 1927년 미국 댈러스에서 처음 문을 연 이 편의점은 실제로 큰 성공을 거두었다. 그리고 1962년부터는 아예 24시간 내내 문을 여는 무한 영업으로 확대 전환했다. 밤잠을 자지 않고 영업하겠다는, 인간 욕망의 끝이 어디인지를 잘 보여 주는 모델인 셈이다.

    탐욕이 윤리적·정치적 차원에서 훨씬 심각한 사회적 부패와 폐해를 낳는다는 점에서, 단테는 이것을 탐식이나 정욕보다 훨씬 더 악한 죄로 간주했다. 그에 따르면, 탐욕은 남과 나누려 하지 않는 '인색함'과, 오직 자신만을 위해 흥청망청 소비하는 '탕진'(혹은 '낭비')이라는 양면성을 지닌다.[7] 이런 속성 때문에 탐욕은 이웃에 대한 사랑을 극도로 제한하고, 한편으로는 도박이나 투기라는 또 다른 형태로 나타나기도 한다. 이것이 심해지면 분별력을 잃고 이웃의 재산이나 심지어 친구의 배우자까지도 자기 소유로 삼고 싶어 한다. 십계명의 열 번째 계명은 바로 이런 경향을 엄격히 금지한 계명이다.

  6세기의 그레고리우스는 탐욕이 '배신'(treachery), '사기'(fraud), '거짓'(falsehood), '위증'(perjury), '불안'(restlessness), '폭력'(violence), '냉담'(hardheartness against mercy)이라는 일곱 딸을 낳는다고 했다.[8] 물욕에 사로잡히면 때로 회사나 국가를 배신해서 그 기밀까지도 경쟁 회사나 국가에 팔아넘기는 배신을 자행하기도 하고, 때로는 옳지 않은 일인 줄 알면서도 이익을 위해 법정에서 거짓 증언을 하기도 한다. 사기를 쳐서 남의 재산을 취하거나, 영향력 있는 자리를 이용하여 뇌물을 받거나, 때로는 지위를 이용하여 이익을 취하는 '폭력'을 행하기도 한다. 그러나 한편으로 물욕에 이끌리면 조바심과 초조함이 커진다. 무언가를 획득하기 위해, 또 비록 획득했다 하더라도 그것을 빼앗기지 않기 위해 경계해야 하므로 늘 긴장한다. 그리고 가지려는 욕망이 강할수록 타인에게 베풀기가 어렵고 무정해진다. 탐욕은 이러한 수많은 치명적인 악을 양산한다는 점에서 심각한 대죄로 간주되어 왔다.

우상 숭배

바울은 탐욕을 "일만 악의 뿌리"(딤전 6:10)라고 말했고,⁹ 아퀴나스는 이 땅의 물질 때문에 영원한 것을 멸시하는 것, 곧 "하나님에 대항하는 죄"라고 규정했다. 교회 전통이 이것을 대죄로 지목해 온 핵심 이유는 이 죄의 우상숭배적 성격 때문이다. 바울은 그의 편지에서 "탐심은 우상숭배"(골 3:5), "탐하는 자 곧 우상숭배자"(엡 5:5)라고 말함으로써 탐욕과 우상숭배를 동일시했다. 우상숭배는 하나님 백성을 언약 공동체에서 잘려 나가게 만드는 최악의 죄다.

그렇다면 어떤 이유로 탐욕을 우상숭배와 같은 죄로 보는 것일까? 바로, 재물을 탐하는 사람에게 재물은 곧 하나님과 동일한 힘을 지니기 때문이다. 돈은 무소불위의 힘을 가지고 우리 존재와 삶을 지탱해 주며, 인간은 그러한 돈을 깊이 신뢰하고 의지한다. 그것은 인간에게 깊은 평안과 안전감을 주고 미래까지도 보장해 준다. 또한 일상생활에서 어떤 어려운 일을 만나도 쉽게 해결할 수 있는 편리한 수단이 된다. 그래서 인간은 마치 하나님을 의지하듯 돈을 의지하며, 급한 일을 만날 때는 더더욱 하나님이 아닌 돈을 떠올리고 그 힘을 빌리려고 한다. 이러한 돈에 대한 사랑은, 결국 인간을 돈과 깊이 밀착시키고 마음으로 늘 그것을 향하게 만든다.

예수님의 어리석은 부자 비유(눅 12:13-21)는 탐욕의 이런 우상숭배적 성격을 잘 드러낸다. 소출이 크게 늘어난 어느 해에, 부자는 곳간을 더 크게 짓고 곡식을 가득 쌓아 둠으로써 노후를 보장받고 미래에 대한 걱정에서 벗어나 영혼의 안전을 도모하고자 했다. "영혼아,

여러 해 쓸 물건을 많이 쌓아 두었으니, 평안히 쉬고 먹고 마시고 즐거워하자"(눅 12:19). 어리석은 부자는 재물이 자신을 구해 주고 안전하게 지켜 주리라 믿고 그것을 의지했다. 이처럼 탐욕은 하나님을 재물로 대체하고 재물을 의지하고 섬기는 우상숭배다.[10]

소유가 많아지면 하나님을 무시할 가능성이 높다. 힘이 있기에 든든하고 자신만만해져 자기도 모르는 사이 목에 힘이 들어가고 교만해지는 것이다.[11] 그래서 하나님은 광야의 이스라엘 백성에게, 가나안에 들어가 물질이 풍요해지고 부유하게 살게 될 때 벌어질 수 있는 상황을 미리 경고했다. "네가 만일 네 하나님 여호와를 잊어버리고 다른 신들을 따라 그들을 섬기며 그들에게 절하면, 내가 너희에게 증거하노니, 너희가 반드시 멸망할 것이라"(신 8:19). 탐욕에 이끌리면 결국은 하나님으로부터 멀어질 위험성이 크다. 그래서 존 웨슬리(John Wesley)는 물욕에 빠지면 하나님이 점점 멀어져 보이지 않게 되어 마치 하나님이 없는 것처럼 생각하는 무신론 상태에 처할 수 있다고 경고했다. 그리고 그것은 곧장 하나님이 아닌 다른 신들을 섬기는 것, 즉 우상숭배로 이어진다고 보았다. 재물을 자랑하면 그것을 사랑하게 되고, 자연스럽게 그 요구에 응하며 우상숭배에 이른다는 것이다. 웨슬리가 재물의 위험에 대해 감리교인들에게 그토록 자주 설교하고 가르친 것도 바로 이 때문이었다.

예수님은 탐욕의 이런 성격을 알고 제자들에게 "하나님과 재물을 겸하여 섬기지 못하느니라"(마 6:24)라고 말씀하셨다. 돈의 힘과 효과를 맛본 사람들은 현실적으로 하나님보다 돈을 더 의지하기 쉽다. 그분이 "화 있을진저, 너희 부요한 자여"(눅 6:24)라고 말씀하신 것도 부자가 됨으로써 하나님을 떠나 재물을 섬길 위험성을 아셨기 때문이다.

소유 양식과 동맹 관계

물욕이 강한 사람은 소유로 자신을 규정하고 또 그와 동일한 관점으로 타인을 대하고 판단하는 성향을 보인다. 사회철학자 에리히 프롬(Erich Fromm)의 표현을 빌리자면, 그런 사람은 '소유 양식'의 삶을 살기 때문이다. 그는 무슨 차를 타고 다니며, 어떤 동네에서 살며, 어떤 직업을 소유하느냐 하는 것으로 자신을 이해하고, 그것이 자신의 정체성을 드러낸다고 생각한다. 이런 삶의 양식은 대인 관계에서도 드러나는데, 소유 지향적인 사람은 사람을 사귀고 관계를 맺는 일에서조차 그것이 자신의 소유에 어떤 영향을 미칠지를 먼저 계산한다. 그래서 우정과 같은 고상한 덕에는 실제로 크게 가치를 부여하지 않는다. 마르틴 부버(Martin Buber)의 표현대로, 그런 사람은 상대를 인격적 '너'(du)가 아니라 대상적 '그것'(es)으로 생각하기 때문에 사람과 우정을 나누거나 친분을 형성하기보다는 '동맹'을 결성하려는 경향이 있다.[12] 그 결과 점점 이웃들로부터 격리되고 소외된다.

이런 '소유 양식'을 선택한 사람은, 인간관계뿐 아니라 사회생활에서도 공공 의제에는 별로 관심을 기울이지 않고 참여도 하지 않는다. 자기 소유의 증감과 관련되어 있지 않으면 신경 쓸 가치가 없기 때문이다. 탐욕은 이와 같은 '사회적 나태'를 낳고 사회를 점점 더 각박하게 만들고 사람들을 고립시킨다. 그렇기에 현대 사회에서 인간 소외나 비인간화 같은 사회악은 사실상 인간의 탐욕과 소유 지향적인 이기적 삶에 상당 부분 원인이 있다고 볼 수 있다.

  인간이 살아가는 데는 경제적 가치로 환산될 수 없는 귀중한 것들이 너무나 많다. 가족 간의 사랑, 친구와의 우정, 이웃 간의 나눔과 베풂, 봉사와 섬김 같은 것들은 돈으로는 살 수 없는 귀중한 가치이고 행복을 가져다주는 자산이다. 그러나 돈을 추구하는 사람의 눈에는 결코 이와 같은 것들이 보이지 않고, 그래서 이 귀중한 것들을 좀처럼 누리지 못한다.

가난한 자에 대한 무관심

탐욕의 또 다른 중요한 특징은 이웃에 대해 무정하고 무관심해지는 것이다. 도로시 세이어즈는 탐욕을 '차가운 마음의 죄'라고 표현했다.[13] 재물에 대한 탐욕은 정작 재물이 필요한 사람을 보지도, 마음에 담지도 못하게 하며, 자연히 가난한 사람에 대해 무정해지게 만든다. 그래서 이들은 가난한 자들은 언제나 있게 마련이고 또 그들은 그 상태로도 살아갈 수 있다고 합리화하고 외면해 버린다. 마치 탐욕을 뜻하는 영어 단어 avarice의 뒷글자 '-ice'(얼음)처럼 차가워져서 무감각해지는 것이다.

  오늘날 일반적으로 풍요한 나라의 국민들은 빈곤 국가와 가난한 사람들의 처지를 별로 의식하지 않으며, 자신이 무한정 소유하고 소비하는 것이 그들의 삶에 어떤 영향을 미칠지 생각하려고 하지 않는다. 지구촌에 존재하는 식량과 자원은 무한하지 않다. 그래서 일부가 많이 소유하고 소비하면, 다른 사람들은 그 나머지를 나누어 가질 수밖에 없다. 수요에 비해 공급이 부족해지면 자연히 가격 상승이 일어나면서 가난한 자들은 더욱 그것을 얻기가 힘들어진다. 비록 의도하지 않았을지라도 가진 자들이 과도히 쓰면 그 피해는 고스란히 가난한 이들에게 미치게 마련이다. 그런 상황임에도, 풍요한 지역의 사람들은 자신들이 마음껏 먹고 버리고 자원을 사용하는 것이 어떤 의미를 지니는지 크게 신경 쓰지 않는다.

최근 지구촌은 지구 온난화에 따른 기후 변화로 크게 고통받고 있는데, 이는 기후 변화가 일으키는 쓰나미와 허리케인, 폭염, 폭우, 해수면 상승과 같은 다양한 자연재해 때문이다. 기후 변화에 관한 정부간 협의회(IPCC)라는 유엔 산하 단체는 2007년 4차 보고서를 통해 기후 변화와 이에 따르는 자연재해가 인간의 행동, 즉 과소비적 삶의 방식이 초래한 현상이라 진단하고 선진국의 절제를 촉구했다. 과도한 소비 욕구 때문에 무분별하게 벌목하고 더 많은 땅을 경작지로 사용하고 다량의 오염 물질을 대기로 배출하는 과정에서 온실 가스가 증가하면서 다양한 자연재해가 일어나고 있는 것이다.

문제는 그 때문에 힘없는 국가들이 가장 큰 피해를 당한다는 사실이다. 남극과 북극 지역에 사는 사람들은 빙하가 녹아 생존을 위협받고, 동물들은 먹이를 찾기 위해 더 헤매고 돌아다녀야 한다. 또한 남태평양의 투발루(Tuvalu) 같은 약소 해양 국가들은 해수면 상승으로 국토가 수몰될 위험에 처해 있다. 약자와 생태계가 이처럼 생존의 위협 가운데 도움을 호소하고 부유한 국가들의 절제를 요청하고 있지만, 그들은 여전히 약자에 대한 배려와 관심, 자기 삶의 방식을 바꾸어야 한다는 의식이 별로 없다. 그러나 우리가 소유욕과 소비욕을 제어할 때, 우리 자신뿐 아니라 우리가 속한 공동체, 그리고 약한 지구 공동체의 구성원들이 함께 살아갈 수 있음을 깨달아야 한다. 바로 이런 공동체 의식을 갖는 것에서부터 치유가 시작된다.

탐욕을 이기는 길

근원적 안전감과 만족 탐욕을 일으키는 근본 원인으로 여러 가지를 들 수 있겠지만, 사막 수도사들이 제시하는 두 가지 이유 중 하나는 자신을 지키고 삶을 안전하게 유지하려는 마음이다. 에바그리우스는 탐욕이라는 마귀가 사람들에게 찾아와 "남은 긴 노년기, 일할 수 없는 상황, 예측할 수 없는 흉년, 질병, 빈곤의 쓰라린 현실, 필요한 것을 남에게 의지하게 되는 처참함"에 대한 근심을 조장한다고 말했다.[14] 이런 불안 때문에 사람들은 재물을 넉넉히 소유해서 그것으로 미래의 안전을 도모하려 한다. 이런 마음은 곳간을 늘려 곡식을 가득 쌓아 둠으로써 영혼의 안전을 도모하고자 했던 어리석은 부자 비유에서도 들여다볼 수 있다.

이 말은 안전을 보장해 주는 것을 확보하면 탐욕을 제어할 수 있다는 뜻이 된다. 그런데 재물은 일시적인 안전은 줄 수 있을지 모르지만, 영원한 안전은 보장해 줄 수 없다. 재물로 안전을 얻으려는 마음은 오히려 더 많은 재물에 대한 끝없는 목마름을 불러일으킬 뿐이다. 해답은 오직, 인간의 영원한 방패가 되시고 피할 요새가 되시는 하나님 안에 있다. 인간은 전능자 하나님으로 자신을 채우고 하나님의 보호 안에 있을 때만 궁극적 안전을 누릴 수 있다. 그리고 이것이야말로 탐욕을 다스리는 근원적인 해결 방법이다. 본래 하나님으로 말미암은 인생은 하나님과 떨어져 있는 한 근원적으로 불안전할 수밖에 없다. 그래서 시편 기자는 이스라엘 백성에게 인생의 영원한 거처이신 하나님께 소망을 두며 살아갈 것을 권고했다(시 90:1, 16).

에바그리우스는 이 땅의 재물을 많이 움켜쥔 자들은 마치 무거운 짐을 가득 실은 선박과 같아서, 폭풍우가 심하게 불 때 난파할 가능성이 무척 높다고 말했다. 반면, 재물을 손에서 놓는 자들은 날개가 가벼워진 독수리가 더 높이 올라 폭넓은 시야를 확보하여 먹이를 더 쉽게 찾을 수 있는 것처럼 삶이 훨씬 안전해진다고 했다.[15] 돈을 의지하며 살수록 하나님을 의지하기가 어려워지고, 이 세상 욕심에서 가벼워질수록 하나님을 가까이하고 의지하기가 쉬워지기 때문이다. 예수님은 제자들에게 무엇을 입을까 무엇을 먹을까 염려하지 말고 먼저 하나님 나라와 그 의를 구하며 살라고 말씀하셨다(마 6:25-33). 재물이 아니라 하나님을 더 우선시하고 하나님을 의지하며 살면, 하나님이 친히 그의 백성에게 의식주에 필요한 것을 주실 뿐 아니라 그 외의 모든 것까지 더하여 주신다고 약속하셨기 때문이다. 바울 역시 재물이 아니라 후히 주시고 평안의 근원이 되시는 하나님께만 소망을 두며 살 것을 신자들에게 권고했다(딤전 6:17).

수도사들이 제시하는 탐욕의 두 번째 이유는 내적 결핍이다. 그레고리우스는 사람이 내적으로 결핍되어 있을 때 탐욕이 훨씬 강하게 일어난다고 말했다. 인간은 각종 좋은 것을 소유하고 소비함으로써 그 공허함을 채우고자 하는 성향이 있기 때문이다.[16] 사람들은 아무리 풍요롭게 지내고 세련된 옷을 입고 좋은 차를 굴리며 호사스럽게 살아도 뭔가 충족되지 않는 부분이 남아 있기 마련인데, 그것은 인간이 하나님의 형상으로 창조된 영적 존재이기 때문이다. "은을 사랑하는 자는 은으로 만족하지 못하고 풍요를 사랑하는 자는 소득으로 만족하지 않는다"(전 5:10)는 전도자의 말은, 인간은 그 어떤 물질로도 만족할 수 없는 독특한 존재임을 말해 준다. 인간은 하나님으로 채워질 때 비로소 만족을 얻는 존재이기에, 그분께 돌아가기 전까지는 끊임없이 세상의 더 좋은 것을 찾고 소유하려고 한다. 그래서 그레고리우스는 탐욕을 하나님을 떠나 참된 내적 기쁨을 상실한 인간이 끊임없이 대체물을 찾는 반작용으로 보았다.[17]

아우구스티누스는 이렇게 고백했다. "당신은 당신을 위해 우리를 창조하셨기에, 당신 안에서 쉼을 얻기 전까지 우리는 결코 진정한 쉼을 누릴 수 없습니다."[18] 하나님께로 돌아가 물질이 주는 한시적 기쁨과 비교할 수 없는 참된 기쁨을 얻으면, 근원적 허전함이 해소되면서 비로소 탐욕에서 벗어나게 된다. 『신곡』을 보면 연옥에서 탐욕의 죄를 참회하는 자들은 모두 땅바닥에 얼굴을 붙인 채 지낸다. 그들은 세상에 살 때 하늘을 바라보지 않고 오로지 땅의 것들만 바라보며 살아왔던 것에 대한 벌을 받으며 연옥에서 통회하고 있는 것이다.[19] 이 땅에서 시선을 돌려 하나님을 바라고 그분에게서 오는 안전과 만족을 얻을 때 비로소 인간은 탐욕에서 자유로워질 수 있다.

자족과 단순한 삶　　탐욕을 물리치는 좀더 구체적인 방법은 자족하며 단순하게 사는 것이다. 바울은 빌립보 교회 성도들에게 어떤 환경에 처하더라도 자족하며 살 것을 권고한다(빌 4:11-12). 자족이란 현재 자신에게 주어진 삶과 소유에 감사하고 만족하는 것이다. 오늘날에는 풍요와 여유를 누리고 있으면서도 만족하고 사는 사람이 많지 않다. 부족하기 때문이 아니라 원하는 만큼 누리지 못한다고 생각하기 때문이다. 교부 크리소스토무스는, 진정한 부자란 재물을 많이 가진 사람이 아니라 재물에 욕심을 부리지 않고 만족하는 사람이고, 정말 가난한 자는 재물이 부족한 사람이 아니라 욕심 때문에 좀처럼 만족이 없는 사람이라고 말했다.[20] 즉 풍요한 삶을 가늠하는 중요한 열쇠는 소유의 양이 아니라 만족의 정도라고 할 수 있다.

전도서는 끝없는 수고와 소유에 대한 집착이 가져다주는 공허함과, 현재 주어진 것을 즐겁게 누리는 삶의 소중함을 가르쳐 준다. "어떤 사람은 그 지혜와 지식과 재주를 다하여 수고하였어도 그가 얻은 것을 수고하지 아니한 자에게 그의 몫으로 넘겨주리니, 이것도 헛된 것이며 큰 악이로다.…사람이 먹고 마시며 수고하는 것보다 그의 마음을 더 기쁘게 하는 것은 없나니, 내가 이것도 본즉 하나님의 손에서 나오는 것이로다"(전 2:21, 24). 우리는 스스로 열심히 땀 흘려 일하고 거두었다고 해서 우리 의지대로 그 모든 것을 고스란히 자신의 것으로 만들 수 없다. 이렇듯 부조리해 보이는 세상에서 반드시 기억할 것은, 우리가 현재 먹고 입고 누릴 수 있는 것들은 모두 하나님이 공급해 주셨다는 사실이다. 따라서 신자들에게 요구되는 중요한 태도는, 자신에게 있는 것을(비록 부족하게 여겨질지라도) 하나님이 주신 복으로 여기고 감사하고 최대한 누리며 사는 것이다.

그렇다면 자족하는 삶을 위한 좀더 구체적인 방법이 있을까? 바로 삶의 규모를 줄이고 단순화하는 것이다. '단순한 생활 방식'(simple lifestyle)이란, 만족의 기준을 소유에 두기보다 삶의 규모를 축소하고 생활 방식 자체를 재편함으로써 적은 소유로 살아가는 데 만족하는 것이다. 이것은 1974년 복음주의 교회들과 지도자들이 스위스 로잔에 모여 고심한 끝에 성경적인 생활 방식으로 제안한 것이다.[21] 이들은 지구촌 한편에서 수많은 사람들이 기아와 빈곤으로 죽어가는 현실에서 서구의 그리스도인이 풍요한 생활에 젖어 살고 있는 모습을 반성하며, '단순한 생활 방식'을 통해 전도와 구제에 힘쓰는 복음주의 운동을 전개해 나가기로 마음을 모았다. 이는 복음 전도와 구제를 위해 제안된 것이지만, 신자들이 적게 소유하면서도 풍요롭게 사는 법을 배울 수 있는 방법이기도 하다. 실제로 생활 규모를 단순화하면 많은 소유가 필요 없어 삶이 가벼워지고 물질에 대한 욕심에서 자유로워질 수 있다.

단순한 생활 방식은, 꼭 필요한 것만 소유하고 그 외의 것은 줄이는 것이다. 로널드 사이더(Ronald Sider)는 의식주와 관련된 것을 '필수품', '있으면 유용한 것', '없어도 되는 것', '사치품' 등 크게 네 가지로 분류했다. 그리고 필수품 이외의 것들은 '잉여 소유물'로 취급하고, 단지 생활을 좀더 편하게 만들어 주는 이와 같은 물건들은 계속 줄여 가야 한다고 말했다.[22] 이 주장은 매우 급진적으로 들리지만, 이미 200여 년 전 영국의 웨슬리도 당시 신자들에게 이 점을 누차 강조했다. 그는 재물을 많이 소유한 사람뿐 아니라 생활의 편의품 이상을 소유하는 사람도 부자에 속하며, 단순하게 살아간다는 것은 편의품조차도 줄이는 삶이라고 보았다. 그리고 생활에 필요한 것만 있으면 만족하고, 편의품을 소유하려고 삶의 기운을 낭비하지 말도록 촉구했다.

리처드 포스터(Richard Foster)는 이런 삶을 위해 꼭 필요한 원칙을 제시한다. 어떤 물건을 구입하기 전에 '하나님이 이것을 기뻐하실까?'를 묻는 것이다. 집을 구입하고 차를 바꿀 때 '그 정도는 구입할 능력이 있어!'라는 생각으로 구입한다면 욕심에 따른 결정일 가능성이 높지만, '하나님이 이것을 기뻐하고 좋아하실까?' 하는 고민 끝에 구입한다면 그 반대가 될 가능성이 크기 때문이다. 이처럼 신자들은 사소한 것을 소비할 때도 늘 신중해야 한다. 이런 태도와 의식을 몸에 익히면 생활 규모를 상당히 단순하게 유지할 수 있다.

나누기 삶을 단순하게 살아가는 것은 그 자체가 목적이 아니라 더 나누기 위함이다. '내 것'을 줄이고 떼어서 어려운 이웃의 몫으로 돌리는 것이다. 나눔이라는 적극적 행위는 탐욕에 대항하는 탁월한 방편이다. 가난한 이들을 위해 움켜쥔 손을 펴고 주머니를 연다는 것은 자신이 물질에 사로잡힌 노예가 아님을 나타내는 표시다. 그래서 아리스토텔레스는 탐욕과 대조되는 덕을 '관대함'(eleutheriotes, generosity)이라고 했다. 예수님도 탐욕에 대한 처방으로, 자기에게 소중한 것을 필요한 자에게 주는 관대함을 제안하셨다. 누가복음을 보면 한 바리새인이 손을 씻지 않고 식사하시는 예수님을 비난하는데, 예수님은 겉을 깨끗하게 하는 것보다 마음속의 더러운 '악독'과 '탐욕'을 씻으라고 권고하시면서 음식으로 가난한 자들을 구제할 것을 가르치셨다(눅 11:37-41). 남을 위해 자기 것을 떼어 내는 것은 탐욕으로부터 자신을 떼어 내는 행위임을 시사한 말씀이다.

그런데 잉여분이 아니라 현재 자신에게 필요한 귀중한 것을 떼어 놓기는 쉽지 않은 일이다. 따라서 이런 행위야말로 재물욕에서 어느 정도 자유로운지를 가늠할 수 있는 주요한 표지다. 누가복음에 등장하는 삭개오는 예수님을 만난 후 자신의 삶을 돌이키는 표시로 소유의 절반을 팔아 가난한 사람들에게 구제하고, 토색한 것이 있으면 그것의 네 배를 갚겠다고 예수님께 약속했다(눅 19:8). 이것은 영생의 길을 묻기 위해 예수님께 찾아온 부자 청년의 모습과 극명하게 대조된다. 부자 청년은 재산을 팔아 가난한 이에게 먼저 나눠 주고 그분을 좇으라는 예수님의 명령을 듣자 근심에 빠진 얼굴로 결국 돌아가 버렸다.

로널드 사이더는 현대인들도 일상에서 '누진 십일조'(graduated tithe)[23]를 실천함으로써 좀더 많은 소유를 나눌 수 있다고 제안한다. 누진 십일조란, 생활에 꼭 필요한 필수 소득의 액수를 정하고, 그 액수를 넘어서는 잉여 소득에 관해서는 소득이 증가하는 범위마다 헌금의 비율을 높여(예를 들어 해당 소득의 20퍼센트 혹은 30퍼센트) 누진율을 적용한 더 많은 십일조를 드리는 것이다. 신자는 생활비와 자녀 교육비, 노후 적립금 등으로 사용할 소득 이외의 잉여 소득은 가능한 한 가난한 이들과 나누려고 애써야 한다. 존 웨슬리는 이 문제에 대해 이렇게 설교한 바 있다. "할 수 있는 한 많이 벌고, 할 수 있는 대로 많이 저축하라. 그리고 가능한 한 모든 것을 나누어 주라."[24]

잠언 기자는 "네 손이 선을 베풀 힘이 있거든, 마땅히 받을 자에게 베풀기를 아끼지 말[라]"(잠 3:27)고 권고했다. 그렇다면 우리 손에 선을 베풀 힘이 주어지는 것은 언제일까? 물론 사람마다 다르겠지만,

그것은 자신이 '나눌 수 있다'고 생각하는 시점보다 한 단계 이른 시점부터다. 그리고 이것이 탐욕에 훨씬 적극적으로 대처하는 방법이다. 그리스도인들은 손에 자그마한 것이라도 있으면 바로 떼어 내야 하는 사람들이다. 특히 어려운 형제가 아쉬운 말을 하거나 도움을 바라는 눈빛을 보이면, "내일 주겠노라!"(잠 3:28)고 하지 말고 조금일지라도 즉시 나눌 수 있어야 한다.

나눔은 버리는 행위처럼 보이지만 사실상 쌓는 행위다. 가난한 자를 불쌍히 여기는 것은 여호와께 꾸어 드리는 것으로, 하나님이 그의 선행을 갚으신다(잠 19:17)고 잠언은 교훈한다. "흩어 구제하여도 더욱 부하게 되는 일이 있나니"(잠 11:24). 놀랍게도, 손에 움켜쥔다고 해서 부가 쌓이는 것이 아니고, 구제하고 나누었는데도 오히려 더 쌓이고 부요해지는 일이 있다는 것이다! 이것이야말로 신자가 배우고 익혀야 할, 탐욕을 이기는 역설적인 진리라고 할 수 있다. 탐욕은 끊임없이 소유하고 축적함으로써 인간의 근원적 필요와 욕망을 충족시키도록 인도하지만, 성경은 그와 정반대의 급진적 방식으로 그 필요를 궁극적이고 완전하게 충족시킬 수 있다고 말한다. 그리고 우리는 인간이 추구해야 할 가장 궁극적 필요는 바로 하나님 안에 있는 '생명'임을 반드시 기억해야 한다. "삼가 모든 탐심을 물리치라. 사람의 생명이 그 소유의 넉넉한 데 있지 아니하니라"(눅 12:15).

성찰과 나눔

1. 성경에 나오는 탐욕에 관한 사건이나 구절들을 생각해 보고, 그것이 어떤 점에서 탐욕과 연관되어 있는지 나누어 보라.
2. 탐욕을 '우상숭배'로 볼 수 있는 이유는 무엇인가?
3. 탐욕은 이웃과 관계 맺는 유형에 어떤 영향을 미치는가? 프롬이나 부버 같은 학자의 설명에 대해 어떻게 생각하는가?
4. 복권을 사거나 주식 투자를 해 본 경험이 있는가? 이와 유사한 여러 재테크 활동이 혹시 탐욕과 연관되어 있지는 않은가? 현재 당신의 삶에서 탐욕에 휘둘리고 있는 부분이 있다면 솔직하게 나누어 보라.
5. 탐욕을 극복하기 위한 적극적인 방법인 구제가 과연 실현 가능할까? 이 일을 위해 당신이 속한 교회가 어떻게 이것을 구체적으로 시작하고 실천할 수 있을지 토론해 보라.

탐식
gula

술주정뱅이가 고개를 완전히 젖혀 술을 병째로 들이켜고 있고, 식탁 앞에 앉은 비만한 남자는 게걸스럽게 고기를 먹고 있다. 아빠처럼 뚱뚱한 어린 아들이 자기도 달라며 성화를 부리지만 아빠는 아랑곳하지 않는다. 옆에는 하녀가 닭고기가 담긴 접시를 들고 대기하고 있다.

6

탐식
꽉 찬 배와 텅 빈 영혼

> 그들의 예배당은 부엌, 성직자는 요리사, 제단은 식탁, 그들의 신은 곧 그들의 배다.
> 찰스 벅
>
> ―
>
> 사람의 수고는 다 자기의 입을 위함이나, 그 식욕은 채울 수 없느니라.
> 전도서 6:7

선진국에서 가장 꾸준히 팔리는 책은 요리와 다이어트에 관한 책이라고 한다. 의식주 문제가 사라진 선진 사회에서는 맛있는 음식을 먹는 것과 살을 빼는 일이 주요한 관심사로 자리 잡았다는 의미다. 20세기 후반 농수산 기술이 진보하면서 식량의 자급자족이 가능해졌고, 자본주의 사회에서 식품 산업이 자본과 결탁하면서 식품이 대량생산되고 상품화되어 시장으로 쏟아져 나왔다. 오늘날 대형 마트와 시장에는 편리하게 포장된 각종 먹거리들이 즐비하게 진열되어 사람들의 식욕을 자극한다. 수많은 잡지들과 텔레비전 방송은 맛있는 음식을 앞다투어 다루며 식도락의 즐거움과 욕망을 설파하고 부추기고 있다. 이처럼 음식이 풍족해진 사회적 조건 속에서, 사람들은 음식에 대한 필요와 욕구가 생겨날 때 어떤 식으로든 그 욕구를 즉각 채우는 것이 당연하고 옳다는 인식을 자연스럽게 지니게 되었다.

또한 현대 사회에서 음식은 사회문화적인 성격도 띠고 있다. 즉 어떤 음식을 누구와 어디서 먹느냐 하는 것이 한 사람의 신분과 계층을 나타내는 중요한 지표로 격상된 것이다. '어떤 수준의 음식과 와인을 먹고 마시느냐' '어느 레스토랑에 가느냐' '누구의 만찬에 초대받느냐' '어떤 사람들과 식사를 자주 하느냐' 하는 요소들을 통해 우리는 그 사람의 정치적·경제적 지위와 성향을 가늠할 수 있다.[1]

이처럼 오늘날은 음식에 대한 무제한적 욕망 충족이 가능하고 그것을 온 사회가 지지하며, 더 나아가 음식에 독특한 사회문화적 지위까지 부여하는 시대다. 이런 시대를 살아가는 현대인에게, 이전 사회에서 음식의 문제를 종교적이고 도덕적인 관점에서 이해하고 경계해 왔다는 것은 매우 상상하기 어려운 일이다.

역사를 거슬러 올라가 보면, 초대교회와 중세 시대에는 사람들이 도덕적 삶을 지키고 영혼을 순결하게 유지하기 위해 음식으로 인한 육체적 쾌락을 제어해야 한다고 보았다. 종교개혁 이후에도 그리스도인들은 여전히 금욕과 절제를 중요시했고, 칼뱅은 위정자들이 큰 접시가 세 차례 이상 들어오는 식사를 하지 못하도록 하는 규정을 만들기도 했다. 그런데 르네상스를 거쳐 근대에 들어와 종교적 영향력이 줄어들면서 이러한 사회 분위기가 조금씩 변하기 시작했다. 음식이 성실한 노동에 대한 보상과 일상의 즐거움으로 자리 잡고, 풍성한 식탁이 개인의 능력과 부의 표상이 된 것이다. 그리고 경제적 풍요로 음식이 풍성해진 20세기 후반부터는 종교적 이유와는 전혀 거리가 먼 실용적 차원에서(예를 들어 건강과 미모를 위해) 다시금 음식에 대한 탐닉을 경계하는 기현상이 벌어지고 있다.

성경 시대의 탐식

성경은 첫 인간 아담의 범죄가 먹음직하고 보암직한 금단의 실과를 따 먹음으로써 시작되었음을 증언한다. 더 나아가 창세기의 첫 기록들에 나오는 인물들이 저지른 부끄러운 사건 중에도 먹고 마시는 것과 관련된 이야기가 무척이나 많다. 예를 들어, 에서는 허기를 면하게 해 줄 팥죽 한 그릇 때문에 장자의 복을 경홀히 여겼다. 광야 시절 이스라엘 백성은 만나를 먹으면서도 불평하고 고기를 그리워하며 이집트로 다시 돌아가게 해 달라고 요구했다. 이들 중 많은 사람이 결국 고기를 먹었지만 하나님의 진노로 고기를 입에 문 상태에서 죽임을 당했다. 또한 노아는 술에 취하여 분별력을 잃고 벌거벗은 채 잠자는 수치스런 모습을 자녀들에게 드러냄으로써 하나님 앞에서 부도덕한 일을 행했다. 반면 다니엘은 하나님에 대한 신앙으로 바벨론 왕이 제공하는 술과 고기를 거부했고 그 결과 하나님께 건강과 지혜를 모두 얻었다. 이처럼 성경은 먹는 행위와 영적 상태가 서로 깊이 결부된 것으로 인식했다.

잠언에는 음식에 지나치게 탐닉하는 태도를 뜻하는 '잘랄'(zalal)[2]이라는 단어가 많이 등장하며, 탐식을 철저히 경계하고 정죄한다. "술을 즐겨 하는 자들과 고기를 탐하는 자들과도 더불어 사귀지 말라"(잠 23:20). "율법을 지키는 자는 지혜로운 아들이요, 음식을 탐하는 자와 사귀는 자는 아비를 욕되게 하는 자니라"(잠 28:7). 또한 유대인들이 세리나 죄인들과 함께 식사하는 예수님을 '탐식자'(phagos)라고 비아냥거린 것을 볼 때(마 11:19; 눅 7:34), 신약 시대에도 이와 같은 인식이 매우 보편적이었음을 알 수 있다.

수도사들과 탐식

탐식을 죄로 규정하고 경계해 온 중세 교회의 전통은 4-5세기 수도원 운동으로 거슬러 올라간다. 세속을 떠나 수도원으로 들어와 하나님과 연합하는 삶을 추구하던 수도사들은 우선 육체적 욕망을 벗어나야 했고, 그중 식탐은 가장 실제적인 것이었다. 왜냐하면 음식에 집착하는 만큼 의에 주리고 목마른 삶으로 깊이 나아가기가 힘들어지기 때문이다. 그래서 수도사들은 생활에 필요한 최소한의 분량만 먹어야 했고, 그만큼 음식에 대한 유혹은 커질 수밖에 없었다. 특히 마른 빵을 물에 적셔 부풀려 먹고 채식을 해야 했던 수도사들은 풍족한 음식과 이전에 먹던 고기에 대한 생각으로 종종 괴로워했다.

　에바그리우스는 마귀가 '여덟 가지 악한 생각'으로 수도사들을 유혹하는데 그 첫 번째가 식탐이라고 말했다. 그리고 대죄들 중에서 탐식이 가장 낮은 수준의 마귀로 말미암은 것이지만 극복하기는 가장 힘든 죄라고 보았다. 왜냐하면 이 문제는 인간 생존을 위한 가장 기본 욕구와 관련되어 있기 때문이다. 특히 마귀는 수도사들에게 금식하거나 절식하다가 쇠약해진 동료들의 모습을 떠오르게 함으로써 잘 챙겨 먹어야겠다는 생각을 교묘하게 조장했다.[3]

수도사 카시아누스는 수도사들이 이 욕망을 이길 수 없으면 아예 영적 싸움을 시작할 수 없다고까지 단언했다. 그래서 식탐을 극복하는 것은 마치 출애굽 사건과 같다는 비유까지 제시한다.[4] 카시아누스가 탐식을 영적 전쟁의 가장 첫 자리에 놓은 것은, 탐식이 가장 악한 죄라기보다 가장 범하기 쉬운 죄라고 보았기 때문이다. 그는 공동 식사 시간 전에 미리 와서 혼자 먹는 것, 음식을 음미하지 않고 그냥 순식간에 먹는 것, 그리고 특정 음식만을 골라 먹는 것을 금해야 한다고 구체적으로 가르쳤다. 베네딕투스도 그의 규칙서에서 수도사는 하루 1파운드의 식사를 하되 식사 횟수는 2회를 넘겨서는 안 되고, 고된 일을 했을 경우에는 수도원장의 판단에 따라 더 먹을 수 있지만 그것도 배부를 정도로 먹어서는 안 된다고 명시해 두었다.[5] 그는 예수님이 제자들에게 '방탕함으로 마음이 둔하여지지 않도록 스스로 조심하라'고 가르치셨던 말씀(눅 21:34)을 중시하여, 수도사로서 정신이 혼미해지는 것을 경계하기 위해 특히 식욕을 절제하는 훈련을 강조했다.

탐식의 다섯 유형과 탐식의 본질

탐식을 뜻하는 영어 단어 gluttony는 목구멍이라는 뜻의 라틴어 '굴라'(*gula*)에서 왔다. 마찬가지로 미식가라는 뜻인 gourmet도 이것에서 온 것이다. 일반적으로 탐식이라 하면 정신없이 음식물을 목 안으로 집어넣는 것을 연상하지만, 그레고리우스는 이것을 다섯 유형으로 좀더 세분화했다.[6]

첫째는 급하게(*praepropere*) 먹는 속식이다. 이는 마치 음식이 곧 없어지기라도 하는 것처럼 허겁지겁 재빨리 먹는 것, 즉 음식의 맛과 향을 음미할 사이도 없이 몇 번 씹지도 않고 삼켜 버리는 것을 말한다. 이 유형의 가장 큰 문제는 단지 빠르게 먹는 것이 아니라 음식을 대하면서 감사하지 않는 것이다. 날마다 일용할 양식을 주시는 하나님, 햇볕을 받으며 자란 작물과 과실, 땅과 바다, 농부들의 수고, 그리고 정성껏 요리하여 식탁에 차리는 이의 수고를 의식하지 못한다. 탐식자는 그저 먹는 일 자체에 골몰할 뿐 감사가 없다.

둘째는 게걸스럽게(*ardenter*) 먹는 탐식이다. 이는 음식에 대한 욕심과 집착으로 맹렬하게 먹는 것을 뜻한다. 이 유형은 마치 며칠 굶은 사람처럼 입안 가득 음식을 넣고, 얼굴을 음식에 바짝 붙여서 다른 사람이 먹기 전에 먼저 먹으려는 욕심으로 맹렬히 먹는다. 함께 식사할 때 맛있는 음식이 있으면 다른 사람을 배려하지 않고 계속 그 음식만 집어 먹는 사람이 있다. 가령 뷔페에서 맛있는 음식이 있으면 다음 차례에 음식이 남아 있지 않을까 봐 아예 처음부터 가득 담아 오는 것이다. 그와 같은 욕심 앞에 다른 사람을 배려하는 마음은 자취를 감춘다.

셋째는 지나치게(*nimis*) 많이 먹는 과식이다. 이는 배가 부르지만 식욕을 억제하지 못해 "딱 한 입만 더!" 하며 수저를 놓지 못하는 것이다.[7] 오늘날처럼 먹을 것이 풍부한 시대에는 의식적으로 경계하지 않으면 이 유혹에 넘어가기 십상이다. 뷔페는 이와 같은 욕구를 충족시켜 주는 대표적인 식사라 할 수 있다. 뷔페 식당 창문에 흔히 "무제한 식사–당신이 먹을 수 있을 때까지" "무한 리필" 등의 문구가 있는 것도 이런 욕구를 겨냥한 표현이다. 동물은 배가 부르면 음식에 더 미련을 두지 않지만, 인간은 배가 불러도 맛있는 것이 있으면 또 먹고 싶어 한다. 달콤한 크림이 듬뿍 발린 케이크 한 조각을 입에 넣을 때의 그 즐거움이란 실로 엄청나기 때문이다.

넷째는 까다롭게(studiose) 먹는 미식이다. 이는 조금을 먹더라도 까다롭게 먹는 것으로, 음식을 준비하는 사람들을 곤혹스럽게 한다. C. S. 루이스의 『스크루테이프의 편지』에 등장하는 삼촌 악마는 조카 악마에게 식사량이 줄어든 사람에게는 전략을 바꾸어 입맛을 까다롭게 만들어 주라고 조언한다. "제가 원하는 건 잘 우려낸 홍차 한 잔이에요. 엷게 타 주시면 좋겠는데, 그렇다고 너무 연하게는 말고요. 그리고 바삭바삭한 토스트 한 조각만 곁들여 주시고요."[8] 그런 사람은 자신이 많이 먹지도, 비싼 음식을 원하지도 않고 그저 소박하게 먹는다고 생각하며 '이 간단한 것 좀 제대로 해 주면 안 되나?' 하고 생각한다. 이와 같이 까다로운 식욕은 요리하는 이를 힘들게 한다.

다섯째는 사치스럽게(laute) 먹는 호식이다. 이는 음식 자체도 고급스럽고 질이 좋을 뿐 아니라 색상까지도 보암직하고 세련되게 요리된 정찬, 우아한 식탁의 느낌, 아늑한 분위기 등의 여러 조건을 갖춘 식사를 바라고 고집하는 것이다. 호식가들은 음식 그 자체만이 아니라 정서적인 만족감까지 매우 중시한다.

이 다섯 유형 중 처음 세 유형은 '어떻게 먹는가'와 관련되고 나머지 두 유형은 '무엇을 먹는가'와 관련된다는 점에서 구별될 수 있다. 그렇지만 무엇을 어떻게 먹든, 이 모두는 사람이 '왜' 먹는지를 잘 드러내 준다. 바로, 음식을 통해 삶의 즐거움과 만족을 얻기 위해서다.

맛있는 음식을 먹는 일은 인생의 큰 즐거움이다. 하나님을 떠난 인간은 하나님이 아닌 다른 것을 통해 즐거움을 찾고자 하는 성향이 있는데, 음식은 이런 욕망을 채울 수 있는 훌륭한 방편이다. 기독교회가 탐식을 대죄로 여긴 이유도 바로 이것이다. 음식이 주는 쾌락이 하나님을 즐거워하고 그것에서 평안을 얻는 삶을 약화시키고 무너뜨릴 수 있기 때문이다.

탐식의 근본적인 문제는 무엇을 어떻게 먹고 마시느냐에 있지 않다. 탐식의 본질은 음식을 통해 삶의 즐거움을 찾는 것, 그리고 그 즐거움에 대한 욕망이 삶을 이끌어 가는 것이다.[9] 이렇게 먹는 것이 삶을 지배하면 하나님을 가까이하고 도덕적으로 살려는 의지도 무너뜨린다. 그래서 삶의 우선순위를 '하나님 나라와 그 의'에 두기보다는 먹는 것에 끌려 다니게 된다. 야곱의 형 에서가 장자로서 받을 복에 대한 생각보다 당장 먹고 싶은 욕망에 끌려 팥죽 한 그릇에 장자의 명분을 바꾸어 버린 것을 생각해 보라.

바울은 탐식자를 두고 "그들의 신은 배"(빌 3:19)라고 표현했다. 이처럼 탐식은 배의 명령에 순종함으로써 마치 배를 신처럼 섬기며 사는 것이다. 결국 먹기를 탐하고 배를 만족시키는 것은 감각을 좇아 사는 것으로, 영적인 것보다 육적인 것을, '그리스도를 섬기는' 것보다 '자기들의 배를 섬기는' 것을 더 중요시하는 것이다(롬 16:17-18). 따라서 탐식이란, 하나님보다 배의 요구에 더 민감하게 반응하고 그에 순종하는 일종의 우상숭배다.

무관심과 감사가 없는 삶

탐식에 빠진 사람들이 보이는 대표적인 특징은, 특유의 무관심한 태도와 감사가 없는 삶이다. 식탁은 함께 식사하는 사람들과 인생, 우정, 자연, 예술 등 삶의 아름다움과 희로애락을 나누며 하나님 안에서 관계를 배양하는 훌륭한 교실이요 정원이다. 이와 같은 나눔과 교제야말로 인간의 삶을 성숙시키고 윤택하게 하는, 놓쳐서는 안 될 요리인 셈이다. 그런데 음식 자체에만 탐닉하는 탐식자들의 식탁에서는 이런 요리를 좀처럼 찾아보기 어렵다. 신약성경을 보면 음식이 사랑과 돌봄, 나눔 등과 연관되는 사례가 많이 기록되어 있다. 예수님은 가나 혼인 잔치에서 물로 포도주를 만드셨고, 떡 다섯 개와 물고기 두 마리로 오천 명을 먹이셨으며, 세리나 창녀와 같은 비천한 자들과 함께 식사를 하셨다. 그리고 초기 교인들도 모일 때마다 함께 떡을 떼는 삶이 몸에 배어 있었다. 식탁은 이처럼 음식을 중심으로 좀 더 고차원적인 삶, 즉 서로에게 관심을 가지고 섬기는 삶으로 나아갈 수 있는 공간, 서로 하나 됨을 이루고 하나님이 주신 구원을 축하하고 함께 누릴 수 있는 풍성한 공간이다. 하지만 탐식하는 자는 이와 같은 음식 이외의 가치에 철저히 무감각하고 무관심하다.

또한 음식은 하나님이 만드신 창조세계의 다양한 요소 및 제반 관계와 긴밀히 연결되어 있으며, 식탁이야말로 그런 모든 것에 감사를 표현할 수 있는 소중한 공간이다. 우리 식탁에 놓이는 음식은 단순히 생존만을 위해 만들어진 것이 아니다. 인간은 동물과 달리 음식을 대할 때 오감을 통해 맛을 음미하고, 냄새를 맡고, 아름다운 색깔에 감탄하며 즐길 수 있는 존재로 창조되었다. 그리고 우리 식탁에 놓이는 채소들은 인간에게 꼭 필요한 다양한 영양소를 담고 있는 하나님의 놀라운 선물이며, 그 안에는 땀 흘려 경작하고 수확한 수많은 사람의 수고와 노력이 깃들어 있다. 하지만 탐식자는 음식과 관련된 그 모든 소중한 환경과 그것을 주신 하나님, 그리고 사람들의 수고에 감사하는 마음을 가질 시간적·정서적 여유가 없다. 오로지 눈앞에 있는 음식으로 자기 배를 채우고 만족시키는 일에 집중할 뿐이다.[10] 자기만족에의 탐닉은 감사의 적이며, 반대로 자기 제어와 훈련은 우리를 감사의 길로 인도한다.

탐식의 딸들, 그리고 탐색

탐식은 다른 죄에 비해 자칫 가벼운 죄로 치부될 수 있지만, 결코 사소하지 않은 결과를 초래한다. 그레고리우스는 탐식이 부적절한 희열과 무례, 수다, 성적 불순, 감각의 둔화라는 딸을 낳는다고 말했다. 배불리 먹어 포만감에 젖거나 술에 취하면 말과 행동이 저속해지고, 말이 많아지고, 불경한 말과 우스꽝스러운 몸짓으로 사람들을 즐겁게 하려 하고, 무례한 몸짓과 음란한 행동을 하는 등 더러운 악을 주렁주렁 맺기 마련이다. 이중에서도 성적 불순, 즉 정욕에 따른 행동은 종종 탐식이 낳는 가장 전형적이면서도 대표적인 죄로 취급되어 왔다.

에바그리우스 역시 탐식은 '정욕의 어머니'라고 말했다.[11] 탐식에 빠지면 지성이 흐려지고 욕정이 고조되어 행동이 나잡해진다는 것이다 실제로 그의 제자 카시아누스는 그 누구보다도 이 점에 대해 매우 설득력 있는 주장을 폈다. 그는 일곱 대죄를 육적인 죄와 영적인 죄로 나누었고, 죄는 육적인 죄에서 점차 영적인 죄로 나아간다고 보았다. 육체에 속한 죄 중에 탐식이 먼저 오고 그다음 정욕이 오는데, 이들은 사슬에 연결된 것처럼 앞의 욕망에 사로잡히면 반드시 그다음 욕망으로 나아간다. 또한 그는 욕구가 필요 이상으로 지나치면 죄가 된다고 보았다. 즉 죄란 '지나친 욕망'이며, 따라서 음식에 대한 욕구가 필요를 넘어 지나치면 탐식의 죄에 빠지게 되고, 이 욕구가 넘쳐흐르면 반드시 다음 육체의 죄인 정욕으로 넘어갈 수밖에 없다는 것이다.[12] 아퀴나스도 동일하게 탐식이 정욕을 일으킨다고 경고했다. 그는 호세아서에서 더 이상 하나님을 따르지 않는 이스라엘 백성이 배불리 먹고 술에 취하는 동시에 음행을 일삼았음을 지적했다(호 4:10).[13]

    이를 일반적인 논리로 설명하자면, 탐식은 인간의 감각을 둔화시키면서 육체적 기운을 일으켜 성욕을 유발한다. 특히 자극적인 향신료로 버무린 음식과 육류를 많이 먹으면 정욕이 더욱 고조되어 음행을 행할 가능성이 높아진다. 배부르고 기분이 좋으면 어리석은 말들과 너저분한 행동이 돌출될 가능성이 높기 때문이다. 그래서 수도원에서는 식탁에서 말을 삼가고 성경을 읽는 것으로 식사를 끝내야 한다는 규칙이 있었다. 그렇지 않으면 배가 부름에 따라 몸과 마음이 함께 느슨해져 말이 많아지고, 함께한 사람들을 즐겁게 하려고 아무 말이나 경솔히 하게 되고, 사람들에게 의도치 않은 피해를 입히기도 하기 때문이다. 교부 바실리우스도 이렇게 말한 바 있다. "음식을 삼킴으로써 미각은 언제나 탐식을 꾀어내고, 안에서부터 걷잡을 수 없이 솟아오르는 부드러운 체액으로 몸을 살찌우고 쾌락에 빠뜨린다. 이로 인해 결국엔 광란의 성교에 빠지게 된다."[14]

날씬함과 성적 매력, 21세기의 새로운 탐식

20세기 후반 이후 풍요로운 선진 사회에서는 건강과 다이어트에 대한 관심이 급증했고, 이에 따라 새로운 유형의 탐식이 등장했다. 먹을거리가 풍족해지고 소비 능력이 향상되면서 비만한 사람들이 점점 늘어나고, 이에 대한 사회적 경계심이 생긴 것이다. 사람들은 이와 같은 각성과 두려움 때문에 이전과 달리 마음껏 먹지 못하고 음식을 경계하게 되었으며, 먹거리를 선택할 때도 이전에 볼 수 없었던 현상이 일어났다. 사람들은 저열량, 저지방, 무가당 식품을 찾기 시작했으며, 설탕이 없으면서도 톡 쏘는 사이다, 카페인이 없으면서도 여전히 자극적인 콜라, 지방이 적은 음식, 유기농 과일 등을 찾게 되었다. 이처럼 열량과 포화지방, 콜레스테롤 등을 따지며 음식을 소비하는 경향은 지구촌 북반구 사회의 주요한 흐름으로 등장했다. 그레고리우스가 까다롭게 먹는 식습관을 탐식으로 분류했음을 기억한다면, 이처럼 음식의 종류와 성분 등에 까다롭게 반응하고 그런 음식에 집착하는 태도는 탐식의 한 유형이라 할 수 있다.

이와 같은 현상 이면에는 날씬함을 아름다움과 성적 매력의 기준으로 인식하는 새로운 문화 트렌드와, 이에 편승해서 몸치장과 외모지상주의를 조장하는 상업주의가 크게 작용하고 있다. 이런 인식으로 인해, 뚱뚱한 사람은 성적 매력이 없고 문화에 뒤떨어질 뿐 아니라 게으르고 무능한 사람이라는 딱지가 붙는 지경에 이르렀다. 특히 젊은이들 사이에서 뚱뚱한 것은 이제 거의 죄처럼 간주되는 분위기다.[15] 즉 날씬함이 성적 매력의 필수 요건이요 선과 덕이 되면서, 많은 이들이 몸매를 아름답게 관리하기 위해 다이어트와 운동에 시간을 들이고, 음식을 철저히 가려 먹고, 적게 먹고, 때로는 굶기도 하게 되었다.

최근 여성 신학자 미셸 렐위카(Michelle Lelwica)는, 이런 문화가 '날씬해지는 것'과 '구원'의 동일시를 조장해 왔다고 해석한다. 살 빼는 것은 곧 죄 씻음을 받는 것이며, 인간은 뚱뚱했던 것을 회개하고 날씬해짐으로써 거듭남으로 나아간다. 그러기 위해서는 음식을 먹고 싶은 기본적인 욕망과 싸우며 처절하게 음식과 투쟁해야 한다. 이런 경향은 마치 고대 그리스인들이 비너스를 숭배한 것과 다르지 않을 만큼 새로운 종교 현상을 방불케 한다. 이 '새로운 종교'의 교리에 따라 사람들은 체중을 줄이고 거식을 감수하는 등 종교적 고행을 감내한다.[16] 몸을 신으로 여기고 숭배하며 몸을 통해 만족을 얻는 인간의 우상숭배는 탐식을 불러일으키기 마련이고, 이와 같은 새로운 유형의 몸 숭배 사상은 현대인을 새로운 유형의 탐식자로 만들고 있다.

탐식을 이기는 길

신령한 양식에 길들라　　매일 세 끼 식사를 하고 또 간식을 먹는 것은 몸이 그것에 길들여졌기 때문이다. 몸이 시시때때로 먹고 싶다는 신호를 보내기 때문에 식욕이 발동한다. 달고 짠 것이 건강에 해로움을 알지만 입맛과 몸이 그것을 좋아하고 그것에 길들어 있기 때문에 또 찾는다. 따라서 비만이나 식탐을 극복하기 위해서는 양을 줄이는 훈련을 하기 이전에 몸의 성향을 바꾸는 근원적인 작업을 하고, 몸이 스스로 담백한 것을 찾고 적은 양에 만족하도록 길들여야 한다.

그리스도인이 탐식을 극복하는 것도 마찬가지다. 음식을 통해 즐거움과 만족을 누리는 몸의 생리를 근본적으로 바꾸어야만 한다. 크리프트는, 탐식은 일종의 중독이기 때문에 그 현상에 함몰된 상황에서 내부적인 처방만으로는 치유될 수 없고 바깥에서 끄집어내 주는 것이 중요하다고 주장했다. 몸이 하나님을 찾고 갈망하도록 세포와 식성을 변화시키는 것이다.[17] 우리는 진미가 배에 가득 들어갈 때가 아니라, 신령한 만나를 먹을 때 몸이 즐거워하고 희열을 느끼도록 해야 한다.

사람은 영적인 존재로서 영적인 허기를 갖기 마련이다. 사람들은 그 허기를 종종 육신의 양식을 통해 채우려고 한다. 탐식을 극복할 수 있는 근원적인 치유책은 하나님의 선하심을 맛보고(시 34:8) 그것을 더 즐기도록 만들어서 식도락의 습관에서 조금씩 벗어나는 것이다. 카시아누스는 수도사가 꿀벌처럼 영적인 꿀을 찾아다니며 영적 미덕을 빨아먹고 내면을 채우면 탐식에 쉬 넘어가지 않는다고 했다.[18]

모세는 이렇게 말했다. "너도 알지 못하며 네 조상들도 알지 못하던 만나를 네게 먹이신 것은, 사람이 떡으로만 사는 것이 아니요 여호와의 입에서 나오는 모든 말씀으로 사는 줄을 네가 알게 하려 하심이니라"(신 8:3). 예수님은 제자들에게 자신은 그들이 알지 못하는 신령한 양식이 있으며, 또 자신이 바로 하늘로부터 온 생명의 떡이고 그것을 먹는 자는 영원히 죽지 않는다고 말씀하셨다(요 6:47-51). 신자들은 갓난아이같이 신령한 젖을 더 사모하고(벧전 2:2), 영적인 양식에 허기를 느끼는 식성과 미각을 키우도록 노력해야 한다. "주의 말씀의 맛이 내게 어찌 그리 단지요. 내 입에 꿀보다 더 다니이다"(시 119:103).

금식 금식은 일정 기간 음식을 끊어 몸을 지탱하는 에너지의 근원을 차단하는 일종의 자기 부인 행위다. 성경에 나오는 많은 믿음의 인물들과 이후의 수많은 그리스도인들은, 개인적·공동체적으로 중요한 일에 직면하거나 인생의 중대한 기로에 놓일 때마다 하나님께 집중하며 도우심을 갈망하는 마음으로 금식하며 기도하곤 했다. 하지만 다른 한편으로 수도사들은 금식을 육체의 욕망과 탐식을 제어하기 위한 방법으로 제시하기도 했다. 에바그리우스는 수도사들이 육체의 욕망에 사로잡히는 경우에 타오르는 욕망을 끄기 위한 방편으로 '배고픔'과 '노동', '독거'라는 특별 처방을 내리곤 했는데 이중 배고픔은 금식을 가리킨다.[19]

사막 수도사들 이전의 초대교회 그리스도인들도 금식을 정기적으로 실행했다. 초대 기독교 문헌인 『디다케』(Didache)는 초기 그리스도인들이 수요일과 금요일 점심에 고정적으로 금식했음을 보여 준다.[20] 그리스도인들은 몸의 욕망을 다스리기 위해 금식을 하며 몸을 비우고 하나님으로 몸을 충만히 채우고자 했다. 금식을 통해 하나님이 주시는 신령한 기쁨을 누릴수록, 우리는 몸의 욕구를 따라 배불리 먹는 삶이 기만적인 기쁨을 추구하는 옛 사람의 모습임을 깨닫는다. 이처럼 자기를 부인함으로써 신령한 기쁨을 맛보는 금식은 몸의 식성을 근본적으로 바꾸는 훌륭한 길이다.

또한 금식은 신령한 즐거움을 누리기 전에 선행되어야 하는 훈련이다. 기독교 역사에서, 금식과 만찬은 매년 교회 안에서 시행되어 온 행사였다. 둘은 모두 음식과 관련된 것으로, 금식은 자기를 비우고 하나님으로 채우는 것이며, 만찬은 떡과 포도주를 나누며 그리스도의 죽으심과 부활을 기념하고 한 떡을 떼어 먹음으로써 서로가 그리스도 안에서 형제임을 나타내는 것이었다. 초대교회 때부터 이 둘은 계속 주기적으로 시행되어 왔는데, 절기가 되면 온 교회는 함께 금식했고 뒤이어 만찬을 즐겼다. 예를 들어 대림절과 사순절, 즉 성탄과 부활의 축제를 앞둔 신자들은 먼저 금식으로 자아를 비우고 성육신한 하나님의 아들 및 부활하신 그리스도를 맞이할 준비를 했다. 그리고 절기가 오면 함께 성탄과 부활의 기쁨을 나누었는데, 그때 교회는 반드시 음식을 함께 나누는 식탁 잔치를 벌였다.[21] 이처럼 금식과 만찬은 기독교 전통에서 반복되어 온 신앙생활의 '거룩한 리듬'이었다.

오늘날의 신자들도 이와 같은 교회 전통을 기억하고 실천할 필요가 있다. 그리스도인들은 금식을 통해 몸이 하나님을 더 알아가고 은혜를 맛보고 즐거워하도록 훈련해야 한다. 이는 특수한 경우나 특정 절기에만 하는 것이 아니라, 일상에서 정기적으로 시행하는 것이 바람직하다. 이를테면 매주 특정 요일의 하루 혹은 한 끼는 금식하며 하나님의 말씀에 더 집중하고 신령한 양식을 섭취하여 몸이 거룩한 식성을 갖추도록 훈련하는 것이다. 그러면 역설적으로 얼굴에 화색이 돌고 몸의 언어가 변하는 경험을 하게 된다. 내적 건강은 반드시 얼굴에 반영되어 나타나기 때문이다 그래서 『신곡』에 나오는 탐식자들의 영혼은 퀭한 눈과 파리한 얼굴, 뼈가 드러날 듯이 여위어 마치 굶주려 죽기 직전인 모습을 하고 있다. 하지만 금식하며 하나님을 즐거워하고 신령한 양식을 먹는 자들의 영혼은 이와 정반대로 훨씬 윤택하고 강건한 모습으로 드러날 것이다.

음식을 감사함으로 받기 금식은 탐식을 극복하는 훌륭한 방안이지만, 그렇다고 성경이 음식을 삼가는 것을 경건한 삶이나 윤리적인 삶으로 가르치지는 않는다. 오히려 성경은 이런 식의 가르침을 엄중히 경계한다. 바울은 하나님이 내신 각종 음식은 우리의 생명과 건강을 위해 하나님이 주신 선한 것들이기 때문에 신자들은 무엇이든지 감사함으로 받고 먹을 수 있다고 가르쳤다. "후일에 어떤 사람들이 믿음에서 떠나 미혹하는 영과 귀신의 가르침을 따르리라 하셨으니…혼인을 금하고 어떤 음식물은 먹지 말라고 할 터이나 음식물은 하나님이 지으신 바니 믿는 자들과 진리를 아는 자들이 감사함으로 받을 것이니라"(딤전 4:1, 3). 당시 금기시했던 음식 문제로 논란이 있던 로마 교인들에게 바울은, 그리스도인은 어떤 음식이든 하나님과 그의 영광을 위해 먹고 감사하면 된다고 말했다(롬 14:3-6). 그래서 문제가 되었던 특정 음식, 예를 들어 포도주와 고기 같은 것들을 금할 필요가 없었다. 성경은 "땅의 아름다운 것"(스 9:12)을 먹도록 권하기 때문이다.

칼뱅은 한 걸음 더 나아가, 각종 음식을 통해 얻는 기쁨은 정당한 즐거움으로서 신자들은 이것을 적극적으로 누릴 수 있어야 하며 그것이 하나님이 의도하신 바라고 생각했다. 그는 갖가지 맛과 색, 향취를 내는 과일과 곡식은 하나님의 세심한 솜씨와 선함을 드러내는 음식이기에 신자들은 그것을 배고픔을 달래는 양식의 차원을 넘어 삶을 즐겁게 하는 하나님의 소중한 선물로 여기고 즐겨야 한다고 말했다. 일상에서 얻는 다양한 기쁨과 즐거움을 피할 필요가 없듯이 음식을 통한 즐거움과 위안도 죄악시할 필요가 없으며, 이것을 일부러 멀리하는 것은 하나님의 의도에 어긋난다는 것이다. 칼뱅은 포도주와 같은 음식은 사람의 마음을 기쁘게 하는 것이기에(시 104:15) 흥을 돋우기 위하여 얼마든지 마실 수 있으며, 음식을 경우와 용도에 맞게 즐기는 것 또한 하나님이 주신 복 중의 하나로 인식하고, 이를 적극적으로 누릴 수 있다고 가르쳤다. 이처럼 음식을 먹고 즐길 때 음식 자체에 집중하는 것을 넘어 그 선물을 주신 하나님을 생각하고 감사하고 그분의 솜씨를 찬양함으로써, 우리는 탐식의 유혹을 극복하고 경건한 삶으로 나아갈 수 있다.

구제 그레고리우스는 탐식을 극복하기 위한 가장 좋은 훈련은 다름 아닌 사랑의 실천이라고 주장했다. 음식을 금하는 것보다 가난한 사람에게 음식을 나누는 연습을 하는 것이 몸의 욕망을 다스리는 훨씬 효과적인 훈련 방법이라고 생각했기 때문이다. 음식을 먹을 때마다 자기 입에 들어가는 것이 실은 가난한 자들의 입에 들어가야 했던 것이라는 의식을 가져야 하고, 그렇게 할 때 비로소 나누는 일을 더 중요하게 생각할 수 있다는 것이다.[22] 이것은 탐식 그 자체에 집중하지 않고 외부로 눈을 돌려 문제를 해결하는 방식이다. 실제로 수도사들은 구제하고 선행을 실천하는 일을 경건한 삶의 일부분으로 삼았는데, 몸이 필요로 하는 최소한의 양만 먹고 남은 음식은 먹지 못

하는 빈곤한 이웃들에게 나눠 주었다.[23]

우리는 금식 역시 이와 같은 구제의 차원에서 생각해 볼 수 있다. 금식은 식욕을 절제하여 자기를 통제하는 힘을 키우는 훈련이면서, 또 한편으로는 가난하고 배고픈 자들을 돕기 위한 실천이기도 하다. 그레고리우스 이전의 카시아누스도 수도사들에게 음식을 조금씩 줄여 굶주린 사람들에게 나눠 줄 것을 가르쳤는데, 그는 금식 자체보다 그것이 선행의 방편이 될 때 하나님이 기뻐하신다고 말했다.[24] 아우구스티누스 역시 금식을 구제와 연결시켜 가르쳤다.[25] 자기 먹을 것을 줄여 그것으로 가난한 사람을 섬기는 행위는, 하늘에 보물을 쌓는 일이요 굶주린 그리스도를 대접하는 일이라는 것이다. 또한 그레고리우스는 신자가 금식을 하고 배를 비운 만큼 가난한 사람들에게 나눠 주지 않는다면, 결국 자신을 위해 금식한 것이지 하나님을 향해 금식한 것이 아니라고 주장했다. 결국 식탐에서 자유로운 무정념(apatheia)은 타인에게 베푸는 사랑(agape)으로 귀결되어야 한다는 것이다.

신자들은 배가 고프지 않은데도 식욕을 억제하지 못해 먹을 것을 입에 갖다 넣는 순간, '자기 쾌감을 위해 입에 넣으려는 그 음식이 굶주린 아이들의 입에 들어가야 할 양식'임을 명심해야 한다. 그리스도인들은 자기를 위한 음식을 조금 절제하여 굶주리고 가난한 자들과 나누고 복지 기관에 기부하는 일을 일상화하도록 노력해야 한다. 이것은 가난한 이웃이나 나라에 사랑을 베푸는 일이기도 하지만, 결국은 자신의 몸과 마음을 살리는 일이다.

이웃을 식탁에 초대하기　　마지막으로, 이와 같은 나눔을 일상에서 더욱 풍성히 살아내는 실제적인 방법이 있다. 바로 이웃을 식탁에 초대하는 일이다. 그런 삶이 몸에 익으면, 음식은 더 이상 자기만족의 도구가 아니라 이웃과 연결되고 사랑을 나누는 거룩한 매개체가 된다. 사실상 가정이 점점 개인의 사생활을 위한 폐쇄적 공간이 되어 가는 요즘, 이웃을 집으로 초대해 음식을 나누는 일도 점점 기대하기 어려워지고 있다. 이런 문화 속에서 우리는 사랑과 우정과 생명을 나누는 모판으로서의 식탁의 의미를 회복해야 한다. 그것이 가능할 때 폐쇄적인 자기 욕망과 자기 배만을 섬기는 삶에서 하나님 안에서 이웃을 섬기는 열린 환대의 삶으로 나아갈 수 있을 것이다.

　성경에는 이런 식탁의 의미가 잘 나타나 있는데, 예수님은 오천 명의 무리가 허기로 실족할 것을 마음 아파하시며 오병이어의 기적으로 그들을 먹이심으로써 깊은 사랑을 나타내셨다. 십자가를 지기 직전에도 제자들과 식사하심으로써 그들과의 관계를 굳건히 하셨다. 그리고 부활하신 뒤에는 갈릴리 호숫가에서 제자들과 함께 물고기를 구워 드시며 그들을 안심시키기도 하셨다. 또한 말씀이 흥왕했던 초대교회는 모일 때마다 떡을 떼고 애찬을 나누며 친교에 힘썼다(행 2:46-47). 사람들이 한 식탁에서 먹는다는 것은 한 가족임을 의미하며, 따라서 성도들이 한 식탁에서 빵을 나눈다는 것은 그리스도 안에서 형제임을 드러내는 일종의 종교 의식을 수행하는 것과 같다. 그렇기에 초대교회는 말씀 공동체였을 뿐 아니라 밥상 공동체이기도 했다. 초기 고린도 교회에서 여유 있는 신자들이 먹을 것을 많이 가져와 가난한 성도들과 함께 나눠 먹는 일에 힘썼던 것도 바로 이런 의미에서였다.

또한 신자들은 특히 먹을 것이 부족하고 사랑이 필요한 이웃들을 식탁으로 초대하고 나누는 일에 더욱 가치를 부여하고 노력할 필요가 있다. 음식을 만들어 먹기 어려운 이웃을 위해 음식을 만들어 나누어 준다면, 그 음식은 사랑과 온기를 전달해 그 사람을 친구로 만드는 우정의 접시가 될 것이다. 더 나아가 그것은 부지중에 그리스도 혹은 천사를 대접하는 일이 된다(마 25:40; 히 13:2). 교부 히에로니무스가 말했듯, 우리 식탁에 가난한 사람과 나그네들이 앉아 있는 모습이 익숙해지면 그들과 함께 그리스도께서도 손님으로 우리를 찾아오실 것이다.

성찰과 나눔

1. 초대교회와 중세 종교개혁 시기에 탐식을 심각한 죄로 취급한 이유는 무엇인가? 당신은 탐식이 심각한 죄가 될 수 있다는 사실에 동의하는가?
2. 성경 기사 중 탐식과 연관된 사건들을 찾아 열거해 보고, 그것이 가진 영적 의미에 대해 나누어 보라.
3. 탐식의 다섯 가지 유형과 그 본질에 대해 설명해 보라.
4. 현대 사회에서 새롭게 드러난 탐식의 유형에 대해 말해 보고, 그것이 왜 영적인 문제가 되는지 설명해 보라.
5. 음식에 대한 종교개혁자 칼뱅의 태도는 금욕주의와 어떤 점에서 다른가?
6. 탐식을 극복하기 위한 실제적인 방법에 대해 나누어 보라.

정욕
luxuria

두 쌍의 남녀가 분홍빛 텐트 안에서 술과 음식을 곁에 둔 채, 음악과 춤으로 흥을 돋 우어 주는 광대들을 보면서 관능적인 장면을 연출하고 있다.

7

정욕
타는 갈증에 마시는 바닷물

> 정욕은 갈증으로 죽어가는 사람이 소금을 찾아 헤매는 격이다.
> 프레드릭 비크너

> 아담과 그의 아내 두 사람이 벌거벗었으나 부끄러워하지 아니하니라.
> 창세기 2:25

현대 문명의 에피큐리아니즘

정욕은 서구 사회에서 특별히 말하지 않아도 가장 치명적인 죄로 인식되어 왔다. 도로시 세이어즈가 일곱 가지 대죄에 관한 글을 쓰면서 "다른 여섯 가지 대죄"라는 제목을 단 이유도, 당시에 이미 정욕은 기본적으로 치명적인 대죄라는 인식이 팽배했기 때문이다. 기독교 문화가 지속적으로 영향을 미쳐 온 서구 사회에서 정욕은 '부도덕'의 대명사처럼 취급되어 왔고, 따라서 사람들은 이 욕망을 매우 은밀하고 음성적으로 추구할 수밖에 없었다.

그러나 오늘날은 언제 그런 시대가 있었냐는 듯, 성이 거리와 광장을 당당히 활보하고 있으며 성애가 공공연한 볼거리이자 대중적 즐길 거리가 된 상황이다. 사람들은 아침에 눈뜨는 순간부터 잠자리에 들 때까지 성에 관련된 온갖 정보와 영상과 뉴스를 접하며 지낸다. 이런 상황은 정욕이 자본과 결탁하면서 더 기승을 부리고 있는데, 피터 크리프트는 "만약 성이 현대 사회에서 제거된다면 우리 사회는 경제 공황에 빠질 것"[2]이라고 말한 바 있다. 실제로 청바지와 자동차, 가전제품, 아파트 광고에 이르기까지 성적 흥미를 주는 요소가 빠진 상업 광고는 상상할 수 없을 정도로, 성은 이미 우리 삶의 중심에 자리 잡고 있다. 게다가 사회에 피해가 되지 않는 한 개인의 성욕과 성적 권리를 국가가 통제하고 간섭해서는 안 된다는 자유주의적 사고와, 영상 산업과 인터넷 기술의 발달 역시 정욕의 문화가 만연하는 데 일조했다.

    이러한 문화 속에서 오늘의 젊은 세대는 로고스적 이성보다 에로스적 감성을 더 중시하며, '너 자신을 알라'는 고대 스토아주의보다는 '너 자신을 즐기라'는 에피쿠로스주의에 훨씬 큰 영향을 받고 있다. 이런 세대 가운데 몸은 제재받지 않는 당당한 주체로서 감각의 해방과 욕망의 자유를 거침없이 구가하고 있다. 그리고 더 나아가 자아의 몸이 타자의 몸을 욕망의 대상으로 삼으면서, 몸이 쾌락의 주체인 동시에 객체가 되는 현상이 벌어졌다. 발트라우트 포슈(Waltraud Posch)는, 몸에 갈수록 집착하여 성적으로 매력적인 몸을 만드는 일에 엄청난 관심을 쏟는 현대인의 몸 집착 현상이 거의 종교적 광기와 같다고 진단한 바 있다.[3] 타자의 욕망의 대상이 되는 몸을 가지고 싶다는 이러한 욕구는, 사회가 만든 미의 기준에 미달되지 않기 위해 여성들이 몸매 만들기와 성형 수술에 내몰리면서 국가적으로 매해 수조 원이 뿌려지고 있는 현실과 사회 분위기를 통해 단적으로 들여다볼 수 있다. 따라서 우리는 가히 성과 정욕에 중독된 사회에 살고 있다 해도 과언이 아니다.

하나님의 창조적 고안물

성욕은 그 자체로 죄가 아니다. 하나님이 성을 만드시면서 성적 욕망을 인간에게 선물로 주셨기 때문이다. 성욕은 인간 창조의 독특성에서 말미암는 신비롭고 독특한 것이다. 하나님은 인간을 창조할 때 구별된 두 사람으로 창조하셨다. "하나님의 형상대로 사람을 창조하시되 남자와 여자를 창조하시고"(창 1:27). 이 구절의 원문을 그대로 옮기면, "하나님의 형상으로 사람을 창조하시되 **그들을** 남자와 여자로 창조하셨다"이다. 문법적으로 보면 앞의 '사람'은 단수인데 이것이 복수형인 '그들'로 바뀌면서 남자와 여자라는 성적으로 다른 두 존재가 등장한다. 이 독특한 창조 기사가 분명히 보여 주는 것은, 사람은 '구별된 두 존재가 조화를 이루며 살아가는' 피조물이라는 사실이다.[4] 삼위 하나님이 서로 협의하고 관계 맺으며 존재하듯이, 그 형상대로 창조된 인간 역시 남자와 여자로서 서로 관계 맺으며 살도록 설계되었다. 즉 사람은 고립된 개인으로가 아니라 남녀가 상호적 관계와 친밀한 연합 안에서 살도록 지어진 것이다.[5]

이러한 성은 매우 창조적이고 신비한 기능을 지닌다. 남녀가 성적으로 연합할 때 느끼는 경험은 여타 다른 육체적 쾌락과는 차원이

다르게 독특하고 신비롭다. 물론 인격과 사랑과 신뢰 등이 동반되지 않으면 다른 육체적인 쾌락과 별반 다르지 않겠지만, 성적 결합의 행위는 근본적으로 자신을 상대에게 전달하는 것으로, 육체와 동시에 정신적·영적 자아를 주고받는 것이다. 이 과정에서 두 사람은 서로의 자아를 더 깊은 차원에서 알게 되고 친밀함이 깊어진다. 하나님은 두 사람이 이런 친밀한 관계 가운데서 전인적 하나 됨을 이루도록 성을 고안하셨다.[6] 따라서 인간은 성을 통해 상대방뿐 아니라 그것을 만드신 하나님도 알아갈 수 있다. 이렇게 성적 연합을 통해 하나의 새로운 자아로 만들어지는 과정에서 두 사람이 느끼는 충만하고 황홀한 기쁨은 동물과는 매우 다른 차원의 것으로, 이는 상대에게 자신을 내어 주는 행위를 통해 마치 자기 밖으로 나가는 것과 같은 무아적 혹은 탈아적 쾌락으로 말미암은 것이다.[7] 이 점에서 성과 성적 욕망은 인간만이 받은 독특한 선물이라 할 수 있다.

성의 이런 독특한 기능과 성격 때문에 몸은 일종의 성례(聖禮)적 기능을 가진다. 마치 성례를 통해 신자들이 그리스도와 연합하고 하나님으로부터 오는 은혜를 받는 것처럼, 성을 통해 두 사람이 하나 되는 신비를 경험하고 자기를 내어 주고 서로를 윤택하게 하고 친밀함에 깊이를 더할 수 있기 때문이다.[8]

상대의 몸을 이용하기

그런데 정욕은 성욕과는 성격이 다르다. 일반적으로 '통제할 수 없는 과도한 성적 욕망'으로 정의되는 정욕은 왜곡된 성욕이라 할 수 있다.

상대를 원하지만 단지 자신의 쾌락만을 목적으로 상대방을 이용하는 것이다. 정욕(lust)이라는 단어는 본래 '사치' 혹은 '탐진'을 의미하는 라틴어 '룩수리아'(luxuria)에서 왔는데, 자신을 위해 상대의 육체와 감정을 허랑방탕하게 사용하는 성적 욕망을 가리킨다.[9] 정욕은 지극히 이기적인 성욕인 것이다. 예수님은 산상수훈에서 "음욕을 품고 여자를 보는"(마 5:28) 것을 간음이라고 하셨는데, 이 구절을 정확히 번역하면 "누구든지 정욕의 대상으로 삼기 위해 여자를 바라보는 자는 마음으로 그 여자에 대해 간음한 것이다"라고 할 수 있다. 예수님은 자기 욕망을 채우거나 자극하려는 마음으로 여자를 바라보는 것, 즉 정욕을 강하게 정죄하셨다. 정욕은 상대의 인격과 삶, 내면에는 관심이 없고, 오로지 상대를 자신의 즐거움을 위한 대상으로 취급한다.[10] 그러기에 정욕은 그 대상을 비인간화하고, 몸은 함께하지만 결국 서로 안에 고독감만 낳을 뿐이다.

  에바그리우스가 정욕을 '잔인한 죄'라 칭한 것도 그것이 자신의 만족을 위해 상대의 육체와 정서를 이용하는 것이기 때문이다. 정욕은 상대방을 목적이 아니라 수단으로, 인격적 대상인 '너'(du)가 아니라 비인격적 '그것'(es)으로 대하는 것이다. 하나님이 의도하신 성욕과 성적 연합은 수치심을 주거나 비난하고 폭력을 가하는 것과는 전혀 관계가 없기에, 정욕은 하나님이 설계하시고 허락하신 성욕을 왜곡하는 것이다. 정욕을 통해서는 한 몸 됨의 일치감에서 오는 안정감이나 평온한 희열을 맛보기가 어렵다. 이와 같은 성의 본질적 성격 때문에, 타락 이후 성을 통해 느끼는 쾌락이 타락 이전보다 훨씬 줄어들었다는 신학자들의 주장은 설득력이 있다. 두 사람이 서로에게 자신을 온전히 내어 줌으로써 온전한 연합을 이루었던 타락 이전과 달리, 자신을 내어 주지 않고 성을 통해 상대를 지배하거나 어떤 목적을 이루려고 한다면 타락 이전에 누렸던 그 환희와 쾌락은 결코 맛볼 수 없을 것이다.

이와 관련해 헨리 페얼리(Henry Fairlie)는, 진정한 사랑과 육체적 정욕의 차이를 솜씨 있게 대조하며 그 차이점을 잘 설명해 준다.[11] 한마디로 사랑과 정욕은 모두 상대를 원한다는 점에서 공통점이 있지만, 정욕에는 동반자 의식이 철저히 결여되어 있다는 것이다. 즉 사랑이 상대에게 관심이 있다면, 정욕은 짜릿한 욕구 충족에 더 관심이 있다. 사랑은 상대와의 언약에 신실하고자 하는 반면, 정욕은 삶을 나누고 돌보아 주려는 마음이 없다. 사랑은 서로에게 숨김이 없고 벌거벗어도 부끄럽지 않지만(창 2:25), 정욕은 중요한 것을 감추고 드러내지 않는다. 사랑은 인격적 교감으로 따뜻해지지만, 정욕은 외롭고 고독하다. 사랑은 미래를 위해 때로 절제하지만, 정욕은 현재 감정과 만족에만 골몰한다. 따라서 정욕을 기반으로 하는 관계는 감각적이고 정서적인 쾌락이 충족되지 않으면 오래 지속될 수 없다. 사랑에는 신실하고 지속적인 헌신이 동반되지만, 정욕에는 순간의 희열과 만족만 있을 뿐이다. 사랑은 잠자리를 나눈 사람과 또 다른 방식으로 함께 있기 원하지만, 정욕은 아침이 되면 남의 눈을 피해 남남이 된다. 이런 관계를 맺는 사람의 특징은 관계를 오래 지속하지 못하고 늘 새로운 대상을 찾아다닌다는 점이다.

부부 관계가 피폐한 지경에 이른 기혼자들이 다른 사람과의 부적절한 관계 속에서 위안을 추구하는 경우가 있는데, 이것 역시 자기만족을 위해 타인을 욕망한다는 점에서 사랑이 아닌 정욕이라고 단호히 말할 수 있다. 이들은 상대에 대한 헌신이나 상대를 풍요롭게 하는 것에는 관심이 없다. 이런 이기적인 행위는 배우자와의 언약 관계를 깨뜨릴 뿐 아니라 현재 관계 맺는 사람에게도 결국 상처를 준다. 정욕은 육체적 쾌락과 정서적 애틋함과 짜릿함을 추구하고 서로 교환하는 것으로, 그 본질은 자기만족이다. 오직 그 목적을 위해 다른 사람을 찾고 이용하는 것이다. 아우구스티누스는 정욕이 자기만족을 위해 상대를 즐기는 것이라면, 사랑은 하나님을 위해 상대를 즐기는 것이라고 말했다. 따라서 진정으로 사랑한다면, 하나님의 법에 자기 욕망을 종속시킬 수 있어야 한다.

정욕, 그 강렬한 흡인력

구약성경에서 정욕을 뜻하는 히브리어 '아갑'(*agab*)은 '숨' 혹은 '자연의 기운'이라는 어원에서 왔다(겔 23:7, 9; 렘 4:30). 또한 신약성경에는 '에피튀미아'(*epithymia*)라는 단어가 있는데, 이 단어 역시 공기와 물 등의 파괴적인 흐름, 강한 생체적 힘, 충동, 욕망 등을 뜻하는 어원을 가지며, 정욕의 의미로도 쓰였다(마 5:28; 롬 1:24). 즉 정욕은 아주 강한 육체의 욕망을 의미한다고 볼 수 있다. 그래서 아퀴나스는 정욕은 흡인력이 무척 강한 욕망이기 때문에 어떤 죄보다도 물리치기가 어렵다고 말했다.

구약성경에 나오는 보디발의 아내와 요셉 이야기, 그리고 암논과 다말 이야기는 엄청난 기운과 충동을 가진 정욕의 이와 같은 성격을 잘 보여 준다. 보디발의 아내는 준수하게 생긴 요셉에 대한 정욕 때문에 기회가 있을 때마다 집요하게 요셉에게 잠자리를 함께하자고 유혹했다. 다윗의 아들 암논은 빼어난 용모를 지닌 이복 누이 다말을 연모한 나머지 그녀를 차지하기 위해 온갖 방법을 다 동원했다. 그는 병으로 앓아누운 체까지 하며 아비 다윗왕의 도움을 받아 누이 다말의 병문안을 유도해 냈고 마침내 병문안 온 누이를 욕보였다.

단테의 『신곡』에는 시동생과 넘어서는 안 될 선을 넘고 부적절한 관계에 빠져 남편에게 살해당해 지옥에 떨어진 여인 프란체스카가 등장한다. 이 여인은 몸을 가누기 힘들 정도로 강렬한 회오리바람이 휘몰아치는 권역에서 지내는 벌을 받고 있었다. 그녀는 시동생이 자신을 연모하여 불같은 욕망을 나타낼 때, 이를 거부하지 못하고 그에 대한 애틋함과 연민으로 포장된 정욕에 자신을 내맡겼다. 그녀는 닥쳐올 고통을 어느 정도 예상했음에도 그 욕망의 흡인력에 빨려 들어갔다. 지옥에서 부는 회오리바람은 정욕의 강력한 흡인력을 상징하는 것이라 할 수 있다. 그 사랑의 순간이 얼마나 애틋하고 달콤했던지, 지옥에서도 그 순간을 생각하며 눈물을 흘리곤 했다.[12] 이처럼 정욕에 사로잡히면 이성의 제재를 거부하며, 심지어 어떤 결과가 드러날지 예상하면서도 무모하게 정욕에 자신을 내맡기게 된다. 이처럼 정욕은 웬만해서는 제어하기 힘든 강렬한 힘으로 인간을 덮쳐 오지만, 그럼에도 의지가 분명히 개입된다는 점에서 결코 핑계를 댈 수 없는 심각한 죄다.

육체적 죄이자 영적인 죄

에바그리우스와 카시아누스는 탐식과 함께 정욕을 육체에 속한 악으로 분류했는데, 이것은 사람에게 가장 기본적인 죄이기 때문에 시기나 분노 같은 영적인 악들이 사라진 뒤에도 남는다고 보았다. 또 이것은 육체의 약함 때문에 생기는 어쩔 수 없는 죄라는 점에서 다른 죄들에 비해 덜 악한 죄로 취급되어야 한다고 주장했다. 마귀는 금욕 생활을 하는 수도사들이 육체의 쾌락을 추구하도록 유혹하는데, 그 중에서도 정욕과 탐식은 가장 대표적인 것이었다. 에바그리우스와 카시아누스는 마귀가 사람을 탐식에 빠지게 함으로써 정욕으로 유인한다고 보았다. 왜냐하면 탐식으로 인해 마음과 몸이 느슨해지고 게을러지면 정욕이 쉽게 인간의 마음으로 들어가 이성과 정신을 장악하여 혼미하게 만들 수 있기 때문이다. 따라서 정욕은 육체에 속한 죄인 것 같지만 근원적으로는 마음과 정신에서 말미암는 죄다. 아우구스티누스도 정욕을 육체의 죄인 동시에 영적인 죄로 간주해야 한다고 주장했다. 정욕은 육체의 약함보다 의지의 약함에서 오는 것이기 때문이다. 그는 사람들이 정욕의 습관을 버리는 데 주저하는 이유는 하나님 안에서 기쁨을 찾으려는 의지가 부족하기 때문이라고 보았다.[13]

카시아누스 역시 정욕이 육체에 속한 죄이지만 영혼의 죄와도 결코 무관하지 않다고 말했다.[14] 그는 예수님이 산상수훈에서 살인, 간음 및 음란은 "마음에서" 온다고 하신 말씀(마 15:19)을 인용하면서, 정욕은 마음 즉 의지에 따라 생기고 그것의 명령대로 행하는 것이라고 보았다. 그리고 여자를 보고 음욕을 품는 자는 이미 마음에 간음한 것(마 5:28)이라는 말씀 역시, 정욕이 마음에서 시작됨을 뜻하신 것이라 해석했다. 그는 이런 해석을 제시하며 정욕과 싸우려면 근원적인 마음의 문제를 점검해야 한다고 가르쳤다. 그래서 그는 다음과 같은 솔로몬의 잠언을 깊이 새길 것을 강조했다. "모든 지킬 만한 것 중에 더욱 네 마음을 지키라. 생명의 근원이 이에서 남이니라"(잠 4:23).

정욕의 원인들: 최상 정욕과 바닥 정욕

수도사 에바그리우스와 카시아누스는 정욕이 탐식과 함께 육체의 죄이고 또 서로 연결되어 있기 때문에 탐식하는 자들 대부분이 즉각 정욕에 빠질 가능성이 많다고 보았다. 한편 정욕은 나태와도 긴밀히 연관되어 있어, 나태해지면 정욕에 사로잡힐 가능성이 커진다. 가장 대표적인 예는 다윗이 밧세바를 불러들인 사건이다. 다윗은 자신이 마땅히 출전해야 할 전장에 나가는 일을 다른 장수에게 맡기고는 궁에서 할 일 없이 시간을 보내다가, 목욕하는 밧세바를 보고 정욕에 빠진다. 이 본문을 다루는 많은 주석가들은 심신이 느슨해져 있을 때(즉 나태해질 때) 정욕의 공격을 받으면 쉽게 넘어갈 수밖에 없다는 분석을 빠뜨리지 않는다. 특별히 할 일이 없고 삶에 목표가 없으며 무료할 때 정욕에 빠질 위험은 높아진다.

에바그리우스 역시, 수도사가 나태해질 때 정욕의 유혹을 받기가 더 쉽다고 말한다. 그에 따르면 마귀는 수도 생활에 싫증이 나고 해이해져서 그저 시간만 때우는 수도사에게 음란한 상상을 부추기고 정욕으로 유혹한다. 오늘날에도 생활에 권태가 찾아오고 만족이 없을 때, 또 여가나 시간을 생산적으로 보내지 못할 때 정욕에 빠져드는 사람들을 쉽게 찾아볼 수 있다.[15] 이것이 그들에게는 내적 공허를 채우는 수단이자, 밋밋하고 무료한 일상의 탈출구인 것이다. 사람이 중년기에 정욕에 쉽게 넘어가는 것도, 권태로운 삶을 벗어나게 해 줄 흥분되는 모험과 일탈을 바라는 상태에서 정욕이 일종의 도피 기제가 되기 때문이다.

한편 세이어즈는 인생이 최상의 상태에 오를 때와 바닥으로 내려갈 때 모두 정욕에 취약하다고 분석했다. 우선 사람이 성취를 통해 정점에 이를 때 정욕에 빠지기 쉬운 이유는, 교만과 방자함으로 쉽게 유혹받기 때문이다. C. S. 루이스도 『스크루테이프의 편지』에서 이와 유사한 주장을 펼친다. 인생을 파도로 본다면 파도의 고점에 있는 것처럼 삶이 잘 풀릴 때 사람이 정욕에 빠질 가능성이 높다는 것이다. 그런데 이때는 유혹에 넘어가기도 쉽지만 극복하기도 비교적 용이하다고 보았다. 다른 때에 비해 긍정적이고 합리적인 에너지가 왕성하게 생성되고 작용하기 때문이다. 이때는 지적인 활동이나 노동과 같은 다양한 방면으로 에너지의 방향을 돌릴 수 있고, 육체의 욕구를 이성으로 통제하는 절제력을 발휘할 수 있어 정욕을 벗어나기도 상대적으로 덜 어렵다. 그래서 늙고 영민한 삼촌 악마는 젊은 조카 악마에게 사람을 정욕에 빠뜨리기에는 이때가 '최적의 때'는 아님을 명심하라고 말한다.

세이어즈는 이와 반대로 뚜렷한 삶의 목표와 활력이 없을 때, 곧 삶이 파도의 바닥에 있을 때가 정욕에 빠질 가능성이 더 높고 빠져나오기도 힘들다고 보았다.[16] 마귀는 이런 때를 넘어뜨리기 가장 좋은 기회로 보고 맹렬하게 달려드는데, 일반적으로 삶에 대한 철학이 희미해지고 무료한 삶이 지속될 때 자극적인 것을 접하면 쉽게 동요하기 때문이다. 이 경우 정욕에 한번 이끌리면 그야말로 헤어날 수 없을 정도로 푹 빠져 버릴 수 있다. C. S. 루이스도 인간이 내적 세계가 황량하고 삶이 냉랭하고 허전할 때 성의 유혹을 훨씬 더 쉽게 받고, 이때가 정상기에 비해 '사랑에 빠지는 낭만적 감정'은 줄어들지만 정욕과 같은 애틋하고 짜릿한 감정에 빠지기 훨씬 쉬운 때라고 말한다. 일이 잘 풀려 기분이 좋아 술을 마실 때보다, 무료하고 낙이 없어 술을 마실 때 훨씬 깊이 취하는 것과 같은 이치일 것이다. 이 경우는 정욕에서 벗어날 수 있는 기운이 왕성하지 못하기 때문에 더 치명적일 가능성이 높다.

짧은 쾌락과 불행한 결말

정욕의 열매는 의외로 쓰다. 그것은 처음의 기대를 깨뜨리고 냉엄하고 차디찬 결과를 낳는다. 사람들은 때로 이것이 초래할 결과를 그리 심각하게 생각하지 못한 채 잠깐의 달콤함에 취해 정욕에 빠져들고, 결국 쓰라린 배신을 당한다.『신곡』에 등장한 그 여인은 시동생과 불륜에 빠졌지만 관계가 그리 오래가지도, 행복하지도 못했고, 결국 남편에게 죽임까지 당했다. "음녀의 입술은 꿀을 떨어뜨리며 그의 입은 기름보다 미끄러우나 나중은 쑥같이 쓰고 두 날 가진 칼같이 날카[롭다]"(잠 5:3-4)는 잠언의 가르침은 결코 과장된 비유가 아니다. 잠언 기자는 이런 관계를 맺는 사람은 마치 숯불을 밟으면서 그을리거나 데지 않기를 바라는 것과 같다고 비유했다(잠 6:28). 정욕을 좇으면 결국 화상을 입기 마련이다. 또한 음행하는 자는 마치 새가 생명을 잃을 줄도 모르고 그물로 들어가듯(잠 7:23), 비참한 결말이 있음을 알지 못하고 불을 향해 뛰어드는 것과 같다.

암논은 이복 누이 다말을 범하고 욕정을 채운 후 다말을 쫓아냄으로써 더 큰 죄를 저질렀다. 그는 다말의 인생을 비참하게 만들었고, 다말의 형제들과도 원수가 되었다(삼하 13:1-22). 이것은 결국 다윗 왕국 분열의 씨가 되었고, 자신도 복수의 대상이 되어 살해당하고 만다. 보디발의 아내는 어떤가? 요셉에 대한 열망을 거절당하자 그 연모의 마음이 격렬한 분노로 돌변하여 그를 모함하는 것으로 나타나고 말았다. 밧세바를 범한 다윗은 단순히 간음하지 말라는 일곱째 계명을 어기는 데 그치지 않고, 밧세바의 남편을 살해함으로써 여섯째 계명을 어기는 것으로 이어졌다. 또한 그의 행동은 남의 소유를 도둑질하지 말고 이웃의 아내를 탐하지 말라는 여덟째와 열째 계명도 어긴 셈이 되었다. 다윗은 이 사건의 결과로 하나님의 심판을 받았고, 나단 선지자의 예언대로 왕자들 간에 칼부림이 끊이지 않았으며, 그의 후궁들은 백주에 다른 이와 동침하는 참극이 벌어졌다. 그리고 다윗 왕국은 이 사건 이후에 내리막길로 접어든다.

따라서 정욕에 빠진 자가 결국 "한 조각 떡만 남게"(잠 6:26) 된다는 지혜자의 경고는 아주 현실적인 표현이라 할 수 있다. 대개 정욕에 빠지는 이들은 패가망신하고 가산도 탕진하게 마련이다. 이를 인정하는 데 특별한 통계와 검증된 이론이 필요하지는 않다. 바람을 피우고 호색하는 사람들은 대부분 처음과는 달리 비참한 종말을 맞는 경우가 다반사이기 때문이다. 정욕은 본인과 가족에게 치유되기 어려운 상처를 입히고 공동체에도 큰 피해를 끼친다.

하지만 신자들이 정욕과 관련하여 무엇보다 깊이 새겨야 할 사실은, 정욕이 성령이 거하시는 전인 몸을 더럽혀 하나님의 거룩을 훼손하는 치명적인 죄악이라는 점이다. 그래서 신약성경은 음행에 빠지는 자는 하나님 나라를 유업으로 받을 수 없다고 엄중히 경고한다(고전 6:9-10; 갈 5:19, 21). 정욕에 몸을 내맡기면 하나님 나라를 위해 쓰임받을 수 없다는 사실을 우리는 반드시 기억해야 한다. 간혹 이런 실수 이후에 회개하고 이전보다 더 크게 쓰임받는 사람도 있지만, 그런 경우는 지극히 드물다.

정욕을 이기는 길

자리를 피하라 정욕을 극복하는 가장 우선적인 방법은 피하는 것이다. 수도사 카시아누스는 수도사들이 부단히 자신의 몸과 마음을 다스리고 훈련하여 탁월한 덕목을 갖춘다고 해도 몸의 욕망을 완전히 제거하는 것은 불가능하다고 보았다. 따라서 정욕의 유혹을 받을 만한 여건과 환경에 들어가지 않아야 하고, 그러한 상황에 부딪혔을 경우 피하는 것이 최선의 방책이라고 말했다. 부딪혀 이기려고 하기보다는 우선 피해야 한다는 것이다. 보디발의 집에 총무로 있었던 요셉 이야기는 이 교훈을 단적으로 설명하는 예다. 집요하게 그를 유혹하던 주인의 아내가 아무도 없는 공간에서 몸으로 달려드는 상황에서, 요셉은 겉옷을 벗어던지면서까지 자리를 박차고 도망쳐 나왔다. 구약성경을 보면, 욥은 젊은 여인을 아예 쳐다보지 않기로 마음을 먹었다고 말한다. "내가 내 눈과 약속하였나니, 어찌 처녀에게 주목하랴"(욥 31:1). 아름다운 여인을 보고 정욕이 일어날 수 있기에 그 원인을 제거하겠다는 의미다. 잠언 기자는 남의 아내를 만지는 것조차 피해야 한다고 말했고(잠 6:29), 바울은 음행과 관련된 부도덕한 것들은 그 이름조차도 부르지 말라고 권고했다(엡 5:3).

에바그리우스는 눈길이 자꾸 향하는 매력적인 사람이 있으면 그 자리를 피하라고 말했다. 그렇지 않으면 처음에는 눈을 밑으로 깔고 말도 안 하다가, 조금 지나면 가끔씩 눈을 마주치며 말을 붙이고, 더 나아가 얼굴을 정면으로 대하면서 말을 나누고, 급기야 나중에는 마음의 문을 활짝 열고 정욕으로 넘어간다는 것이다. 사실 이런 권고는 그의 실제 경험 때문이었다. 그는 정욕으로 인생의 치명적인 위기를 맞은 수도사였다. 4세기 콘스탄티노플에서 이단과의 신학 논쟁으로 명성을 얻어 신망과 입지를 굳혀 갈 즈음, 에바그리우스는 한 교회 중직자의 아내와 사랑에 빠졌다. 걷잡을 수 없이 끌리는 마음과 하나님의 종으로서의 위치 사이에서 갈등하던 그는, 어느 날 밤 여자의 남편이 군인들과 함께 집에 들이닥쳐 그를 끌어내고 감옥에 집어넣는 꿈을 꾸었다. 잠을 깬 에바그리우스는 마침내 결단을 내렸다. 정욕의 수렁에 빠져 죽기보다는 지위와 명성을 잃더라도 수렁에서 벗어나는 길을 택한 것이다. 그녀를 보는 한 그 수렁에서 벗어날 수 없음을 깨달은 그는 콘스탄티노플을 박차고 나와 예루살렘으로 피했다. 더 이상 머물렀다가는 인생이 파멸에 이르고 말리라는 정직한 두려움 때문이었다. 그리고 그것은 매우 정확한 판단이었다. 그는 그 상황과 싸우려 하기보다 그 상황을 피했다. 진흙탕에 있으면서 바짓단에 흙을 묻히지 않겠다는 생각은 진흙탕을 걸어 보지 못한 사람이나 할 수 있는 지극히 비현실적인 생각이다.

그는 마귀가 수도사에게 성적 환상을 일으켜 육체적 욕정을 부추기고, '오늘 유혹을 피하지 못하더라도 내일 회개할 기회가 있다'고 속이며 교묘하게 유혹한다고 경고한다. 많은 위대한 수도사들이 이 속삭임에 넘어가 정욕에서 벗어나지 못하고 결국 회개할 기회를 갖지 못했다. 그래서 그는 정욕에서 벗어나려면 느끼고 깨닫는 순간 과감하게 피해야 한다고 역설했다.

이 시대의 거짓말을 간파하라 이 시대는 성과 관련하여 우리에게 아주 달콤한 거짓말을 속삭인다. 그중 하나는 '나는 내가 원하는 사람과 함께 무엇이든 즐길 권리가 있다'는 거짓말이다. 즉 상대가 기혼이든 미혼이든 관계없이 서로가 원하고 그것으로 삶에 활력이 생기고 기분이 좋아진다면 그 자체로 좋은 것이며, 그 어떤 제한도 받을 필요가 없다는 것이다. 그러나 하나님의 백성은 하나님이 정하신 질서 안에서 성을 누려야 하는데, 가장 기본적인 질서가 바로 결혼 관계다. 그리스도인은 간음을 금지하는 일곱째 계명과 이웃의 아내를 탐내는 것을 금지하는 열째 계명을 기억해야 한다. 타인의 아내는 결코 자기 욕정을 위한 소유물이 될 수 없다.

이 시대에 만연한 두 번째 거짓말은 '성적 즐거움은 그 어느 것보다 추구할 만한 가치가 있다'는 것이다. 이 시대의 철학은 성적 쾌락이 어떤 대가를 치르더라도 손에 넣을 만한 가치가 있는 것이라고 속삭인다. 또한 성적 욕망을 과도하게 자극하면서, 그것이 지극히 자연스럽고 건강한 것이기에 억누르지 말라고 말한다. 그러나 이것은 엄연한 거짓말이다. 건강한 성욕은 부부가 신비한 친밀함 안에서 서로를 나누고 공유하고자 하는 욕구다. 이때 육체적 결합이 항상 친밀한 관계를 창조해 내는 것은 아닌데, 이럴 경우 오히려 이것은 서로 하나되게 하기보다 소통을 막고 고독감을 조장하는 경우가 많다. 따라서 성욕은 인격적 관계와 친밀함을 강화하는 목적에 철저히 종속되어야 한다.[17] 그렇지 않을 경우 결국 자기만족을 위해 상대를 이용하거나 착취하는 수단으로 전락하고 말 것이다. 결론적으로 성욕은 늘 좋은 것이 아니고 늘 만족시켜야 하는 그 무엇이 아니며, 인격적 사귐이라는 대의에 기여하지 못할 경우 반드시 자제되어야 한다.

세속 문화의 거짓말에 대응하는 가장 확실한 방법은, 하나님의 말씀을 부단히, 무겁게 새기는 것이다. 그래서 시편 기자는 정욕을 피하기 위해 주의 말씀과 율법을 늘 묵상한다고 고백했다. "청년이 무엇으로 그의 행실을 깨끗하게 하리이까? 주의 말씀만 지킬 따름이니이다.…내가 주께 범죄하지 아니하려 하여 주의 말씀을 내 마음에 두었나이다"(시 119:9, 11).

배우자와의 친밀함을 높이라 우리는 하나님이 인간에게 주신 성이라는 선물을 그분의 창조 의도에 맞게 즐김으로써 정욕을 제이할 수 있다. 하나님이 의도하신 성은 거래의 차원이 아니라 언약이며, 상대를 조종하고 통제하기보다는 상대를 건강하게 하고 상호적 친밀함을 키우는 수단이다.[18] 예수 그리스도 안에서 새로운 피조물이 된 신자들은 이런 성적 쾌락의 본질을 잘 알고 즐길 수 있는 능력을 부여받았으며, 이러한 즐거움을 풍성히 나눌 수 있는 관계가 바로 부부 관계다. 부부는 하나님 앞에서 일생 동안 서로에게 헌신할 것을 약속한 관계이기에 오직 그 안에서만 전인적인 쾌락을 누릴 수 있다. 부부간에 전인적 친밀함을 높이는 것은 정욕을 사전에 억제하는 최상의 예방책이다.

따라서 남편과 아내는 서로를 위해 건강한 욕구를 가꾸고 함께 최상의 즐거움을 누리도록 노력해야 한다. 토마스 아퀴나스는 정욕의 반대 극단에 있는 '성에 대한 무감각'과 '성 혐오증'을 정욕 못지않은 해악이라고 지적했다. 즉 부부는 하나님이 상대를 섬기고 누리도록 허락하신 성적 즐거움을 최대한 누릴 수 있도록 서로 의식하고 노력해야 한다. 남편과 아내가 각자 자기 몸을 배우자가 주관하도록 하라는 바울의 권고를 따라(고전 7:4) 서로의 욕구를 존중한다면, 마귀도 틈을 탈 기회를 결코 얻을 수 없을 것이다.

한편, 아리스토텔레스가 우정의 세 유형을 분석하고 이것을 성과 결혼에 적용시켜 설명한 내용[19]을 통해서도 우리는 부부가 바람직한 방식으로 성을 다루는 법을 배울 수 있다. 우정의 첫째 유형은 즐기기 위한 목적으로 맺는 관계다. 주로 소년들이 서로 재미있게 지내기 위해, 그리고 청년기의 남녀가 성적으로 끌려 관계를 맺는 경우인데, 이와 같은 유형의 우정 관계는 재미와 매력이 사라지면 곧 해체되기 마련이다. 두 번째 유형은 실용적인 목적으로 친구를 사귀는 것이다. 주로 나이 든 사람들이 맺는 관계 유형으로, 상호적 도움이라는 유용성이 사라지면 이 관계 역시 버티지 못한다. 세 번째 유형은 선한 미덕을 지닌 사람들이 맺는 우정인데, 자신이 얻을 즐거움과 유익이 아니라 전적으로 상대의 유익을 도모할 때 맺어지는 관계다. 바로 이 유형의 관계가 가장 참되고 온전한 우정이며, 이런 관계는 어떤 어려움이 닥치거나 상황이 바뀌어도 쉽게 깨지지 않는다.

아리스토텔레스는 이와 같은 우정의 유형이 결혼 관계에도 적용된다고 말한다. 성적 매력에 끌려 결혼한 부부는 그 매력이 엷어지고 열정이 식으면 관계가 깨어지기 쉽고, 게다가 다른 매력적인 사람이 눈앞에 보일 경우는 그 위험이 더 커진다. 하지만 결혼 생활에서 성적 쾌락은 중요한 부분을 차지함에도 결코 본질이 될 수 없다. 결혼의 목적은 우정의 세 번째 유형처럼 상대방을 채우고 온전하게 해 주는 것이다. 이와 같은 결혼 생활은 어떤 어려움이 닥치거나 성적 쾌락이 부족한 상황에서도 결코 약해지거나 깨지지 않는다. 결혼의 기초는 사랑의 약속에 기반을 둔 신실함이며, 성적 욕망에 이끌린 관계는 늘 위험하고 불안할 수밖에 없다. 스탠리 하우어워스에 따르면, 부부 관계에서 정말 중요한 문제는 '현재 사랑하고 만족하느냐'가 아니라, '상대에게 헌신하려는 마음이 있느냐'이다. 그것이 결혼식 주례자가 신랑 신부에게 배우자를 '사랑하느냐'고 묻지 않고, '기쁠 때나 슬플 때나 어려울 때나 한결같이 서로를 사랑할 것을 약속하느냐'고 묻는 이유다. 이런 헌신이 결혼 생활의 핵심 요소이자 원리이며,[20] 성적 즐거움은 이에 따라오는 부수적 요소일 뿐이다.

우정을 극대화하라   피터 크리프트는 "천국에 성이 있을까?"라는 도발적인 질문을 한 바 있다. 그리고 자신이 제시한 답은 '없다'였다. 이와 같은 대답은 성의 고유한 기능에 대한 이해에서 유추한 것으로, 천국이란 성이 지닌 기능이 필요 없는 곳이라고 판단했기 때문이다. 성의 주된 기능은 두 사람의 하나 됨과 연합을 위한 것인데, 천국은 부부만이 아니라 하나님의 형상으로 창조된 모든 사람들 간의 연합이 온전히 이루어지는 공동체이기 때문에 성이 더 이상 필요하지 않다는 것이다.[21] 이와 같은 통찰은 오직 성이라는 매개를 통해서만 깊은 관계가 가능하다고 믿는 현대인들과 성에 대한 집착으로 가득한 현대 문화에 아주 훌륭한 시사와 대안을 던져 준다. 마음이 통하는 친구와 누리는 우정과 즐거움이 정욕에 대항하는 강력한 힘이 될 수 있음을 말해 주기 때문이다.

그토록 유명한 다윗과 요나단의 우정을 떠올려 보라. 다윗은 요나단의 죽음 앞에서 애도하며 그들이 나눈 우정이 심지어 여인의 사랑보다 컸다고 노래한다. 이 노래는 우정이 때로 남녀 관계를 대체할 수도 있음을 시사한다. 마음과 뜻이 맞는 친구와 교감하고 비전을 나누며 깊은 우정 관계를 맺을 수 있다는 것은 인생에서 누릴 수 있는 큰 복이자 즐거움이다. 그리고 바울 역시 이와 같은 우정 관계를 강력히 장려하고 있다. "너는 청년의 정욕을 피하고, 주를 깨끗한 마음으로 부르는 자들과 함께 의와 믿음과 사랑과 화평을 따르라"(딤후 2:22). 선한 친구들과 고상한 목표를 공유하고 함께 하나님의 나라와 의를 추구하는 우정은 성경이 제시하는 매우 실제적이고 훌륭한 대안이다. 동료와의 우정과 공동체 생활에서 맛보는 기쁨이 크면 클수록, 우리는 정욕에 집착하는 욕구를 이길 수 있다.

궁극적 대안: 근원적 쾌락   도로시 세이어즈는 오늘날 많은 사람들이 엄청난 물질적 풍요를 누리면서도 정작 포르노와 음란한 것들에 더 탐닉하고 더욱 큰 지루함과 싫증을 느끼는 원인을, 참된 즐거움을 차단하는 영적 빈곤에 있다고 말한다. 그렇기 때문에 이 문제를 근원적으로 해결하지 못한 채 정욕이라는 문제에 대해 내놓는 표면적 대응책은 그 어떤 것도 성공할 수 없다고 역설했다. 토마스 아퀴나스 역시, 사람들은 인생에서 진정한 기쁨과 만족이 없을 때 그 허전함을 달래고 채우기 위한 방편으로 정욕을 추구한다고 보았다.

성적으로 문란한 젊은 시절을 보내다 회심한 후 정욕에서 벗어난 아우구스티누스의 이야기는 매우 잘 알려져 있다. 그는 회심 이후 계속 독신으로 살았는데, 하나님과 함께하는 삶이 그에게 훨씬 큰 기쁨이었기 때문이다. 그는 사람이 영적인 즐거움을 얻지 못하면 육체적 쾌락에 빠질 수밖에 없고, 육체적 쾌락을 아무리 풍성히 누리더라도 그것이 하나님으로부터 오는 근원적 기쁨을 대체할 수 없기 때문에 여전히 허전하고 불만족스러울 수밖에 없다는 중요한 진리를 사람들에게 전해 주었다. 성은 결코 하나님의 대체물이 될 수 없다. 인간이 누려야 할 가장 근원적인 쾌락은 바로 하나님에게서 오며, 정욕은 하나님께로 나아가는 길을 잃어버린 인간이 선택한 왜곡된 쾌락의 길일 뿐이다.

성찰과 나눔

1. 정욕과 자연스러운 성욕 그리고 사랑은 각각 어떤 차이점이 있는가?
2. 삶의 의욕, 곧 활력이 없는 때일수록 더 정욕에 빠지기 쉽다는 저자의 주장에 동의하는가? 당신의 생각을 정리해 보라.
3. 정욕은 그 자체로도 죄지만, 다른 죄들과도 연결되어 있다. 정욕의 원인이 되는 죄와, 정욕에서 비롯되는 죄에는 어떤 것들이 있는가?
4. 당신은 어떤 상황에서 정욕의 유혹을 받는가? 그 유혹을 어떻게 이겨 낼 수 있겠는가?

허영
vanitas

생명의 탄생(소라), 생명 유지에 필요한 것(물항아리), 사람들이 추구하는 지식(책), 부(벨벳), 쾌락(술병), 권력(칼), 이 모든 것은 죽음(해골) 앞에 놓인 헛된 것(*vanitas*, 허영, 헛됨)이다. 오직 위로부터 오는 빛만이 쇠하지 않고 영원히 빛난다. 하르멘 스텐베이크(Harmen Steenwyck, 1612-1656), "바니타스 정물화"(Vanitas stilleven, 1645, 39×51cm, 패널에 유채, 런던 내셔널 갤러리).

허영
사라질 광채

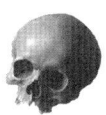

> 허영은 떠벌리고 사랑은 속삭인다.
> 보브 웰치, 『레미제라블 묵상』

> 내 육체가 죽는 순간, 내 영혼에 주어지게 하소서, 천국의 영광이!
> "슬픔의 성모"(Stabat Mater)

> 지혜자나 우매자나 영원토록 기억함을 얻지 못하나니 후일에는 다 잊어버린 지 오랠 것임이라.…이러므로 내가 사는 것을 한하였노니 이는 해 아래서 하는 일이 내게 괴로움이요 다 헛되어 바람을 잡으려는 것임이로다.
> 전도서 2:16-17, 개역한글

아우구스티누스는 『고백록』에서, 불량 친구와 어울려 다녔던 어린 시절의 일화를 소개한다. 그는 어느 날 배나무에 올라가 가지를 맹렬히 흔들어 배를 우수수 떨어뜨린 후, 떨어진 배는 모두 돼지들에게 던져 주었다. 그는 배가 먹고 싶어서가 아니라, 친구들에게 자신도 이런 행동을 할 수 있음을 보여 주고 친구들로부터 "찬사를 받기 위해" 그런 짓을 했다고 술회했다. 자신이 죄인이어서 악한 행동을 하는 것에 쾌감을 느끼기 때문이기도 하지만, 만약 친구들이 없었다면 그런 짓을 하지 않았을 것이라고 고백했다.[1] 불량한 친구들을 의식하여, 그들에게 얕보이지 않고 '용기 있는 놈'이라는 인정을 받고 싶어 일부러 보란 듯이 저지른 일이었다.

21세기 현재 가장 대중적인 죄

사람은 누구나 칭찬받고 인정받기를 좋아한다. 자기에게 남달리 특출한 지적·예술적 능력이 있거나 탁월한 뭔가를 이루어 냈을 때는 더욱 그러하다. 간혹 유명 연주가나 성악가의 자기소개 난에서 '최연소 우승' '한국인 최초 우승' '실기 수석 졸업' 등의 문구를 본다. 누가 보아도 자신이 어릴 때부터 탁월했고, 아무도 받지 못했던 상을 받을 만큼 탁월했고, 필기는 몰라도 전공 실기만은 동급생 중에 최고였다는 것을 드러내려는 문구임을 눈치 챌 수 있다. 인정받고 싶은 욕구는 누구에게나 있는 본능적 욕구이므로 그 자체를 문제 삼을 수는 없다. 하지만 자신의 탁월함을 다른 사람이 보도록 과시하고 타인의 칭찬을 유도하는 것은 문제가 된다. 칭찬과 명예에 대한 이런 지나친 욕망과 집착이 허영이다.

교회는 오랫동안 허영을 단순히 자신을 뽐내는 사소한 잘못이 아니라 신앙생활에 심각한 해악을 끼치는 악덕(vice)으로 취급해 왔다. 4세기 이후 사막 수도사들은 허영을, 수도사를 넘어지게 하는 돌부리로 간주했다. 허영은 일곱 대죄에 속한 다른 악들과 마찬가지로, 하나님과의 연합 및 수도사들의 경건과 공동체 생활을 방해하고 어렵게 만들었기 때문이다. 그래서 에바그리우스는 허영을 여덟 가지 악한 사상의 목록에 넣어 경계하도록 했다. 허영이 포함된 일곱 대죄 목록은 12세기에 토마스 아퀴나스를 통해 교리화되면서 로마가톨릭 교회와 서구 문화를 통해 현대까지 계속 내려왔다.

그런데 20세기 이후 일곱 대죄 목록에서 허영이 사라져 버렸다. 자연스레 일곱 대죄에 수록된 다른 악들보다 관심을 덜 받게 되었고, 그에 따라 허영은 조금씩 잊혀 갔다. 그러나 목록에서 빠졌다고 해서 그 해악이 다른 대죄들보다 덜한 것은 아니다. 그 때문에 초기 수도사들이 전해 준, 허영이 포함된 원래의 목록을 복원하고 가르쳐야만 한다는 목소리가 줄곧 끊이지 않았다. 더욱이 21세기는 이전 어느 때보다도 허영의 유혹과 해악성이 큰 시대이기 때문에, 원래의 목록을 회복해야 한다는 주장과 별도로, 허영이 개인과 교회에 끼치는 폐해에 대한 경각심이 점점 고조되고 있으며 이에 따라 허영에 대한 분석과 대책 마련을 위한 연구가 더 활발해질 전망이다.

허영을 동력으로 삼는 문화

4세기 전 청교도 작가 존 버니언은 『천로역정』이라는 책에서, 주인공 크리스천이 천성을 향해 가는 과정에 반드시 허영이라는 도시와 상설 시장을 지나가도록 설정해 두었는데, 이것은 이 땅의 그리스도인들도 세상에서 사는 동안 늘 허영의 유혹을 받을 수밖에 없음을 시사한다.[2] 그런데 현재의 한국 사회는 다른 사회에 비해 허영의 유혹이 훨씬 더 편만하고 강하게 작용하고 있다. 그 이유에 대해서는 다양한 분석이 있지만 크게 세 가지로 이해해도 무방하다.

첫째, 한국 사회에 지대한 영향을 끼치는 첨단 지식정보산업과 기술 산업은 허영을 중요한 동력으로 삼아 성장하는 성격을 갖고 있기 때문에 필연적으로 허영을 조장하고 재생산한다. 한국인 대부분은 다른 선진국 시민들과 마찬가지로 스마트폰과 유튜브, 페이스북, 인스타그램 등으로 대표되는 소셜 미디어(social media)가 일상화된 사회에서 살아간다. 이제 사람들은 라디오와 텔레비전을 통해 뉴스를 접하기보다 손안의 스마트폰을 통해 세계 곳곳의 새로운 소식과 유명인들의 일거수일투족을 실시간으로 듣고 본다. 오늘날 많은 사람이 소셜 미디어를 통해 불특정 다수의 개인 혹은 집단에게 자신의 일상과 자신의 생각을 유통하고, 다른 이들의 반응과 의사를 전달받는다. 페이스북에 글을 쓰거나 유튜브에 영상을 업로드하거나 인스타그램에 멋진 사진을 올리면 즉각 '좋아요' 갯수로 반응이 나타난다. 개인은 이런 반응들에 고무되어 우쭐해지거나, 더 많은 '좋아요'를 받기 위해 다른 사람들이 환호할 만한 사진이나 글을 다소 과장하여 만들기 시작할 수 있다. 이렇듯 소셜 미디어 문화의 독특한 메커니즘은 허영을 조장하고 추구하게 만든다.

둘째, 한국인의 의식 기저에는 유교 전통이 여전히 무시하지 못할 정도로 작용하고 있기 때문이다. 조선왕조 500년 동안 우리 사회를 지배했던 유교 문화의 대표적 특징은 '가문' '신분' '서열' '명예' '체면'을 중시한다는 것이다. 유교 문화는 일제 강점기를 거치면서 관료주의 및 계급주의 문화와 결합하여 더욱 강화되었고, 현재도 한국인의 의식 저변에 만만찮게 흐르고 있다.

조선 시대에는 마을에 높은 벼슬을 한 사람이 있으면 그 집을 '정승 댁' 혹은 '참판 댁'으로 불렀는데, 이렇게 관직·고위직을 중시하는 의식과 문화는 오늘도 크게 다르지 않다. 직장이나 사회에서 다른 사람을 부를 때 그 사람의 이름이 아니라 직위로 호칭하고, 높은 지위에 있는 사람일수록 자신의 직위로 호칭되기를 바라는 현대 한국의 문화는 전통적 유교 문화가 여전히 강하게 작용하고 있음을 보여 주는 증거다. 명문 학교 졸업, 대기업 직원 등의 정보를 드러내는 것, 간혹 학력을 부풀리거나 가짜 박사 학위로 자신을 포장하는 것도 모두 유교의 영향과 관련이 있다.[3]

셋째, 21세기에 들어서면서 취업난이 극심해지자 아무리 노력해도 미래를 낙관하기 어려워진 이삼십대 청년들도 허영을 재생산하는 문화에 한몫하고 있다. 성실히 일하고 절약해서 돈을 저축해도 그런 방식으로는 내 집을 마련할 수 없다는 현실적 박탈감이 역설적으로 허영의 문화에 일조한다. 청장년들이 고급 브랜드의 옷과 신발을 착용하고, 고급 승용차를 타고, 고성능의 최신 스마트폰을 매번 구입하여 사용하는 현상에는 자기만족적 소비로 자기 보상을 하고자 하는 심리와 함께, 과시적 소비를 통해 자신의 능력을 드러내고자 하는 마음이 적잖이 작용하고 있음을 간과할 수 없다.

한국 사회의 이러한 구조와 문화로 인해 허영은 사회 전반에 교묘히 스며들어, 그리스도인들에게도 피하기 어려운 실체적 기류로 영향력을 행사한다. 이전 시대에는 동서양을 막론하고 정욕이 '가장 대중적인 죄'였다면, 현재 한국에서는 아마도 허영이 그 자리를 빼앗아 가고 있는지 모르겠다. 그래서 허영에 대한 분석과 대처가 어느 시대보다 더 필요한 때이기도 하다.

어원적 의미와 성경적 용례

허영은 '비다' '없다' '거짓'이라는 뜻의 한자 '허'(虛)와 '영화' '영예' '영광'을 뜻하는 한자 '영'(榮)이 조합된 복합어로, '빈 영광' '없는 영광' '거짓 영광'을 의미한다. 허영을 뜻하는 영어 'vainglory'도 마찬가지다. 'vain'(헛된, 없는)과 'glory'(영광)가 조합된 단어로, 라틴어 '바나 글로리아'(vana gloria) 또는 '이나니스 글로리아'(inanis gloria)에서 유래했으며, 이 라틴어는 헬라어 '케노독시아'(kenodoxia)에서 왔다. 케노독시아 역시 '내용이 없는' '토대가 없는' '진리가 없는' '빈'(empty)이라는 의미의 '케노스'와 영광을 가리키는 '독사'가 합성된 단어다. 어원인 라틴어와 헬라어 모두 '빈 영광' 혹은 '가짜 영광'이라는 의미다.[4]

성경에서 허영을 뜻하는 단어 케노독시아는 신약 성경에 단 두 차례 나온다. "**헛된 영광**을 구하여 서로 노엽게 하거나 서로 투기하지 말지니라"(갈 5:26). "아무 일에든지 다툼이나 **허영**으로 하지 말고 오직 겸손한 마음으로 각각 자기보다 남을 낫게 여기고"(빌 2:3). 그러나 '헛된'을 의미하는 단어 '케노스'(kenos)는 형용사로, 부사로, 서술어로 많이 쓰이고 있다. 대표적인 구절은 "**헛되지** 않게 하려"(갈 2:2), "**허탄한** 사람"(약 2:20), "**거저** 보내었거늘"(막 12:3), "**헛되지** 아니하여"(고전 15:10) 등이다. 이 구절들에서 케노스는 각각 '열매 없는'(갈 2:2), '어리석은'(약 2:20), '빈손으로'(막 12:3), '효과 없게'(고전 15:10)라는 의미로 쓰였다.[5] 성경에서 쓰인 용례들을 종합하면 케노독시아(허영)의 의미는

'열매 없는 영광' '어리석은 영광' '빈 영광' '없어질 영광'이라고 이해할 수 있다.

신학자 아퀴나스는 허영이 '지속될 수 없고 알맹이 없는 엉터리 영광'을 의미한다고 정의했다. 빛은 찬연하나 지속되지 못하는 영광, 광채는 나지만 머잖아 사라지는 영광이 허영이며, 허영을 좇는 사람이 보이는 두 가지 큰 특징이 있다고 말한다.[6] 첫째는 자신이 지닌 능력과 은사를 매우 특출한 것으로 생각하는 것이다. 이런 경우 실제로는 별로 특출하지 않은 능력과 은사인 경우가 다반사라고 한다. 아퀴나스는 고린도 교회를 예로 들어 이것을 설명한다. 고린도 성도 중에는 자신의 은사가 마치 다른 성도들은 받지 못한 특출한 것인 양 생각하고 자랑하는 이들이 있었다. 바울은 고린도 교인들에게 실제로는 그들의 은사가 다른 성도가 받은 은사와 별반 다를 것이 없다고 지적하면서 그들을 책망했다(고전 4:7). 둘째 특징은 그들이 반짝이는 것 자체에 매료되어 그것을 좇는다는 것이다. 이사야 선지자는 "모든 육체는 풀이요, 그의 모든 아름다움은 들의 꽃과 같으니"라고 진술했다(사 40:6). 순간의 찬연함과 광채는 매혹적이지만, 그것들은 들의 꽃처럼 이내 시들고 마침내는 땅에 떨어지고 만다. 성경은 세상 영광이 이처럼 사그라질 것이라고 말하지만 인간은 이를 깨닫지 못하고 허영을 좇는다고 아퀴나스는 안타까이 말한다.

기독교회는 천사가 사탄으로 떨어진 데에 교만과 함께 허영이 크게 작용했다고 보아 왔다. 타락한 천사는 교만해서 하나님의 뭇별 위에 자신의 보좌를 높이고 그 자리에 앉아 자신을 드러내고자 했다. 이사야 선지자는 바빌로니아 왕을 '계명성'에 비유했는데(사 14:12), 사탄이 실제로 계명성 곧 샛별처럼 홀로 드높아지려고 했기 때문이다. 사탄을 루시퍼라 칭하는데, 라틴어 루치페르(*Lucifer*)는 '광채'라는 뜻이며 계명성을 지칭하는 단어다.[7] 루치페르라는 이름 자체가 자신의 빛을 찬연히 드러내기를 원했던 타락한 천사의 성격을 잘 시사해 준다. 그러나 이 천사는 바람과 달리 도리어 땅에 떨어져 버렸다. 창세기 11장에서 시날 평지에 정착해 바벨 성읍을 건설하던 사람들 이야기도 교만과 더불어 허영이 작용한 예다. 이들은 그 성읍에서 탑을 쌓되 탑 꼭대기를 하늘에 닿을 정도로 건설하여 '자기 이름'을 드러내고자 했다(창 11:4). 자기들의 번성을 과시하여 영광을 얻고자 한 것이다. 하나님은 이들에게 진노하여 그들의 언어를 혼잡하게 하고 이들을 산산이 흩어 버리셨다.

초기 사막 교부와 중세 수도사들의 이해

4세기 이집트의 수도원장 에바그리우스는 허영을 그가 만든 여덟 가지 악한 사상 안에 넣었고 그의 후계자 카시아누스도 허영을 일곱 대죄 안에 포함시켜 전했다. 이들은 허영이 수도사들에게 특히 교묘하게 작용할 수 있기 때문에 더욱 경계하도록 가르쳤다. 수도사들이 기도하고 깊이 묵상하는 가운데 신비로운 깨달음과 영감을 받는 경우가 있는데, 그럴 때 마귀는 기회를 놓치지 않고 수도사를 찾아와 "네가 얻은 탁월한 지혜를 다른 사람들과 나누라"고 속삭이며 유혹하기 때문이다.

허영이 포함된 대죄 목록을 수도원에서 일반 교회로 가져온 그레고리우스는 이러한 마귀의 유혹에 대해 겸손한 수도사와 그렇지 않은 수도사가 갈리는 분기점이 허영이라고 말했다. 전자는 영적 깨달음과 신비한 경험 그 자체로 기뻐할 뿐 그것을 다른 사람에게 들려줘야겠다는 생각에 사로잡히지 않으나, 후자는 자기가 깨달은 바를 사람들에게 들려주어야겠다고 생각하고 그러면 사람들이 자신에게 주목할 것과 자신의 가르침에 감동받아 박수로 화답할 것을 상상하며 기뻐한다. 전자는 설사 그것을 전하는 경우가 생기더라도, 후자와는 달리 자신이 얻은 지혜를 통해 다른 사람들이 변하고 하나님을 찬송할 것을 생각하며 기뻐한다. 그레고리우스는 허영이 거룩이라는 나무에 붙어 기생하는 독버섯과 유사하며, 거룩이 있는 곳에는 허영이 기생하기 쉬우므로 영적 지도자들은 이를 늘 의식하고 조심해야 한다고 강조했다. 그는 일곱 대죄를 나무로 비유하여 설명하는 가운데 허영은 교만이라는 뿌리에서 뻗어 나온 첫 줄기라고 가르쳤다.[8]

에바그리우스는 예수님이 공생애를 시작하면서 광야에서 받으신 세 번째 시험이 바로 허영과 관련된 유혹이라고 해석했다. 마귀가 예수님을 성전 꼭대기에 세우고 뛰어내리라고 유혹하면서 "만일 [마귀의] 말대로 행하면 사람들로부터 영광을 받게 될 것"이라고 속삭였다는 것이다(눅 4:1-13).[9] 만일 뛰어내리면 하나님이 천사를 보내어 예수님의 발이 돌에 부딪치지 않게 하실 것이고, 그러면 그 광경을 본 사람들이 예수님을 하나님의 아들로 인지하고 갈채를 보낼 것이며, 그들이 추종하면 예수님이 자기 영광에 취하리라고 마귀는 생각했다.[10] 예수님의 광야 생활을 수도주의의 모델로 삼았던 에바그리우스는 허영이 영적 지도자들에게 피할 수 없는 유혹이라고 강조했다.

거룩의 영역에 기생하는 독버섯

허영이 거룩과 경건을 추구하는 영역의 종사자들에게 활발히 그리고 교묘하게 작용한다는 것은 신약성경에 나오는 바리새인의 경우를 통해서 넉넉히 짐작할 수 있다. 바리새인들은 '분리된 자'라는 뜻의 이름이 말해 주듯이 예수님이 사역하시기 약 200년 전부터 정결과 거룩을 추구하고 실천하는 사람들이었다.[1] 그러나 예수님 당시에 이들은 대중의 인정을 받기 위해 사람들 앞에서 거룩한 모습을 보이거나 연출하는 외식자의 전형이 되어 있었다. 예수님은 바리새인들을 가리켜 거룩으로 치장했지만 다른 사람들을 지옥 자식이 되게 인도하는 악한 자들이라고 정죄했다(마 23:15).

오늘날에는 목사와 신부 등 이른바 '성직자'들이 일반 성도에 비해 '경건해 보이려는' 허영의 유혹을 많이 받는다. 목회자들은 새벽 기도 시간에 마지막까지 자리를 지키는데, 성도들에게 기도 많이 하는 사역자로 인정받고 싶은 마음이 작용함을 부인할 수는 없다.

마귀는 성직자들과 종교 행위가 일어나는 곳에서 가장 맹렬히 그리고 교묘히 활동한다고 C. S. 루이스는 말한다. 루이스에 따르면 마귀는 이 땅에 종교와 성직자들이 사라지지 않고 도리어 종교가 번영하는 것을 무척 좋아한다. 거룩의 영역 가까이에서 위선과 비거룩이 가장 왕성하게 활동함을 사탄은 잘 알고 있기 때문이다. 루이스는 마귀 사관생도 졸업식 만찬에 참석한 원로 마귀 스크루테이프의 입을 통해 거룩의 영역에서 얼마나 죄가 활발히 기생하는지를 설파한다. 스크루테이프는 졸업하면 바로 세상에 나가 사람들을 유혹하는 사역을 시작할 신참 마귀들에게 자신이 축적한 경험적 지식을 들려주며 이렇게 독려한다. "여러분, 만약 종교가 이 땅에서 사라지면 유혹자인 우리 마귀들에게는 가장 슬픈 날이 될 겁니다. 종교는 그 어떤 것보다 달콤한 죄들을 많이 만들어 내기 때문입니다. 비거룩이라는 아름다운 꽃은 거룩한 자와 가장 가까운 곳에서 잘 자라는 것을 우리는 잘 알지요. 그래서 거룩한 자들이 함께 모여 있는 곳만큼 우리가 사람들을 잘 유혹할 수 있는 곳은 없습니다."[12] 명예를 추구하는 은밀한 욕망이 거룩과 경건을 수단 삼아 교묘히 작용하는 현상을 루이스는 스크루테이프의 입을 통해 말한다. 그리스도인, 특히 교회에서 존경받고 신망받는 위치에 있는 자들은 이러한 유혹이 늘 도사리고 있음을 인식하고 조심해야 한다.

허영과 교만

교만은 모든 죄의 뿌리요, 허영은 교만이라는 뿌리에서 뻗어 나온 기둥 줄기와 같다. 허영은 교만과 비슷한 성격을 지니고 있기에, 교만과 사촌처럼 인식되기도 한다. 허영과 교만은 자신을 높이고 박수 받기를 좋아한다는 점에서도 유사하다. 이런 유사성 때문에 허영을 굳이 교만과 독립된 죄악으로 구분하여 다룰 필요가 없다고 생각할 수도 있지만 이 둘은 그 성격에 엄연한 차이가 있으며, 교만 못지않게 허영도 그 자체로 개인과 공동체에 치명적인 해악을 끼치기 때문에 사막 교부들은 허영을 교만과 구분되는 대죄로 취급해 왔다.

피터 크리프트 교수는 허영과 교만을 영화배우와 독재자로 비유하여 그 차이를 드러냈다.[13] 영화배우는 레드카펫을 밟으며 대중의 주목과 갈채를 받는 것을 즐기고 대중에게 스타로 인정받기를 원한다. 그러나 독재자는 다른 사람들의 생각에 별로 개의치 않으며 자신의 생각대로 명령하고 통치하고자 한다.

교만은 간단히 말하면 자기 자아를 다른 사람들 위에 높이는 것이다. 교만한 사람은 모임이나 회의에서 자신이 의견을 개진하고 결정적인 역할을 하는 것이 공동체를 위해서도 유익하다고 생각한다. 자신의 지식과 판단력이 다른 사람보다 뛰어나다고 믿기 때문이다. 다른 사람들은 자신의 판단을 경청하고 존중하는 것이 마땅하고 그 결과도 좋을 것이라고 믿는다. 그런데 사람들이 자신의 주장을 경청하지 않고 채택하지 않는다면, 기분은 나쁘지만 크게 개의치 않는다. 다른 사람들이 무지하고 무식해서 자신의 탁월함을 이해하지 못하기 때문이라고 치부하며 더욱 자신의 탁월함에 도취될 뿐이다. 교만이 개인과 공동체에 치명적인 해악을 끼치는 뿌리 죄로 꼽히는 이유가 여기에 있다. 이 점에서 교만과 허영은 분명히 구분된다. 허영은 타자의 시선에 의존하고 타자의 인정이 없으면 흔들리지만, 교만은 그것과 관계없이 요지부동이다. 교만이 스스로 자신의 탁월함을 인정하는 것이라면, 허영은 타인이 자신의 탁월함을 인정하도록 만들려는 것이다.

에바그리우스와 그레고리우스는 교만에서 허영이 나온다고 설명하고 아퀴나스는 이 둘이 상호 영향을 주고받는다고 말한다. 클리마쿠스는 기본적으로 그레고리우스에 동의하면서도 때로는 허영이 교만을 낳는 어머니처럼 작용한다고 주장했다.[14] 사람이 칭찬을 받으면 우쭐하여 영혼이 하늘까지 상승하여 마침내 자고해질 수 있다는 것이다. 6세기에 활동한 브라가의 수도원장 마르티누스(Martinus Bracarensis)도 클리마쿠스와 같이, 교만이 허영을 낳지만 허영이 교만을 강화하는 데 기여하기도 한다고 생각했다. 허영의 습관을 가진 자들 가운데는 타인의 칭찬에 자신을 과대평가하여 교만해지는 사람이 다반사라는 것이다.[15] 이처럼 교만과 허영은 상호 기여하고 강화하는 관계를 지닌다.

이 둘은 마지막까지 남는 죄라는 면에서도 유사하다. 아무리 많이 성화된 사람이라도 교만의 유혹은 끈질기게 버티고 있다. 그리스도인이 날마다 자기를 쳐서 복종시키며 자아를 철저히 낮추는 데 이르는 순간, 한구석에서 '이 정도면 내가 꽤 겸손하지' 하는 생각이 슬그머니 기어 나온다. 이처럼 교만을 완전히 제거하기란 거의 불가능하다.

끈질기게 작용한다는 점에서는 허영도 교만 못지않다. 아무리 겸비하고 온유해져도 자신의 그런 모습을 보고 사람들이 칭찬하고 인정해 주기를 바라는 욕구까지 제어하기는 정말 어렵기 때문이다. 마르티누스는 허영심이 얼마나 끈질기고 영악하게 작용하는지를 이렇게 설명한다. 어떤 사람은 멋진 옷을 입어서 그것으로 자신의 부와 지위를 과시하지만, 또 어떤 사람은 남루한 옷을 입고 지내는 모습을 통해 자신의 청빈함이 드러나기를 원한다.[16] 자신은 다른 사람처럼 시대의 유행에 흔들리지 않고 소박하게 살아간다는 것을 성도들이 보고 인정해 주길 기대하는 것이다. 이처럼 허영은 교만과 함께 성화의 끝자락에서도 사라지지 않고 집요하게 성도들을 유혹하는 악이다.

카시아누스는 허영이 지속성에 있어서는 교만보다도 더 오래간다고 말하면서 다른 모든 악은 수도사들이 성화를 통해 조금씩 극복하면 그 힘이 미약해지고 또 수도사가 대응하는 덕목을 갖추어 그것들에 맞서면 물러나지만, 허영은 공격을 당해 쓰러진다 하더라도 또다시 일어나고 그러면 이전보다 더 전의를 불사르면서 싸운다고 했다. 허영은 완전히 섬멸되었다고 생각될 때에도 다른 모습으로 다시 일어나고 자기를 물리친 덕목에 대항하여 공격하는, 사라지지 않는 악이라고 했다.[17] 일찍이 다윗은 "내가 가는 길에 그들이 나를 잡으려고 올무를 숨겼나이다"(시 142:3)라고 고백했는데, 카시아누스는 허영이 마치 다윗이 말한 숨겨진 올무와 같다고 말했다. 그래서 허영을, 껍질을 벗겨도 계속 모습을 드러내는 양파로 비유하기까지 했다.[18]

허영이 낳는 악한 결과들

아퀴나스에 따르면 허영은 자기를 실제 이상으로 생각하는 성향을 갖는데 이것이 반복되고 심해지면 그대로 믿어 버리는 단계에 이르러 자기를 속이게 된다. 헛된 영광을 도모하는 자는 자신의 목소리와 주장을 높이기를 좋아한다. 다른 사람의 의견을 경청하기보다 자기 견해를 내세워 인정받기를 원하고, 그 때문에 다른 사람과 불화를 일으킨다. 일찍이 허영의 이런 성격을 간파한 그레고리우스는 허영이 '불순종'(disobedience), '자랑'(boastfulness), '위선'(hypocrisy), '강한 주장'(contention), '아집'(obstinacy), '논쟁/불화'(discord), '새것으로 잘난 척하기'(presumption of novelties)라는 일곱 딸을 낳는다고 말했다.[19]

아퀴나스는 허영을 추구하는 방식에 따라 허영의 딸들을 두 그룹으로 구분했다. 첫째 그룹은 직접적으로 자신의 탁월함을 말이나 행동으로 보여 주고 찬사와 영광을 챙기는 것이다. 자기의 장점을 드러내 말하는 '자랑', 덕목을 잘 보이려고 사람들 앞에서 행하는 '위선', 다른 사람에게 없는 자신의 장점이나 성취를 부각시키는 '새것으로 잘난 척하기'다. 둘째 그룹은 간접적인 방식으로, 자신의 뛰어남을 드러내기 위해 다른 사람들을 낮추는 것이다. 다른 사람의 훌륭한 의견을 무시하고 받아들이지 않음으로써 자기 견해가 채택되게 하려는 '아집', 다른 사람의 뜻에 자신을 맞추기를 거부하고 그와 맞서는 '불화', 토론에서 논리와 말로 지지 않음을 보이려는 '논쟁', 윗사람의 권고와 지시를 따르기를 거부하는 '불순종'이 여기에 속한다. 불순종은 만일 순종할 경우 자신이 그 사람보다 열등해 보일 것을 염려하여 취하는 방어적 행동이라고 할 수 있다.[20] 둘째 그룹은 두려움에서 말미암는 것으로, 자신이 뭔가 용기나 실력이 없어 보일 것을 두려워하여 자신이 그렇지 않음을 보여 주려는 행동들이다. 아우구스티누스가 어린 시절 저지른 배나무 낙과 행위도 두려움에서 말미암은 것이었다.

에바그리우스는 허영이 종종 정욕으로 연결되는 성향이 있음을 언급했다.[21] 많은 사람에게 박수와 환호를 받으면 우쭐해지고, 이런 상태에서는 자신을 통제하는 정신과 힘이 약해져 정욕의 유혹에 쉽게 넘어간다는 것이다. 명망 있는 정치 지도자들이나 교계에서 영향력 있고 존경받는 목사들이 성적인 잘못을 저지르는 경우가 있는데, 이는 에바그리우스의 분석과 가르침이 현대에도 유효함을 보여 주는 예라고 할 수 있다.

허영의 동반자, 위선/외식

허영은 종종 과장과 위선을 동반한다. 자신이 지닌 선과 덕이 사람들의 눈에 잘 보이도록 포장하거나, 때로는 자신에게 없는 것도 있는 것처럼 연출한다. 그레고리우스가 위선을 허영의 딸이라고 칭한 이유도 그와 같다.[22] 개역개정 성경은 위선을 외식(外飾)으로 번역하는데, 겉모습을 꾸미고 가장한다는 것을 강조한 번역이다. 성경에서 위선과 외식을 일삼는 대표적 인물은 바리새인과 서기관이다. 예수님이 직접 이들을 가리켜 "외식하는 자"라고 칭하셨다(마 6:2; 23:23). 이들은 모세 율법에 따라 기도, 금식, 구제를 일삼는 생활을 충실히 했다. 자신이 율법을 충실히 이행한다는 것을 나타내기 위해 소매에 율법의 경문을 단 띠를 넓게 하고 술을 길게 늘어뜨린 옷을 입고 다녔다(마 23:5).[23] 신약학자 하워드 마셜(I. Howard Marshall)은 '외식'을 가리켜 "경건하게 보이는 외양과 그 안에 감춰진 악한 속내(intentions)가 상충하는 행동"이라고 정의했다. 바리새인들은 사람들의 칭송과 영광을 받고자 하는 내적 동기에서 하나님의 율법을 이행하는 자들이다.[24] 그들은 겸손히 하나님을 섬기는 생활 자체보다는 사람들의 인정에 더 가치를 두었다. 잔치에서는 윗자리에, 회당에서는 높은 자리에 앉기를 좋아했고, 사람들에게 랍비라 불리는 것과 시장에서 인사 받는 것을 즐겼다(마 23:6-7).

신약성경에서 '외식하는 자'로 쓰인 헬라어는 '휘포크리테스'(hypocrites)이다. 이는 당시 '연극배우'를 가리키는 단어였다. 따라서 외식을 가리키는 '휘포크리시스(hypocrisis)'는 '연극배우의 행동'을 의미했다. 연극배우는 실제 자신이 어떠하든 관계없이 자기가 맡은 인물의 성격에 맞는 행동을 연기해야 한다. 이 연출된 행동이 바로 외식이다.[25] 바리새인들은 하나님이 자기 백성에게 요구하시는 대표적 행동인 기도, 금식, 구제를 행하는 데 열심이었다. 그런데 예수님은 그 행동 자체가 아니라 그 행동의 방식과 동기를 비판하셨다. 그들은 다른 사람들이 자신의 의로움을 알아주기를 바라면서 사람들 앞에서 율법의 요구를 수행했다. 그들의 행동은 그들 자신의 본심과 일치하지 않는, 연극배우의 연출된 연기와 비슷했다.[26]

세례 요한도 바리새인과 사두개인을 "독사의 자식들"이라고 칭하며 비판했다(마 3:7). 이들의 외식적인 행동은 독을 지닌 뱀이 이빨로 사람을 무는 행위와 다르지 않았기 때문이다. 이들이 율법을 행함으로써 드러내려고 하는 자기 의는 하나님이 원하시는 의와는 차원이 다른 것이었다. 예수님은 이들에게 "화 있을진저, 외식하는 서기관들과 바리새인들이여. 너희는 천국 문을 사람들 앞에서 닫고 너희도 들어가지 않고 들어가려 하는 자도 들어가지 못하게 하는도다"(마 23:13)라고 엄하게 질책하셨다. 이들은 외식으로 자기 영광을 취했을 뿐만 아니라 사람들을 파멸의 길로 가게 했기 때문이다.

17세기 청교도 목사인 버니언은 『천로역정』에서, 허영이라는 도시를 떠나 명성을 목표로 순례 길에 오른 '위선'이라는 인물을 소개하는데, '위선'은 정도를 택하지 않고 목표에 빨리 이르기 위해 처음부터 담을 넘는 행동을 감행하는 인물로 묘사된다. 버니언의 정의에 따르면 위선이란 명성을 얻기 위해 비정상적인 방식을 서슴지 않는 행동인 셈이다.[27]

허영을 이기는 길

불멸의 광채를 추구하라　　허영은 전 영역에 포진하여 끊임없이 성도들을 유혹한다. 매혹적이지만 곧 사라지는 헛된 영광의 유혹을 극복하고 자신을 지키기 위해서는 허영의 성격과 현상을 파악하고 그에 따라 대처하는 것도 필요하지만, 근본적인 처방은 무엇보다 참된 영광을 알고 그것을 추구하는 것이다.

아퀴나스에 따르면 영광이란 자신이 지닌 선과 덕이 드러나는 것으로서 참된 영광은 오직 하나님께 속한 것이다.[28] 성경은 하나님 자체가 영광이고, 하나님의 속성이 영광임을 보여 준다. 구약성경을 살펴보면 하나님이 임재하실 때 언제나 영광이 함께 나타났다(출 29:43-46). 영광은 하나님의 존재 양태이므로 하나님은 빛과 광채 즉 영광으로 나타날 수밖에 없다. 사도 야고보가 하나님을 "빛들의 아버지"라고 표현한 것은 하나님이 영광의 근원이시라는 의미다(약 1:17). 구약성경에서 영광을 가리키는 단어 '카보드'(kabod)는 하나님이 그 백성들 앞에, 혹은 성소에 임하여 자신을 드러내시는 것과 관련하여 주로 사용되었다(출 24:16; 40:34; 레 9:23; 신 5:24).

성전에 임하신 하나님을 의식했을 때, 백성들은 "영광이라!"라고 외침으로 반응했다(시 29:9). 시편 기자는, 창조세계가 하나님의 영광을 드러냄을 "하늘이 하나님의 영광을 선포"한다는 말로 표현했다(시 19:1). 하나님의 영광은 이 세상과 피조물의 영광과는 근본적으로 다르다. 피조물의 영광은 그 광채의 순도와 지속도에서 하나님의 것과는 비교할 수 없다. 이사야 선지자는 "모든 육체는 풀이요 그의 모든 아름다움은 들의 꽃과 같으니…풀은 마르고 꽃은 시드나 우리 하나님의 말씀은 영원[하다]"(사 40:6, 8)고 말한다. 인간의 영광은 하나님의 영광에 비하면 지극히 순간적이다.

신약학자 블랙웰(Ben Blackwell)에 따르면 하나님의 영광의 가장 본질적이고 독특한 특성은 "불멸성"(immortality)이다.[29] 그의 이해는 영광에 대한 바울의 신학적 이해에 크게 빚지고 있다. 바울은 "모든 사람이 죄를 범하였으매 하나님의 영광에 이르지 못하[게]"(롬 3:23)되었고, "한 사람으로 말미암아 죄가 세상에 들어오고, 죄로 말미암아 사망이 들어왔나니, 이와 같이 모든 사람이 죄를 지었으므로 사망이 모든 사람에게 이르렀[다]"(롬 5:12)고 말한다. 사람이 범죄한 결과로 모든 사람이 하나님의 영광에 이르지 못하게 되었다는 바울의 말은 달리 표현하면 죄로 인해 불멸의 생명에 이르지 못하는 상태, 즉 죽음에 들어가는 것이라고 블랙웰은 이해했다. 그러나 영광은 이와 대조적으로 불멸의 생명에 참여하는 것이다.

C. S. 루이스는 토마스 아퀴나스나 밀턴과 같은 위대한 그리스도인들이 천국의 영광을 명예나 광채라는 통속적 개념으로 이해했다는 것에 다소 놀랐다고 한다. 그러나 그 명예가 사람이 부여하는 것이 아니라 하나님이 부여하는 명예라는 사실을 알고는 그러한 통속적 이해가 매우 성경적이라고 생각하게 되었다고 진술했다. 성경의 달란트 비유에서, 주인은 자신이 맡긴 달란트를 갖고 열심히 일해 배로 남긴 종에게 "잘하였도다, 착하고 충성된 종아"라고 치사한다. 루이스는 주인이 내리는 좋은 평가가 종에게는 말할 수 없는 명예임을 이 비유가 시사한다고 유추한다. 아들은 아버지에게 칭찬받고 인정받을

때 최고로 기뻐한다. 종은 주인에게 칭찬받고 인정받을 때 영예가 주어졌다고 느낀다. 이처럼 사람은 하나님께 칭찬받는 것이 최상의 명예요 곧 영광이라고 루이스는 분명히 말한다.[30] 인간이 지음받은 목적을 잘 충족시켰다고 인정받은 셈이기 때문이다.

사람에게는 하나님의 심판대 앞에서 칭찬 듣는 것이 참된 명예와 영광이다. 이 명예는 하나님으로 말미암기에 불멸하는 명예요, 그렇기에 진정한 영광이다. 영광을 단지 '하나님의 알아주심'으로 이해하는 것이 어쩌면 유치해 보일지 모르나, 이것이 성경과 사도들이 분명히 가르치는 바다. 이 명예와 광채는 사라지지 않고 지속되는 불멸의 광채(immortal splendor)다.[31] 이에 비하면 사람에게서 얻는 영광은 사라질 광채(mortal splendor)에 불과하다. 가짜 영광인 허영을 좇는 잘못된 습관에서 탈출하는 가장 근본적인 방법은 참된 영광을 알고 추구하는 것이다.

오직 하나님께만 영광을　'오직 하나님께 영광을!'(*Soli Deo Gloria*) 이것은 그리스도인들이 많이 사용하고 자주 듣는 구호이며, 종교개혁 정신을 나타내는 다섯 가지 표제 중 하나다. 이 말의 정확한 의미는 영광을 하나님께만 돌려야 한다는 것이다. 영광은 본래 하나님께 속한 것이므로 하나님 외의 어떤 대상이나 사람에게도 돌려서는 안 된다. 중세 교회가 교황을 교회의 머리라고 칭하며 그를 높이고 그에게 영광을 돌리는 것을 보아 온 종교개혁가들은, 교회의 머리는 그리스도이시며 하나님만이 영광을 받기에 합당하신 분이라고 외치며 교회를 개혁하고자 일어섰다.

영광의 주인이신 하나님께 마땅히 돌려야 할 영광을 돌리지 않거나 그것을 사람이 나누어 갖거나 은밀히 가로채는 것은 생각보다 더 끔찍한 징벌을 초래한다. 사도행전 12장을 보면 야고보를 죽이고 베드로를 투옥시켰던 유대 분봉왕 헤롯 아그립바(Herod Agrippa I, 37-44 재위)가 가이사랴에서 지낼 때, 유대 왕국에서 식량을 공급받던 시돈과 두로 지역의 백성들이 모인 자리에서 왕좌에 앉은 채 연설을 했는데 그때 모인 백성들이 일제히 큰 소리로 "이는 신의 소리요 사람의 소리가 아니라!" 하고 외치며 그에게 영광을 돌렸다(행 12:22). 1세기 유대인 역사가 요세푸스(Josephus, 37-c.100)는 이 장면을 좀더 상세히 기록했다. 백성이 헤롯왕을 "죽지 않을 신과 같은 자"라고 칭하며 그에게 영광을 돌릴 때 헤롯은 그것을 긍정하거나 부인하지 않고 그냥 내버려 두었다.[32] 헤롯은 백성들이 그에게 영광을 돌리는 것을 즐겼던 것이다. 하나님은 이것을 용납하지 않고 즉시 천사를 통해 그를 치셨고, 미물인 벌레가 신을 자처하던 그를 물어 죽였다(행 12:23).

이와 대조적으로, 헤롯에 의해 투옥되었던 베드로는 백부장 고넬료의 집에 초청받아 갔을 때 고넬료가 그를 맞이하며 엎드려 절하자 즉시 고넬료를 일으켜 세우며 "나도 사람이라!"라고 말하고, 자기를 경배하지 못하도록 제지했다(행 10:25-26). 바울과 바나바도 자신들이 경배와 영광 받는 것을 삼가고 두려워하기까지 한 인물이다. 1차 전도 여행에서 루스드라성에 들어가 날 때부터 발을 쓰지 못하던 사람을 고쳐 주었을 때, 그 광경을 본 그곳 사람들이 바울과 바나바를 각각 제우스와 헤르메스 신이라고 칭하며 제사를 바치려 했다. 두 사람은 즉시 옷을 찢으며 무리 가운데 뛰어들어 그들을 제지했다(행 14:8-

18). 신과 같은 존재라는 칭송을 즐긴 헤롯은 벌레에 물려 비참하게 죽었고, '나도 사람이라'며 영광 받기를 거부한 베드로, 바울, 바나바는 영화롭게 쓰임을 받았다. 그리스도인들은 '영광은 오직 하나님께만'이라는 의식을 늘 마음에 지녀야 한다. 그래야 헛된 명예를 향해 발을 내딛으려는 순간에 이 의식이 그 걸음을 제동하는 힘으로 작용할 수 있다.

바울은 성도가 하나님께만 영광을 돌려야 하는 이유를 여러 서신에서 가르쳤는데 크게 세 가지로 정리할 수 있다. 첫째는 그것이 하나님이 인간을 창조하신 목적에 부합하기 때문이다. 바울은 고린도 교회 성도들에게 "우리에게는 한 하나님, 곧 아버지가 계시니 만물이 그에게서 났고, 우리도 그를 위하여…있느니라"(고전 8:6)고 말하며, 인생의 목적이 창조자 하나님을 위한 것임을 역설했다. 그는 로마서에서도 "만물이 주에게서 나[왔다]"(롬 11:36)고 했고, 골로새 교회 성도들에게도, "하늘과 땅에서 보이는 것들과 보이지 않는 것들과 혹은 왕권들이나 주권들이나…만물이 다 그[그리스도]로 말미암고 그를 위하여 창조되었[다]"(골 1:16)고 누누이 말한다. 바울은 결론적으로 만물이 주에게서 나오고 주로 말미암고 주에게로 돌아갈 것이기에 오직 "그에게 영광이 세세에 있을지어다"(롬 11:36)라고 창조주 하나님을 송축할 것을 가르쳤다. 이처럼 피조물인 인간이 하나님께만 영광을 돌리는 것은 창조주의 뜻에 따르는 마땅한 도리다.

둘째로, 그리스도인은 자신의 것이 아니라 예수 그리스도가 값을 치르고 사신 바 된 자이기 때문이다. 그리스도가 대속의 죽음으로 값을 치르고 우리를 속량하셨으므로 그리스도인은 구속자이신 그리스도께 영광을 돌리며 사는 것이 마땅하다고 바울은 고린도 교인들에게 가르쳤다(고전 6:20). 바울은 에베소 교인들에게도 하나님이 그들을 속량하시고 그의 기업으로 삼으신 이유가 그들을 구원하신 하나님과 그의 영광을 찬송하도록 하기 위함이라고 강조했다(엡 1:14).

마틴 로이드 존스(Martyn Lloyd-Jones), 존 스토트(John Stott)와 함께 영국 복음주의 신학계를 대표하는 신학자이자 20세기 가장 영향력 있는 신학자였던 제임스 패커(James I. Packer) 박사가 2020년 7월 세상을 떠났다. 그는 5년 전인 2015년에 한 인터뷰에서 "당신은 죽고 난 뒤에 어떻게 기억되기를 바라십니까?"라는 갑작스런 질문을 받았다. 패커는 질문에 답하기 전이면 늘 그러듯이 잠시 멈추었다가 이렇게 대답했다. "나는 우리 주 예수 그리스도의 영광과 우리 죄를 사하기 위해 대신 죽으시고 구원해 주신 그 경이로움을 일생 동안 외친 목소리로 기억되면 좋겠습니다."[33] 그가 임종을 앞두고 마지막으로 한 말도 "모든 방법으로 그리스도를 영화롭게 하라"(Glorify Christ every way)는 것이었다.[34] 실제로 패커 박사는 죄로 영원히 죽을 수밖에 없는 인간을 위해 성부 하나님이 성자 하나님인 그리스도를 대신 죽게 하신 그 사랑의 경이로움을 일생 동안 찬양하고 삼위 하나님께 영광을 돌리며 그 구원의 길을 증거하는 삶을 신실하게 살다가 마침내 주님 곁으로 갔다.

셋째로, 인간은 영광을 누릴 정당한 근거가 없기 때문이다. 바울은 서로 자기가 더 잘났다며 다투는 고린도 교인들에게 "누가 너를 남달리 구별하였느냐? 네게 있는 것 중에 받지 아니한 것이 무엇이냐? 네가 받았은즉 어찌하여 받지 아니한 것같이 자랑하느냐?"(고전

4:7)라고 반문했다. 자신이 가진 어떤 특별함으로 뽐내고 자랑하려고 해도, 그 특별함조차 자신이 만든 것이 아니라, 타고난 것 또는 주어진 환경 속에서 가능했던 결과임을 깨닫는다면, 진정한 영광은 자신이 아니라 자신이 특별함을 나타내고 키울 수 있도록 허락하신 하나님께 돌려야 한다는 것이다. 사람은 하나님께만 영광을 돌리는 것이 마땅함에도 불구하고, 죄로 부패하여(렘 17:9-10) 입술로는 하나님을 공경하되 마음은 하나님에게서 멀어져(사 29:13) 의식적이든 무의식적이든 자기를 위하고 자기 영광을 챙기며 살아가게 마련이다. 그렇지만 베네딕투스에 따르면, 하나님을 가까이하며 경건하게 살려고 애쓰는 이들은 선행을 하더라도 쉽게 우쭐하지 않는다. 선을 행하는 힘이 자신이 아니라 하나님으로 말미암음을 잘 알기 때문이다. 그러므로 수도사들은 선행을 한 뒤에 "여호와여, 영광을 우리에게 돌리지 마옵소서…주의 이름에만 영광을 돌리소서"(시 115:1)라고 노래하는 것이 마땅하다고 베네딕투스는 그의 제자들에게 권고했다.[35]

바울, 바나바, 베드로와 같은 사도들, 루터, 칼뱅과 같은 종교개혁자들, 그리고 제임스 패커와 같이 성경과 청교도 신학자들의 가르침에 따라 살려 했던 신학자들은 한결같이 칭찬받기를 두려워하고 하나님께만 영광 돌리기를 힘썼다. 이들의 권고와 삶은 허영을 극복하는 방법을 찾는 그리스도인들이 새기고 따라야 할 소중한 모범이다.

광장이 아니라 골방으로 허영의 유혹을 피하기 위해서는 의식적으로 칭찬의 자리를 피해야 한다. 일반적으로 주위 사람에게 칭찬을 들으면 격려가 되고 힘이 난다. 그러나 이것은 한두 번으로 족하다. 여기에 익숙해지면 영혼은 도리어 약해진다. 사막 수도원장들은 칭찬을 '찌르는 단검'으로 인식하고 조심하라고 가르쳤다. 이집트의 원로 수도사 모세(Moses)는 제자로부터 그 지역의 관료가 자신을 만나러 온다는 말을 듣자 즉시 그 자리를 떠났다. 칭송받아 우쭐해질 것이 두려워 그 자리를 미리 피한 것이다.[36] 예수님도 공생애 기간에 유사하게 행동하신 바 있다. "예수의 소문이 더욱 퍼지매 허다한 무리가 말씀도 듣고 자기 병도 고침을 받고자 하여 모여 오되 예수는 물러가사 한적한 곳에서 기도하시니라"(눅 5:15-16). 예수님은 헛된 명성에 흔들리지 않도록 사람들이 없는 한적한 곳, 하나님의 눈만 있는 곳으로 물러나 기도하셨다. 살다 보면 어쩔 수 없이 칭찬을 듣는 상황에 놓일 수 있다. 그러나 두 번, 세 번 그런 상황을 받아들이면 인정과 찬사의 말에 조금씩 기울어진다. 그런 자리에 앉지 말고, 서지도 않도록 의식적으로 노력해야 한다.

에바그리우스는 수도사들이 지나친 금식 기도나 고행과 같이 도드라진 행동을 못하도록 수도원 규칙으로 금했다. 수도사들은 정해진 시간과 장소에서 정해진 방식으로 수련해야 했다. 그 이유는 무엇일까? 눈에 띄거나 영웅적인 행동을 하는 수도사들은 허영의 유혹에 빠질 위험이 그만큼 크기 때문이다. 클리마쿠스도 수도사들에게 유사한 경고를 했다. 마귀는 수도사가 신비한 경험을 하면 즉시 찾아가 '일어나 광장으로 가서 사람들에게 놀라운 체험을 들려주어 영적 유익을 나누라'고 유혹하는데, 이런 유혹에 각별히 조심해야 한다는 것이다. 이 유혹에 넘어가 광장에 나가면 사람들은 유익을 얻을지 몰라도, 정작 본인은 추락할 것이라고 경고했다.[37] 클리마쿠스는 예수님이

8. 허영 – 사라질 광채

제자들에게 "사람이 만일 온 천하를 얻고도 제 목숨을 잃으면 무엇이 유익하리요?"(마 16:26)라고 하신 말씀을 상기시키면서 수도사들이 신비한 경험을 하는 순간 더욱 침묵하고 기도실에 머물기를 의식적으로 힘써야 한다고 가르쳤다.

"그대의 수[도]실에 머물라. 그리하면 그대의 수[도]실이 그대에게 모든 것을 가르쳐 줄 것이다." 자신을 찾아와 수도 생활에 조언을 부탁한 젊은 수도사에게 던져 준 원로 수도사 모세의 이 가르침도 같은 맥락에서 이해할 수 있다. 그의 포도송이 비유도 마음에 새길 가치가 있다. "사람들을 피해 사는 자는 잘 익은 포도송이와 같다. 그러나 사람들과 함께 있는 자는 덜 익은 포도와 같다."[38]

사람들이 모이는 곳이 아니라 하나님이 임재하시는 곳을 찾아 그곳에 거하기를 힘써야 한다는 수도원장들의 가르침은 새로운 것이 아니다. 이미 예수님이 공생애 기간에 자신을 따라다니던 제자들에게 가르치신 것이기 때문이다. 예수님은 산상수훈을 통해 성문 어귀와 사람들이 많은 곳에서 기도하기를 좋아하는 바리새인들처럼 기도하지 말고, 골방에 들어가 은밀히 보시는 하나님께 기도하라고 제자들에게 당부하셨다. 그리스도인은 광장이 아니라 골방으로 들어가기를 힘써야 한다. 사람의 말이 들리지 않고 하나님의 말씀을 듣는 곳, 사람의 눈이 없고 하나님의 눈만 있는 곳에 머무는 훈련을 중히 여겨야 한다. 수도사들이 사막이나 깊은 산으로 들어간 이유가 무엇이었겠는가? 사람들의 이목이 없는 곳에서 하나님을 의식하며 하나님을 대면하려고 했던 것이다. 골방에서 하나님 앞에 나아가 자신의 벌거벗은 모습과 자기 안에 깊이 자리 잡은 위선과 죄악을 보고 두려워하며 진심으로 주의 자비를 간구할 때 허영을 물리칠 수 있다.

주기도로 기도하라   골방에 들어가 문을 닫고 은밀히 보시는 하나님께 기도하라고 하신 뒤 예수님은 무엇을 어떻게 기도해야 할지를 구체적으로 가르쳐 주셨다(마 6:9-13). 소위 '주기도'라고 불리는 이 기도에서 예수님은 제자들이 놓치지 말고 기도해야 할 주제와 내용을 가르쳐 주셨는데, 놀랍게도 이 기도의 시작과 끝이 모두 하나님의 영광에 맞춰져 있다. 주님이 가르치신 기도는 "[하나님의] 이름이 거룩히 여김을 받으시[옵소서]"라는 청원으로 시작하고, "하나님 나라와 권세와 영광이 아버지께 영원히 있[게 하소서]"라는 청원으로 끝난다. 그리스도인들은 하나님의 아들 예수 그리스도를 믿음으로 하나님의 자녀가 되었으므로, 하늘 아버지의 이름이 거룩히 여김을 받고 존귀히 여겨지기를 소원한다. 그럼에도 불구하고 이 세상에 사는 동안 온갖 욕심과 유혹을 만날 때마다 하나님의 영광에 대한 소원과 관심이 약해지고 자신의 명성과 자신이 원하는 것 쪽으로 점점 마음이 움직이게 마련이다. 그러므로 이 기도를 통해 늘 하나님의 영광으로 관심을 되돌려야 한다.

바울은 자신이 세운 교회와 그 지역에서 자신의 이름이 드러나거나 높임을 받는 일이 생기지 않도록 세심히 살피며 사역했다. 그가 복음을 전하여 회심자가 생긴 지역에서도 만약 다른 복음 사역자가 있으면 직접 세례 베풀기를 삼가고 그들에게 그 일을 넘겼다. 바울의 이름으로 세례를 받았다는 말이 나올까 염려했기 때문이다(고전 1:14-15). 이처럼 바울은 자신의 이름이 아니라 하나님의 이름만 존귀히 여김을 받도록 무척 신경을 썼다.

    그리스도인들은 주님이 가르쳐 주신 대로 늘 하나님의 영광이 이 땅에 임하기를 기도해야 한다. 이런 기도를 진정으로 드리면, 그만큼 하나님의 영광을 도모하는 삶을 더 소원하고 추구하게 될 것이다. 사탄은 신자들에게 하나님의 영광이라는 구호 뒤에서 자신의 영광도 아울러 챙기며 살라고 교묘하게 유혹한다. 실제로 적잖은 신자들이 이 유혹에 느슨하게 자신을 방임한다. 그래서 예수님은 제자들에게 "우리를 시험에 들게 하지 마시옵고 다만 악에서 구하시옵소서"라고 기도하라고 가르치셨다. 그리스도인들은 약하기 때문에 유혹에 넘어갈 수도 있지만 그 약함을 핑계 삼아 미끄러지도록 내버려 두어선 안 된다. 성도들을 이 악에 빠지지 않도록 지속적으로 "악에서 구하시옵소서"라고 기도해야 한다.[39]

수도사들의 옛 지혜를 나의 것으로

21세기 현재 한국 사람들은 허영이 강하게 유혹하는 시대와 문화에서 살고 있다. 허영을 잘 알고 올바로 대응하지 않는다면 그리스도인도 다른 사람의 눈을 의식하고 인정을 추구하며 이 땅의 빛나는 것을 좋게 여기며 살기 쉽다. 그러나 그 반짝이던 빛은 오래가지 못하고 사라진다. 유명인과 연예인은 대중의 환호와 갈채를 받을 때 기쁨과 만족을 느끼지만, 환호가 가득하던 자리는 이내 텅 빈 공간으로 돌아가기 마련이다. 인간의 칭찬과 갈채는 연극이 끝난 뒤의 텅 빈 무대와 같음을 늘 의식해야 한다. 다른 사람의 열광적 평가가 거두어지고 환호와 갈채가 사라졌을 때, 허영에 빠져 살아온 사람들은 마침내 진짜 자신의 모습을 마주하고 평범해진 자신을 견딜 수 없어 한다. 초라해진 자신을 보며 자기 존재가 부인당했다고 느끼고 좌절과 우울에 빠질 수 있다. 더욱이 어떤 일로 사람들의 호평이 악평으로 변한다면 더러는 그것을 견디기 힘든 수치로 여기고 무너지기도 한다. 얼굴과 이름이 널리 알려지고 세간의 존경을 받던 이일수록 더욱 그럴 개연성이 높다. 사회 전반에 영향을 미치고 있는 허영의 유혹은 달콤해 보이지만 그 결과는 무척 쓰라리다.

그리스도인은 사라질 광채와 환호가 아니라 불멸하는 명예와 참된 영광을 사모하며 살아가야 한다. 몸은 죽어 사라질지라도 영혼은 낙원에서 영광을 누릴 것을 소망하며 살아갔던 믿음의 선배들을 기억하면서, 하나님의 영광을 바라보고 그 영광을 향해 살아가도록 늘 기도해야 한다. 이 종말론적 기도는 선순환적 기능을 하여 신자들 안에 하나님의 영광을 위해 살고자 하는 소원을 재생산한다.

이제 이 글을 매듭지으면서 에바그리우스가 제자들에게 제시했던, 죄의 유혹에 대처하는 방법을 한 번 더 권하고 싶다. 수도실을 떠나 사람들이 있는 광장으로 나갈 것을 종용하는 유혹에 대해 에바그리우스는 시편 84:3의 말씀으로 처방을 내린다. "만군의 주님, 저의 임금님, 저의 하나님, 당신 제단 곁에 참새도 집을 마련하고 제비도 제 둥지가 있어 그곳에 새끼를 칩니다."[40] 유혹에 맞서 성경 말씀을 의지하는 이 오래된 대처법은 특별한 방법은 아니지만, 그 어떤 방법보다도 힘이 있다. 예수님도 광야에서 마귀에게 시험 당하실 때 구약성경의 말씀을 인용하여 마귀를 반박하고 물리치셨다. 수도사들이 매일

정해진 시간에 거룩한 독서 렉치오 디비나에 힘쓰는 것도 이런 유익이 있기 때문이다. 수도사들은 자기가 기억하고 암송하는 성경 구절들로 짧고 간결하게 간구하는 기도를 드린다. 오늘 맹렬한 허영의 유혹 가운데 살아가는 그리스도인들은 평소에도 성경을 가까이 하고 매일 읽고 마음에 새기는 훈련을 해야 한다. 허영의 유혹이 정신을 흐리게 하고 몸과 마음을 흔들 때, 수도사들이 전해 준 오래된 대처법을 익혀 두었다면 거뜬히 유혹을 물리칠 수 있을 것이다.

성찰과 나눔

1. 최근 타인으로부터 인정받기를 원한 적이 있는가? 그 대상은 누구였으며, 인정을 받았을 때 혹은 그렇지 않았을 때 무엇을 느꼈는가?
2. 오늘 그리스도인을 유혹하는 허영의 모습은 어떤 것들이 있는가? 사람들이 허영을 좇는 이유는 무엇이라고 생각하는가?
3. 교만과 허영의 유사점과 차이점을 설명해 보라.
4. 아퀴나스는 허영을 추구하는 방식을 직접적인 것과 간접적인 것으로 구분했다. 당신은 주로 어떠한 방식으로 허영을 추구하는가?
5. 허영이 낳는 파괴적 결과들이 있다면 구체적으로 어떤 것들인가?
6. 허영을 궁극적으로 극복할 수 있는 방법은 무엇인가? 저자의 주장을 살펴보고, 자신의 생각을 나누어 보라.
7. 수도사들은 허영을 극복하기 위해 어떤 방법들을 사용했는가? 허영을 극복하는 개인적인 방법이 있다면 나누어 보라.

나가는 글

 죄를 의식하든 안 하든, 인정하든 거부하든, 사람들은 누구나 죄를 짓는다. 자기 자신에 대해 정직하기만 하다면, 자기 속에서 죄의 행동과 흔적을 볼 수 있다. 죄를 단순히 범죄(crime)나 심리적 증후(symptom)로 여기며 축소하려 해 보아도, 양심은 그것을 죄로 인식하며 불편해한다. 주위에서 벌어지는 각종 악을 사회나 개인의 심리가 잘 조정되지 못한 결과라고 단언할 때에도, 우리는 그것이 우리의 악한 본성이 초래하는 불가피한 산물임을 안다. 친구가 잘되는 것을 두고 쑥덕거리고 나쁜 소문을 은근히 퍼뜨리는 동안 마음 한구석에서는 그것이 죄임을 어렴풋이 인식한다. 지역 차별, 성차별, 인종 차별, 이주민에 대한 텃세, 집단 이기주의… 이런 것들도 정직하게 들여다보면 우리 죄가 사회 구조와 문화에 스며든 결과다.

 최근 개신교회 안팎에서는 '영성'에 대한 관심이 높아져 각종 영성 훈련 프로그램이 소개되고 시행되고 있다. 그런데 영성 훈련이 다루는 기본적인 문제도 결국은 죄 문제다. 하나님과 이웃에게 가까이 나아가기 위해서는 관계를 가로막는 죄와 그 구체적인 양상을 제거하고 극복해야만 한다. 그리고 그렇게 하려면 죄에 대한 이해가 분명해야 한다. 그 이해에 따라서 극복 방법이나 영성 개발의 방향이 달라지기 때문이다.

교회의 죄에 대한 이해는 크게 두 갈래로 발전했다. 한 가지는 존재론적 관점으로서 죄를 영혼의 오염, 의지의 부패나 연약함으로 보는 로마가톨릭교회의 주된 관점이고, 다른 하나는 관계론적 관점으로서 죄를 하나님을 반역하고 경멸하는 것, 하나님으로부터 돌아서는 것으로 보는 개신교회의 주된 관점이다. 전자의 관점으로 보면, 인간의 영혼은 잡초가 무성한 정원과 같고, 죄와의 싸움은 정원에서 잡초를 제거하는 일이며, 성화는 그 정원에 덕이라는 꽃들을 심고 가꾸는 것이다. 이런 관점에서 로마가톨릭 신학은 죄를 벗고 덕을 쌓아가는 수덕 신앙을 강조한다. 후자의 관점으로 보면, 인간의 영혼은 잘 가꾸어야 할 정원이 아니라, 갈아엎어야 할 황무지다. 인간에게 필요한 것은 행동의 교정이나 덕의 함양이 아니라 근본적인 변화를 가져오는 은혜와 회심이며, 이후 이어지는 정원사이신 하나님과의 친밀한 관계다.[1] 그러나 이 두 가지 관점은 배타적이라기보다는 상호 보완적이다.

오늘날에는 이러한 두 갈래의 이해를 통합하는 좀더 온전한 죄 이해가 필요하다. 사도 바울은 골로새 교회에 보내는 서신에서 죄의 목록을 구체적으로 열거하며 신자들이 이런 것들을 벗어 버려야 한다고 권고했다. "그러므로 땅에 있는 지체를 죽이라. 곧 음란과 부정과 사욕과 악한 정욕과 탐심이니… 너희도 전에 그 가운데 살 때에는 그 가운데서 행하였으나, 이제는 너희가 이 모든 것을 벗어 버리라.… 너희가 서로 거짓말을 하지 말라. 옛 사람과 그 행위를 벗어 버리[라]"(골 3:5-9). 구체적인 죄 목록을 열거함으로써 바울은 성도들로 하여금 죄가 개인적·사회적 관계에서 여러 형태로 나타나는 것을 인식하고 그에 대한 적절한 대응 방법을 마련하게 했다. 이런 말씀에 대한 자연스런 반응으로서, 각각의 죄를 분석하고, 죄를 죽여 나가는 구체적인 방법을 생각하고, 그에 대응하는 덕을 함양하려는 수덕 신앙이 나타났던 것이다. 오늘날 개신교회는 교회의 오랜 전통이며 로마가톨릭교회를 통해 보존되어 온 일곱 대죄론과 같은 죄에 대한 체계적인 분석과 이 죄들에 대응하는 경험적인 지혜를 배울 필요가 있다.

다른 한편으로, 죄를 하나님과의 관계 파괴라는 근원적인 수준의 문제로 인식하는 것 또한 결코 양보할 수 없는 귀중한 통찰이다. 드러난 죄를 아무리 잘 진단하고 극복 방안을 제시하더라도 하나님과의 관계라는 근본적인 문제가 함께 다루어지지 않으면 죄의 문제는 해결될 수 없기 때문이다. 코넬리우스 플랜팅가 교수는 죄가 일종의 중독과 같은 성격을 지니고 있기 때문에 죄 자체에 몰두하여 분석하고 씨름하는 것을 통해서는 통전적인 해결 방안을 만들 수 없다고 주장한다. 많은 알코올 중독자와 마약 중독자들이, 자신의 중독상태가 스스로의 의지와 힘으로는 헤쳐 나갈 수 없는 '역부족 상태'(helplessness)임을 인정하고 방향을 바꾸어 자기 밖의 더 큰 힘에 의탁했을 때 회복이 시작되었다고 말한다. 이와 마찬가지로 죄의 힘에 사로잡혀 마음으로는 원하지 않아도 어쩔 수 없이 다시 죄악의 행동을 하게 되는 모순적인 역부족 상태―바울의 표현으로는 마음의 법이 육체의 법에 사로잡혀 있는 상태(롬 7:22-25)―에 있는 죄인은, 하나님께로 방향을 바꾸어 자신의 역부족 상태를 하나님께 내어 맡기고 그분의 도움을 수용해야만 한다.[2] 따라서 대죄를 극복하기 위해서는 구체적인 처방뿐 아니라 하나님과의 관계 회복을 추구하는 근원적인 처방도 반드시 필요하다. 이런 이유 때문에, 이 책에서는 죄들의 뿌리가 되는 일곱 대죄를 다룰 때 각각을 분석하고 각 죄의 특징에 따라 구체적인 극복 방안을 제시함과 동시에 근본적인 수준의 해결 방안도 함께 제시했다.

마지막으로, 우리는 7대죄론을 연구하는 궁극적 목적이 성화임을 기억하고, 단지 옛 옷을 벗어버리는 것에 만족하지 말고 새로운 옷을 입는 것에 관심을 기울여야 한다. 새사람에 맞는 덕을 옷처럼 입고, 그대로 행하는 습관을 형성하며, 결국 그런 행동이 자연스럽게 몸에 배게 해야 한다. 성령의 열매로 옷 입는 것, 이것이야말로 7대죄론을 통해 죄와 싸우려고 하는 신자들이 도달해야 할 더 온전한 목표요 과제다.

> 그러므로 너희는 하나님이 택하사 거룩하고 사랑받는 자처럼 긍휼과 자비와 겸손과 온유와 오래 참음을 옷 입고, 누가 누구에게 불만이 있거든 서로 용납하여 피차 용서하되 주께서 너희를 용서하신 것처럼 너희도 그리하고, 이 모든 것 위에 사랑을 더하라. (골 3:12-14)

주

들어가는 글

1. Thomas Aquinas, *On Evil* (New York: Oxford University Press, 2003), p. 320.
2. 여기서의 대죄는 한국 천주교회에서 말하는 대죄(mortal sins)와는 다른 것이다. 천주교회의 대죄는 소죄(venial sins)와 구별되는 죄로서 때로는 '사죄'(死罪)라고 불린다. mortal의 의미에서 보듯 '죽게 하는' 죄라 할 만큼 그 성격이 심각하고 중대하며, 그런 성격임을 알면서도 의도적으로 짓는 죄, 그리고 영혼을 하나님의 자비와 은혜에서 끊어지게 하는 죄다. 천주교회는 이 죄를 범할 경우 고해성사를 거쳐 참회하지 않으면 결코 하나님의 은혜가 회복될 수 없다고 가르친다. 이 책에서 사용하는 '대죄'는 천주교회의 대죄가 아닌 칠죄종과 동일한 것이다.
3. Tertullianus, *Adversus Marcionem*, IV. ix (Migne, Patrologia Latina II) col. 0375A-0375B.
4. Tertullian, *Treatises on Penance: On Penitence and On Purity* (London: Longmans, Green and Co., 1959), p. 275.
5. Evagrius Ponticus, *The Praktikos* (Kalamazoo, Mich.: Cistercian Publications, 1981), p. 6.
6. Evagrius Ponticus, *Ad Monachos* (New York: The Newman Press, 2003), p. 12.
7. John Cassian, *John Cassian: The Conferences* (New York: The Newman Press, 1997), V. ii.
8. Carole Straw, "Gregory, Cassian, and the Cardinal Vices", in *In the Garden of Evil: the Vices and Culture in the Middle Ages* (Toronto: Pontifical Institutes of Medieval Studies, 2005), p. 36.
9. Gregory, *Moralia in Job*, XXXI. xlv. pp. 87-90. 이 책의 영역본은 19세기 중엽에 3권으로 출간되었다. Gregory the Great, *Morals on the book of Job* (Oxford: John Henry Parker, 1844).

10. Carole Straw, 앞의 책, p. 49.
11. Aquinas, *On Evil*, QVIII-XV.
12. 창세기에 따르면 하나님이 천지를 창조한 날이 7일이었고, 마지막 책인 요한계시록에서 사도 요한이 소아시아의 교회들에게 그가 받은 계시의 말씀을 전하는데 그 교회들의 수도 7이다. 예수님은 제자들에게 용서가 제자 됨을 가늠하는 표지임을 강조하면서, 일흔 번씩 일곱 번이라도 용서하라고 말씀하신다. 여기에 공통적으로 7이라는 숫자가 들어가는데, 이는 자연수 7 그 이상의 뜻을 포함한다. 아우구스티누스는 하나님이 이 세상을 창조하실 때 7일째 모든 것이 완성되고 7을 주기로 한 주가 순환하는 것에 큰 의미를 두었고, 기독교 전통에서 7은 신비한 숫자로서 '완전'을 의미하거나 '전체'를 나타낸다고 말했다.
13. Donald Capps, *Deadly Sins and Saving Virtues* (Philadelphia: Fortress Press, 1987), p. 12. Capps는 중세 교회가 매일 기도할 때마다 대죄 중 한 가지에 집중하여 기도하도록 했다는 사실이 이와 같은 설명의 설득력을 높인다고 말한다. 그 내용을 구체적으로 들여다보면, 일요일은 교만의 죄와 싸우는 날이다. 신자들은 교회에 나가 하나님의 은혜와 영광을 찬양하며 하나님이 자기 인생의 중심이심을 기억함으로써, 자신을 높이는 죄인 교만을 회개하였다. 한 주간의 일을 시작하는 월요일과 화요일은 각각 시기와 분노를 회개하는 날인데, 이 죄들은 교만에서부터 흘러나오는 것이기에 연속성이 있고, 함께 일하는 사람들에게 상처를 주고 피해를 입히지 않도록 스스로를 돌아보았다. 그리고 수요일은 주일과 가장 멀리 떨어진 날로서 주님의 영광과 임재에서 멀어져 나태해질 가능성이 많은 날이므로, 나태의 죄를 대항하며 기도하는 날이었다. 목요일과 금요일은 나태가 더 진행되면 영적인 것보다 자기 욕심에 빠져 탐욕과 탐식의 죄를 범하게 되므로 이 죄들과의 싸움에 초점을 맞추었다. 토요일은 정욕과의 싸움을 위해 기도하는 날인데, 탐욕과 탐식은 결국 최고의 자기 탐닉인 정욕으로 이어질 가능성이 높고, 주일의 예배를 통해 받은 영적인 양식의 힘이 가장 약해질 때, 육체의 정욕에 빠지기가 가장 쉽기 때문이다.
14. Dorothy L. Sayers, "The Other Six Deadly Sins" in *Creed or Chaos?* (New York: Harcourt, Brace and Company, 1949), p. 64. 『기독교 교리를 다시 생각한다』(IVP).
15. Janice Brown, *The Seven Deadly Sins in the Work of Dorothy Sayers* (Kent, OH: The Kent State University Press, 1998), pp. 34-35.
16. 대표적인 저자는 Henri Nouwen, Frederick Buechner, Richard Foster, Dallas Willard, Eugene Peterson 등이다.
17. Michael Eric Dyson, *Pride: The Seven Deadly Sins* (Oxford University Press,

2006).『자만』(믿음in). 제1장에 이런 기독교 윤리학과 철학 사상의 흐름이 잘 요약되어 있다.
18. Karl Menninger, *Whatever Became of Sin?* (New York: Hawthorn Books, 1973), pp. 13-18.

1. **교만: 뭇별 위의 보좌**

1. Augustine, *The City of God* (New York: Penguin Books, 1984), XIV, 13.『하나님의 도성』(크리스천다이제스트).
2. H. P. Staehli, in *Theological Lexicon of the Old Testament*, eds. Ernst Jenni and Claus Westermann (Peabody, Mass: Hendrickson Publishers, Inc., 1997), p. 286.
3. 단테 알리기에리,『신곡』(*La Divina Commedia*), 한형곤 옮김(서울: 서해문집, 2005), pp. 428-429.
4. Augustine, *The City of God*, XIV, 13.『하나님의 도성』(크리스천다이제스트).
5. Dorothy L. Sayers, "The Other Six Deadly Sins" in *Creed or Chaos?*, p. 82.
6. Reinhold Niebuhr, *The Nature and Destiny of Man: A Christian Interpretation* (New York: Charles Scribner's Sons, 1941), pp. 150, 167.
7. Gregory, *Morals on the Book of Job*, XXXI, 45, n. 87.
8. C. S. 루이스,『순전한 기독교』(*Mere Christianity*), 장경철·이종태 옮김(서울: 홍성사, 2001), p. 193.
9. Gregory, *Morals on the Book of Job*, XXIII, 6, n. 13.
10. Solomon Schimmel, *Seven Deadly Sins: Jewish, Christian and Classical Reflections on Human Nature* (New York: The Free Press, 1992), p. 27.
11. Sayers, 앞의 책, p. 49.
12. C. S. 루이스,『스크루테이프의 편지』(*The Screwtape Letters*), 김선형 옮김(서울: 홍성사, 2000), pp. 82-83.
13. John Cassian, *John Cassian: The Conferences* (New York: Newman Press, 1997), p. 193.
14. Niebuhr, 앞의 책, p. 188.
15. 존 칼빈,『기독교강요』(*Institutes of Christian Religion*), 원광연 옮김(서울: 크리스천다이제스트, 2003), II, 2, 11.

16. C. S. Lewis, *Till We Have Faces* (New York: Harcourt Brace Jovanovich Publishers, 1956), p. 194. 『우리가 얼굴을 찾을 때까지』(홍성사).
17. 칼빈, 앞의 책, I, 1, 2.
18. 같은 책, III, 3, 22-23.
19. Evan Howard, *The Brazos Introduction to Christian Spirituality* (Grand Rapids, MI: Brazos Press, 2008), p. 52.
20. 이 기도는 2세기 이집트와 팔레스타인, 동방 교회 수도원에서 시작되어 서방 교회로 전해졌고, 현재는 로마가톨릭 교회 안에서도 사용되고 있다.
21. 베네딕트, 『베네딕트의 규칙서』(*Rules of Benedict*), 권혁일·김재현 옮김(서울: 한국고등신학연구원, 2011), p. 16.
22. Dennis Okholm, *Monk Habits for Everyday People: Benedictine Spirituality for Protestants* (Grand Rapids: Brazo Press, 2007), p. 70.
23. Dietrich Bonhoeffer, *Life Together* (New York: Harper & Brothers Publishers, 1954), p. 20. 『성도의 공동생활』(복있는사람).
24. 예수님이 직접 자신을 가리켜 "나는 마음이 온유하고 겸손하니"(마 11:29)라고 말씀하셨는데, 이때 겸손이라는 말의 헬라어 '타페이소스'는 '마음이 낮음'을 의미한다.

2. 시기: 녹색 눈의 괴수

1. Dorothy L. Sayers, "The Other Six Deadly Sins", in *Creed or Chaos?*, pp. 77-78.
2. Joseph Epstein, *Envy* (New York: Oxford University Press, 2003), p. xxi. 『시기』(믿음in).
3. KJV와 NKJ는 직역하여 '악한 눈'으로 번역했지만, 다른 번역들은 대부분 '흘기는 눈'(개역한글), '질투'(개역개정, 쉬운성경), '시기'(공동번역, NIV, NASV, NRS) 등으로 의역했다.
4. 히브리어 BDB 사전에는 '아인'이 '시기에 사로잡힌 눈'을 의미하기도 한다고 나와 있다. NKJV, NRSV 등은 그냥 '주목'하였다고 직역한다.
5. Karl A. Olsson, *Seven Sins and Seven Virtues* (New York: Harper & Brothers Publishers, 1962), p. 22.
6. Aquinas, *On Evil*, pp. 352-353.
7. Aristoteles, *Ethica Nichomachea*. 한국의 번역서는 '에피카이레카키아'를 '심술'로 번역했지만, 미국의 윤리학자 Terence Irwin은 'spite'(악의)로, Stanley Grenz

는 'maliciousness'(악의)로 번역했다. 아리스토텔레스, 『니코마코스 윤리학』, 이창우·김재홍·강상진 옮김(서울: 이제이북스, 2006); Aristotle, *Nicomachean Ethics*, trans. Terence Irwin (Cambridge: Hackett Publishing Company, 1985); Stanley Grenz, *The Moral Quest: Foundations of Christian Ethics* (Downers Grove, Il: InterVarsity Press, 1997), p. 75(『기독교 윤리학의 토대와 흐름』, IVP).

8. Gregory, *Morals on the Book of Job*, XXXI, 45. n. 88.
9. William May, *A Catalogue of Sins: A Contemporary Examination of Christian Conscience* (New York: Holt, Rinehard and Winston, 1967), pp. 73-74.
10. 르네 지라르, 『나는 사탄이 번개처럼 떨어지는 것을 본다』(*Ich Sah den Satan vom Himmel Fallen wie einen Blitz*), 김진식 옮김(서울: 문학과지성사, 2004), p. 21.
11. 아리스토텔레스, 『수사학』(*Rhetorics*), 이종오 옮김(서울: 리젬, 2007), 1387B, 1388A.
12. Herzog, "Envy: Poisoning the Banquet They Cannot Taste", in *Wicked Pleasures: Meditations on the Seven "Deadly" Sins* (Lanham, Maryland, Rowman & Littlefield Publishers Inc., 1999), pp. 147-148.
13. 단테, 『신곡』, p. 186.
14. 앤·배리 율라노프, 『신데렐라와 그 자매들』(*Cinderella and Her Sisters*), 이재훈 옮김(서울: 한국심리치료연구소, 1999), pp. 19-22.
15. Herzog, 앞의 책, p. 143; Epstein, *Envy*, p. 72.
16. Solomon Schimmel, *The Seven Deadly Sins: Jewish, Christian, and Classical Reflections on Human Nature*, pp. 60-61.
17. C. S. Lewis, *The Weight of Glory and Other Addresses* (New York: The Macmillan Company, 1949), pp. 8-9.
18. Peter Kreeft, *Back to Virtue: Traditional Moral Wisdom For Modern Moral Confusion* (San Francisco: Ignatius Press, 1986), p. 127.
19. Aquinas, *On Evil*, p. 352.
20. A. A. Van Ruler, *The Greatest of These is Love* (Grand Rapids: Eerdmans Publishing Company, 1958), p. 30.
21. 단테, 앞의 책, p. 186.
22. 제라드 리드, 『C. S. 루이스를 통해 본 일곱가지 치명적인 죄악과 도덕』(*C. S. Lewis Explores Vice and Virtue*), 김병제 옮김(서울: 누가, 2009), p. 53.

3. 분노: 사탄의 화로

1. 아리스토텔레스, 『니코마코스 윤리학』, p. 146.
2. Aquinas, *On Evil*, Q 12. Art. 1, Ans.
3. Evagrius, "Praktikos" in *Evagrius of Pontus: The Greek Ascetic Corpus*, p. 76.
4. 단테, 『신곡』, p. 102.
5. Cassian, *Institutes* (New York: Newman Press, 2000), VIII, ch. 5.
6. Augustine, *City of God*, XIV, 15.
7. Aquinas, 앞의 책, Q 12, Art. 2, ans.
8. 헨리 훼얼리, 『현대의 7가지 죄』(*The Seven Deadly Sins Today*), 이정석 옮김(서울: CLC, 1985), p. 105.
9. Gregory, *Morals on the Book of Job*, XXXI, 45. n. 88.
10. 헨리 훼얼리, 앞의 책, p. 114.
11. William Lee Holladay et al, "*aph*", in *A Concise Hebrew and Aramaic Lexicon of the Old Testament* (Leiden: Brill, 1971), p. 24.
12. Frances Brown et al., "*hrh*", in *Enhanced Brown-Driver-Briggs Hebrew and English Lexicon* (Oak Harbor: Logos Research System, Inc., 2000), p. 354.
13. Lewis Smedes, *Forgive and Forget*, p. 131.
14. 앞의 책, p. 475.
15. 데즈먼드 투투, 『용서 없이 미래 없다』(*No Future Without Forgiveness*), 홍종락 옮김(서울: 홍성사, 2009), pp. 320-322.
16. 프랭크 안토니 스피나, 『아웃사이더의 신앙』(*The Faith of the Outsider*), 전광규 옮김(서울: SFC출판부, 2006), p. 52.
17. Ted Peters, *Sin: Radical Evil in Soul and Society* (Grand Rapids: Eerdmans Publishing Co., 1994), p. 20.
18. 댄 알렌더·트렘퍼 롱맨 3세, 『감정, 영혼의 외침』(*The Cry of the Soul*), 안정임 옮김(서울: IVP, 2011), pp. 85-87.

4. 나태: 정오의 마귀

1. Lyman, *The Seven Deadly Sins: Society and Evil*, p. 5.
2. Sayers, "The Other Six Deadly Sins", in *Creed or Chaos?*, p. 81.

3. Herbert Waddams, *A New Introduction to Moral Theology* (London: SCM Press, 1964), p. 126; 사이몬 찬, 『영성신학』(*Spiritual Theology*), 김병오 옮김(서울: IVP, 2002), p. 105에서 재인용.
4. 단테, 『신곡』, p. 368.
5. Rebecca Konyndyk DeYoung, *Glittering Vices: A New Look At the Seven Deadly Sins and Their Remedies* (Eerdmnas Publishing Co., 2009), p. 79.
6. Aquinas, *On Evil*, Q. 11, Art. 3, contr. (p. 367).
7. Mary Louise Bringle, *Despair: Sickness or Sin?* (Nashville, TN: Abingdon Press, 1990), p. 53.
8. Cassian, *Institutes*, Bk 9, IV (p. 212).
9. 김병오, 『영혼과 우울증』(서울: 대서, 2008), p. 203.
10. Bringle, 앞의 책, p. 56.
11. Gregory, *Morals on the Book of Job*, XXXI. xlv. 88. 그런데 이후 나태가 우울보다 더 다중적이고 복합적인 성격을 지닌 개념으로 새롭게 이해되면서 나태가 독립적인 자리를 회복했고 우울이 나태 안으로 들어가게 되었다(Lyman, *The Seven Deadly Sins: Society and Evil*, p. 6).
12. Kathleen Norris, *Accedia & Me* (New York: Penguin Books Ltd., 2008), p. 3.
13. Aquinas, 앞의 책, Q. 11, Art. 1, ans. (p. 363).
14. Karl A. Olsson, *Seven Sins and Seven Virtues*, p. 35.
15. Evagrius, *The Praktikos*, p. 12.
16. 마귀가 정오에 찾아오는 이유가 있다. 수도사들은 대개 오후 2시부터는 4시에 시작되는 저녁 식사를 기다리면서 마음이 풀려 창밖을 바라보는 경우가 늘어나고, 또 저녁 식사가 끝난 후 밤 기도를 다시 시작할 때까지는 식곤증에 시달리는 경우가 많기 때문에 굳이 수도사를 유혹할 필요를 느끼지 않는다. 그러나 오전 10시부터 2시 사이, 특히 12시경에는 수도사들의 정신이 맑은 상태이기 때문에 마귀의 유혹이 매우 집요해진다.
17. 단테, 『신곡』, p. 375.
18. Kathleen Norris, "Plain Old Sloth", *Christian Century*, vol. 120 (January 11, 2003), p. 9.
19. Andrew Crislip, "The Sin of Sloth or The Illness of the Demons? The Demon of Acedia in Early Christian Monasticism", *Harvard Theological Review*, 98:2 (2005), p. 155.
20. 오스 기니스, 『소명』(*The Call*), 홍병룡 옮김(서울: IVP, 2000), p. 231.

21. G. I. Williamson, *The Westminster Shorter Catechism* (1648). Q1. "What is the chief end of man?" ans. "The chief end of man is to glorify God and to enjoy Him forever."
22. G. I. Williamson, *The Westminster Shorter Catechism: For Study Classes, One Volume Edition* (Phillipsburg, New Jersey: Presbyterian & Reformed Publishing Co., 2003), p. 3.
23. 리처드 백스터, 『성도의 영원한 안식』(*Saints' Everlasting Rest*), 김기찬 옮김(서울: 크리스천다이제스트, 1996), p. 165.
24. Evagrius, 앞의 책, p. 50. 이외에도 하나님에 대한 두려움, 겸손, 죄에 대한 애통 등이 있다.
25. Cassian, 앞의 책, Bk 10, XVII (p. 229).
26. 요한 클리마쿠스, 『거룩한 등정의 사다리』(*The Ladder of Divine Ascent*), 최대형 옮김(서울: 은성, 2006), p. 157.

5. 탐욕: 불룩 나온 올챙이 배

1. James M. Childs Jr., *Greed: Economics and Ethics in Conflict* (Minneapolis: Fortress Press, 2000), p. 2.
2. 단테, 『신곡』, p. 95.
3. Ceslas Spicq, "*pleonexia*", in *Theological Lexicon of the New Testament*, vol. 3 (Peabody, Mass: Hendrickson Publishers, Inc., 1994), p. 117.
4. Gerstenberger, "*hmd*", in *Theological Lexicon of the Old Testament*, eds. Ernst Jenni and Claus Westermann (Peabody, Mass: Hendrickson Publishers, Inc., 1997), pp. 443-445. 일반적으로 물질과 음식, 명예, 세월, 나라 등을 바라는 욕구(삼하 23:15; 신 12:20; 사 26:9)를 뜻하며, 때로는 악한 것을 바라는 욕망(잠 23:3, 6; 24:1; 신 5:21)을 표현하기도 했다.
5. W. Bauer, "*epithymia*", in *A Greek-English Lexicon of the New Testament*, trans. and edit by W. F. Arndt and F. W. Gingrich (Chicago: The University of Chicago Press, 1957), p. 673. 부정적으로 사용될 경우 대개 '악한'이라는 수식어와 함께 사용되는 경우가 많다.
6. Evagrius, "On The Eight Thoughts", in *Evagrius of Pontus: The Greek Ascetic Corpus*, p. 79.

7. 단테, 앞의 책, p. 95. 단테의 이 견해는 아리스토텔레스의 사상에 빚지고 있다. 아리스토텔레스는 물욕에서 자유롭지 못한 모습을 '인색'(aneleutheia, ungenerosity)과 '탕진'(asotia, wastefulness)이라는 두 유형으로 분류했다. 아리스토텔레스, 『니코마코스 윤리학』, p. 453.
8. Gregory, *Morals on the Book of Job*, XXXI, 45. n. 88.
9. 개역개정판에서 "돈을 사랑함"이라고 번역된 헬라어 '필라르귀리아'(*philargyria*)는 탐욕으로도 번역할 수 있다.
10. Brian Rosner, *Greed As Idolatry: The Origin and Meaning of a Pauline Metaphor* (Grand Rapids: Eerdmans Pub. Co., 2007), p. 173.
11. 월터 카이저, 『구약성경윤리』(*Toward Old Testament Ethics*), 홍용표 옮김(서울: 생명의말씀사, 1993), p. 250.
12. 헨리 훼얼리, 『현대의 7가지 죄』, pp. 169-170.
13. Dorothy L. Sayers, *Creed or Chaos?*, p. 64.
14. Evagrius, "*Praktikos*" in *Eavgrius of Pontus: The Greek Ascetic Corpus*, p. 98.
15. Evagrius, "On The Eight Thoughts", p. 78.
16. Gregory, 앞의 책, XXXI, 45. n. 89.
17. Carole Straw, "Gregory, Cassian, and the Cardinal Vices", in *In The Garden of Evil: The Vices and Culture in the Middle Ages*, p. 51.
18. 어거스틴, 『성 어거스틴의 고백록』(*Confessiones*), 선한용 옮김(서울: 대한기독교서회, 2019), 제1권 1장.
19. 단테, 앞의 책, p. 511.
20. 요한 크리소스톰, 『부자』(*Rich Man and Lazarus*), 조계광 옮김(서울: 규장, 2009), p. 55.
21. Ronald Sider, "Introduction", in *Living More Simply: Biblical Principles and Practical Models* (Downers Grove, Ill: Inter-Varsity Press, 1980), p. 13.
22. 로날드 사이더, 『가난한 시대를 사는 부유한 그리스도인』(*Rich Christians in an Age of Hunger*), 한화룡 옮김(서울: IVP, 2009), pp. 318-322.
23. 같은 책, p. 318.
24. John Wesley, "The Use of Money", in *The Bicentennial Edition of the Works of John Wesley*, vol. 2 (Nashville: Abingdon Press, 1985), p. 268.

6. 탐식: 꽉 찬 배와 텅 빈 영혼

1. William Ian Miller, "Gluttony", in *Wicked Pleasures: Meditations on the Seven "Deadly" Sins*, p. 24.
2. 한글 성경은 *zll*을 '방탕'으로 번역하기도 하지만(잠 28:19), NASB, NRSV, KJV는 '탐식'(gluttony)으로 번역한다. 한편, 히브리어 BDB 사전은 *zll*이 '탐식으로 인한 낭비'라고 정의하고 있다.
3. Evagrius Ponticus, *The Praktikos*, pp. 7-39.
4. John Cassian, *John Cassian: The Conferences*, V, iii-iv.
5. 베네딕트, 『베네딕트의 규칙서』, p. 81.
6. Gregory, *Morals on the Book of Job*, XXX, 18. n. 60.
7. Thomas Aquinas, *On Evil*, p. 414.
8. C. S. 루이스, 『스크루테이프의 편지』, p. 100.
9. William H. Willimon, *Sinning like A Christian* (Nashville, Tenn.: Abindon Press, 2007), p. 118.
10. 헨리 훼얼리, 『현대의 7가지 죄』, pp. 184-185.
11. Evagrius, "On The Eight Thoughts", in *Evagrius of Pontus: The Greek Ascetic Corpus*, p. 62.
12. Carole Straw, "Gregory, Cassian, and the Cardinal Vices", in *In the Garden of Evil: the Vices and Culture in the Middle Ages*, p. 36.
13. Thomas Aquinas, 앞의 책, p. 409.
14. 프랜신 프로즈, 『탐식』(*Gluttony*), 김시현 옮김 (서울: 민음in, 2007), p. 23.
15. Dennis L. Okholm, "Being Stuffed and Being Fulfilled", in *Limning The Psyche: Explorations in Christian Psychology* (Grand Rapids: Eerdmans Publishing Company, 1997), p. 320.
16. Michelle Mary Lelwica, *Starving for Salvation: The Spiritual Dimensions of Eating Problems among American Girls and Women* (New York: Oxford University Press, 1999), pp. 39, 54.
17. Kreeft, *Back to Virtue*, p. 180.
18. Cassian, 앞의 책, Bk v, iv (pp. 118-119).
19. Evagrius, 앞의 책, p. 15.
20. 스캇 맥나이트, 『금식』(*Fasting*), 안정임 옮김(서울: IVP, 2011), p. 110.
21. Caroline Walker Bynum, *Holy Feast and Holy Fast: The Religious Significance*

of Food to Medieval Women (Berkerly, CA.: University of California Press, 1987), pp. 31, 34.
22. Mary Louise Bringle, *The God of Thinness: Gluttony and Other Weighty Matters* (Nashville, TN: Abingdon Press, 1992), p. 68.
23. Diogenes Allen, *Spiritual Theology: The Theology of Yesterday for Spiritual Help Today*(Boston: Cowley Publication, 1997), pp. 82-83.
24. Cassian, 앞의 책, p. 137.
25. Augustine, Sermon 210, *Sixth Sermon for Lent*, chap. 10, par. 12, PL 38, col. 1053.

7. 정욕: 타는 갈증에 마시는 바닷물

1. Sayers, "The Other Six Capital Sins", in *Creed or Chaos?*, p. 63.
2. Kreeft, *Back to Virtue*, p. 165.
3. 발트라우트 포슈, 『몸 숭배와 광기』(*Korper Machen Leute*), 조원규 옮김(서울: 여성신문사, 2001), p. 7.
4. Phylis Trible, *God and the Rhetoric of Sexuality* (Philadelphia: Fortress, 1987), p. 18.
5. Lewis B. Smedes, *Sex for Christians*, revised ed. (Grand Rapids: Eerdmans Publishing Co., 1994), p. 85.
6. 잭 볼스윅·주디스 볼스윅, 『진정한 성』(*Authentic Human Sexuality*), 홍병룡 옮김(서울: IVP, 2002), p. 50.
7. Gilbert Meilaender, *Bioethics* (Grand Rapids: Eerdmans Publishing Co., 1996), p. 14.
8. Robert James McCracken, *What is Sin? What is Virtue?*, p. 47.
9. 페르난도 사바테르, 『일곱 가지 원죄』(*Los Siete Pecados Capitales*), 김현철 옮김(서울: 북스페인, 2009), p. 168.
10. Augustine, "Sermon on the Mount", in *Nicene and Post-nice Fathers*, 1st Series, vol. 6 (Peabody, Mass: Hendrickson Publishers, 1955), p. 53.
11. 헨리 훼얼리, 『현대의 7가지 죄』, pp. 205-206.
12. 단테, 『신곡』, pp. 84-86.
13. 어거스틴, 『성 어거스틴의 고백록』, 2.1.4; 8.10.22-23.

14. Cassian, *Institutes*, pp. 153-154.
15. McCracken, 앞의 책, p. 49.
16. Sayers, "The Other Six Deadly Sins", in *Creed or Chaos?*, p. 64.
17. Smedes, 앞의 책, p. 86.
18. 잭 볼스윅·주디스 볼스윅, 앞의 책, p. 66.
19. 아리스토텔레스, 『니코마코스 윤리학』, 제8권, 3-13장.
20. 스탠리 하우어워스·윌리엄 윌리몬, 『십계명』(*The Truth About God*), 강봉재 옮김 (서울: 복있는사람, 2007), p. 147.
21. Peter Kreeft, *Everything You Ever Wanted to Know about Heaven* (San Francisco: Ignatius Press, 1990), p. 129.

8. 허영: 사라질 광채

1. 어거스틴, 『성 어거스틴의 고백록』, 2.3.7; 2.4.9; 2.9.17. 아우구스티누스는 이 행동을 자기도 자기가 원하는 것을 할 수 있음을 스스로에게 보이려고 한 교만에서 말미암는 행동이기도 했다고 고백했다(2.6.13).
2. 존 번연, 『천로역정』(*The Pilgrim's Progress*), 유성덕 옮김(서울: 크리스천다이제스트, 1987), p. 54.
3. 나은영, "의식개혁에 장애가 되는 문화적 요인들", 『한국심리학회지: 문화 및 사회문제』, 제2권 1호(1995), p. 33-51.
4. *A Greek-English Lexicon of the New Testament and Other Early Christian Literature*, p. 428-429.
5. 같은 책, p. 429.
6. Thomas Aquinas, *On Evil*, translated by Richard Regan (New York: Oxford University Press, 2005), p. 342-343.
7. "Lucifer," in *Baker Encyclopedia of the Bible*, vol. 2, ed. Waler A. Elwell (Grand Rapids: Baker Books House, 1988), p. 1360. 마귀를 지칭하는 루시퍼는 '계명성'에 해당하는 히브리어 단어를 라틴어로 직역한 단어다.
8. Dennis Okholm, *Dangerous Passions*, Deadly Sins (Grand Rapids: Brazo Books, 2014), p. 168.
9. Evagrius, "On Thoughts" in *Evagrius of Pontus*, p. 153.
10. 수사이자 영성 신학자인 헨리 나우웬도 이 시험을 자신에게 "열렬한 환호를 안겨

다 줄 그런 일을 해 보라는 유혹"으로 이해한 바 있다. 헨리 나우웬, 『예수님의 이름으로』(*In the Name of Jesus*), 두란노 출판부 옮김(서울: 두란노, 1998), p. 39. 물론, 오늘 대부분의 권위 있는 신약학자들은 이 해석에 동의하지 않는다. R. T. 프랜스, 『NICNT 마태복음』(*The Gospel of Matthew*), 권태영·왕의무 옮김(서울: 부흥과개혁사, 2007), pp. 178-179.

11. 싱클레어 B. 퍼거슨, 『하나님 나라의 윤리』(*The Sermon on the Mount*), 박영옥 옮김(서울: 목회자료사, 1989), p. 159.
12. C. S. Lewis, "Screwtape Propose A Toast," *The Saturday Evening Post* (December 19, 1959), p. 89.
13. Peter Kreeft, *Back to Virtue*, ch. 7.
14. John Climacus, *The Ladder of Divine Ascent*, trans. by Colm Luibheid and Norman Russel (Malwah, N.J.: Paulist Press, 1982), pp. 205-206.
15. 브라가의 마르티누스, 『교만/겸손 권면/분노/진실한 삶의 방식/허영심을 몰아냄/농부들을 위한 계도/이집트 교부들의 금언집』(*De Superbia/Exortatio Humilitatis/De Ira/Formula Vit Honestae/Pro Repellenda Iactania/De Correctione Rustiocorum/Sententiae Patrum Aegyptiorum*), 김현·김현웅 역주(서울: 분도출판사, 2019), p. 90.
16. 같은 책, pp. 90-91.
17. Cassian, *The Institutes*, p. 243.
18. 같은 책, p. 242.
19. Aquinas, *On Evil*, p. 348.
20. 같은 책, p. 349.
21. Diogenes Allen, *Spiritual Theology: The Theology of Yesterday for Spiritual Help Today*, p. 76.
22. Aquinas, 앞의 책, p. 349.
23. 이들은 신명기에 명령된 "[율법]을 네 손목에 매어 기호를 삼으며"(신 6:6-9)라는 율법을 지키는 것을 보여 주기 위해 이런 행동을 했다.
24. I. Howard Marshall, "Who Is A Hypocrite?," *BlBLlOTHECA SACRA* 150 (2002, April-June), pp. 132, 137.
25. Marshall, "Who Is A Hypocrite?", p. 133.
26. R. T. 프랜스, 『NICNT 마태복음』, pp. 296-297.
27. 존 번연, 『천로역정』, p. 65.
28. Aquinas, *On Evil*, p. 342.

29. Ben C. Blackwell, "Immortal Glory and the Problem of Death in Romans 3.23," *Journal for the Study of the New Testament*, vol. 32. no 3 (2010), pp. 286-292.
30. C. S. 루이스, 『영광의 무게』(*The Weight of Glory*), 홍종락 옮김(서울: 홍성사, 2008), p. 23.
31. 같은 책, p. 35.
32. John B. Polhill, *Acts* (Nashville, Tenn.: The Broadman Press, 1992), p. 285.
33. https://www.thegospelcoalition.org/blogs/justin-taylor/j-i-packer-1926-2020/ (2020년 7월 19일 접속).
34. *https://www.thegospelcoalition.org/article/j-i-packer-final-words-church/* (2020년 7월 23일 접속).
35. 베네딕트, 『베네딕트의 규칙서』, p. 16.
36. 두란노아카데미편집부, 『사막교부들의 금언집』(*The Sayings of the Desert Fathers*), 남성현 옮김(서울: 두란노아카데미, 2011), p. 153.
37. 요한 클리마쿠스, 『거룩한 등정의 사다리』, p. 204.
38. 두란노아카데미편집부, 『사막교부들의 금언집』, p. 46.
39. 박영돈, 『밥심으로 사는 나라』(서울: IVP, 2020), pp. 261-262.
40. 에바그리우스 폰티쿠스, 『안티레티코스: 악한 생각과의 싸움』(*CONTRO I PENSIERI MALVAGI Antirrhetikos*), 허성석 옮김(서울: 분도출판사, 2014), p. 186.

나가는 글

1. 사이몬 찬, 『영성 신학』, pp. 83-85.
2. Cornelius Plantinga, Jr., *Not the Way It's Supposed to Be: A Breviary of Sin* (Grand Rapids: Eerdmans Publishing Company, 1995), pp. 138-141.

참고 도서

기니스, 오스. 『소명』(*The Call: Finding and Fulfilling the Central Purpose of Your Life*). 홍병룡 옮김. 서울: IVP, 2000.
김병오. 『영혼과 우울증』. 서울: 대서, 2008.
나우웬, 헨리. 『예수님의 이름으로』(*In the Name of Jesus*). 두란노 출판부 옮김. 서울: 두란노, 1998.
두란노아카데미편집부. 『사막교부들의 금언집』(*The Sayings of the Desert Fathers*). 남성현 옮김. 서울: 두란노아카데미, 2011.
드영, 레베카. 『허영』(*Vainglory: The Forgotten Vice*), 김요한 옮김. 서울: 두란노, 2015.
루이스, C. S. 『순전한 기독교』(*Mere Christianity*). 장경철·이종태 옮김. 서울: 홍성사, 2001.
_____. 『스크루테이프의 편지』(*The Screwtape Letters*). 김선형 옮김. 서울: 홍성사, 2000.
리드, 제라드. 『C. S. 루이스의 일곱 가지 악과 선』(*C. S. Lewis Explores Vice and Virtue*). 김병제 옮김. 서울: 누가, 2004.
마르티누스, 브라가의. 『교만/겸손 권면/분노/진실한 삶의 방식/허영심을 몰아냄/농부들을 위한 계도/이집트 교부들의 금언집』(*De Superbia/Exortatio Humilitatis/De Ira/Formula Vit Honestae/Pro Repellenda Iactania/De Correctione Rustiocorum/Sententiae Patrum Aegyptiorum*). 김현, 김현웅 역주. 서울: 분도출판사, 2019.
맥나이트, 스캇. 『금식』(*Fasting*). 안정임 옮김. 서울: IVP, 2011.
_____. 『예수 신경』(*The Jesus Creed*). 김창동 옮김. 서울: 새물결플러스, 2015.
박영돈, 『밥심으로 사는 나라: 주기도문 연구』. 서울: 한국기독학생회출판부, 2020.
백스터, 리처드. 『성도의 영원한 안식』(*The Saint's Everlasting Rest: a treatise of the blessed state of the saints in their enjoyment of God in heaven*). 김기찬 옮김. 서울: 크리스천다이제스트, 1996.

번연, 존. 『천로역정』(Pilgrim's Progress). 유성덕 옮김. 서울: 크리스천다이제스트, 1987.
베네딕트. 『베네딕트의 규칙서』(Rules of Benedict), 권혁일·김재현 옮김. 서울: KIATS(한국고등신학연구원), 2011.
볼스윅, 잭. 주디스 볼스윅. 『진정한 성』(Authentic Human Sexuality). 홍병룡 옮김. 서울: IVP, 2002.
사바테르, 페르난도. 『일곱 가지 원죄』(Los Siete Pecados Capitales). 김현철 옮김. 서울: 북스페인, 2009.
사이더, 로날드. 『가난한 시대를 사는 부유한 그리스도인』(Rich Christians in an Age of Hunger). 한화룡 옮김. 서울: IVP, 2009.
스피나, 프랭크 안토니. 『아웃사이더의 신앙』(The Faith of the Outsider). 전광규 옮김. 서울: SFC출판부, 2006.
아리스토텔레스. 『니코마코스 윤리학』(Ethica Nichomachea). 이창우, 김재홍, 강상진 옮김. 서울: 이제이북스, 2006.
_____. 『수사학』(Rhetorics). 이종오 옮김. 서울: 리젬, 2007.
알랜더, 댄. 트렘퍼 롱맨 3세. 『감정, 영혼의 외침』(The Cry of the Soul). 안정임 옮김. 서울: IVP, 2011.
알리기에리, 단테. 『신곡』(La Divina Commedia). 한형곤 옮김. 서울: 서해문집, 2005.
어거스틴. 『성 어거스틴의 고백록』(Confessiones). 선한용 옮김. 서울: 대한기독교서회, 2019.
에바그리우스 폰티쿠스. 『안티레티코스: 악한 생각과의 싸움』(CONTRO I PENSIERI MALVAGI Antirrhetikos), 허성석 옮김. 서울: 분도출판사, 2014.
율라노프, 앤. 배리 율라노프. 『신데렐라와 그 자매들』(Cinderella and Her Sisters). 이재훈 옮김. 서울: 한국심리치료연구소, 1999.
지라르, 르네. 『나는 사탄이 번개처럼 떨어지는 것을 본다』(Ich Sah den Satan vom Himmel Fallen wie einen Blitz). 김진식 옮김. 서울: 문학과지성사, 2004.
찬, 사이먼. 『영성 신학』(Spiritual Theology). 김병오 옮김. 서울: IVP, 2002.
카이저, 월터. 『구약성경윤리』(Toward Old Testament Ethics). 홍용표 옮김. 서울: 생명의말씀사, 1993.
칼빈, 존. 『기독교강요』(Institutes of Christian Religion). 원광연 옮김. 서울: 크리스천다이제스트, 2003.
크리소스톰, 요한. 『부자』(Rich Man and Lazarus). 조계광 옮김. 서울: 규장, 2009.
클리마쿠스, 요한. 『거룩한 등정의 사다리』(The Ladder of Divine Ascent). 최대형 옮김. 서울: 은성, 2006.

텐 엘쇼프, 그랙. 『자기기만, 은혜의 옷을 입다』(*I Told Me So*). 오현미 옮김. 서울: 복있는 사람, 2011.

투투, 데즈먼드. 『용서 없이 미래 없다』(*No Future Without Forgiveness*). 홍종락 옮김. 서울: 홍성사, 2009.

퍼거슨, 싱클레어. 『하나님나라의 윤리』(*The Sermon on the Mount*). 박영옥 옮김. 서울: 목회자료사, 1989.

포슈, 발트라우트. 『몸 숭배와 광기』(*Korper Machen Leute*). 조원규 옮김. 서울: 여성신문사, 2001.

프랜스, R. T. 『NICNT 마태복음』(*The Gospel of Matthew*). 권대영, 황의무 옮김. 서울: 부흥과개혁사, 2007.

프로즈, 프랜신. 『탐식』(*Gluttony*). 김시현 옮김. 서울: 민음in, 2007.

피펏, 레베카. 『하나님의 마음에 합한 사람』(*A Heart for God*). 김성녀 옮김. 서울: IVP, 2003.

하우어워스, 스탠리. 윌리엄 윌리몬. 『십계명』(*The Truth About God*). 강봉재 옮김. 서울: 복있는사람, 2007.

훼얼리, 헨리. 『현대의 7가지 죄』(*The Seven Deadly Sins Today*). 이정석 옮김. 서울: CLC, 1985.

Allen, Diogenes. *Spiritual Theology: The Theology of Yesterday for Spiritual Help Today*. Boston: Cowley Publication, 1997.

Aristotle. *Nicomachean Ethics*. trans. by Terence Irwin. Cambridge: Hackett Publishing Company, 1985.

Augustine. *The City of God*. trans. by Henry Bettenson with new introduction by John O'meara. New York: Penguin Books, 1984. 『하나님의 도성』(크리스천 다이제스트).

_____. "Sermon on the Mount." *Nicene and Post-nice Fathers*, 1st Series, vol. 6. Peabody, Mass: Hendrickson Publishers, 1955.

Balz, Horst and Gerhand Scheider, eds. *Exegetical Dictionary of the New Testament*, vol 2. Grand Rapids: Eerdmans Publishing Co., 1991.

Bauer, W. *A Greek-English Lexicon of the New Testament and Other Early Christian Literature*. 1st English edition. trans and edited by Arndt, W. F. and Gingrich, F. W. Chicago: The University of Chicago Press, 1957.

Blackwell, Ben C. "Immortal Glory and the Problem of Death in Romans 3.23,"

Journal for the Study of the New Testament, vol. 32. no 3 (2010):282-299.

Bonhoeffer, Dietrich. *Life Together*. New York: Harper & Brothers Publishers, 1954. 『성도의 공동생활』(복있는사람).

Bringle, Mary Louise. *Despair: Sickness or Sin?* Nashville, TN: Abingdon Press, 1990.

_____. *The God of Thinness: Gluttony and Other Weighty Matters*. Nashville, TN: Abingdon Press, 1992.

Brown, Frances et al. *Enhanced Brown-Drive-Briggs Hebrew and English Lexicon*. Oak Harbor: Logos Research System, Inc., 2000.

Brown, Janice. *The Seven Deadly Sins in the Work of Dorothy Sayers*. Kent, OH: The Kent State University Press, 1998.

Bynum, Caroline Walker. *Holy Feast and Holy Fast: The Religious Significance of Food to Medieval Women*. Berkerly, CA.: University of California Press, 1987.

Capps, Donald. *Deadly Sins and Saving Virtues*. Philadelphia: Fortress Press, 1987.

Cassian, John. *John Cassian: The Conferences*, translated and annotated by Boniface Ramsey. New York: The Newman Press, 1997.

_____. *The Institutes*, translated and annotated by Boniface Ramsey. New York: The Newman Press, 2000.

Childs, James M. Jr. *Greed: Economics and Ethics in Conflict*. Minneapolis: Fortress Press, 2000.

Climacus, John. *The Ladder of Divine Ascent*, trans. by Colm LLuibheid and Norman Russel. Malwah, N.J.: Paulist Press, 1982.

Crislip, Andrew. "The Sin of Sloth or The Illness of the Demons? The Demon of Acedia in Early Christian Monasticism." *Harvard Theological Review*, 98:2(2005): pp. 143-169.

DeYoung, Rebecca Konyndyk. *Glittering Vices: A New Look At the Seven DeadlySins and Their Remedies*. Grand Rapids, Mich.: Eerdmans Publishing Co., 2009.

Dyson, Michael Eric. *Pride: The Seven Deadly Sins*. Oxford University Press, 2006. 『자만』(민음in).

Epstein, Joseph. *Envy*. New York: Oxford University Press, 2003. 『시기』(민음in).

Evagrius. *Ad Monachos*. New York: The Newman Press, 2003.

_____. *Evagrius of Pontus: The Greek Ascetic Corpus*. translated with introduction and commentary by Robert E. Sinekewicz. New York: Oxford University Press, 2003.

_____. *The Praktikos*, trans. with an introduction and notes by John Eudes Bamberger OCSO. Kalamazoo, Mich.: Cistercian Publications, 1981.

Gregory the Great. *Moralia in Job. Morals on the book of Job*. trans. Henry Davis. Oxford: John Henry Parker, 1844.

Grenz, Stanley. *The Moral Quest: Foundations of Christian Ethics*. Downers Grove, Il: InterVarsity Press, 1997. 『기독교 윤리학의 토대와 흐름』(IVP).

Hauerwas, Stanley. *Vision and Virtue: Essay in Christian Ethical Reflection*. Notre Dame, Ind.: Fides Publishers, Inc., 1974.

Herzog, Donald. "Envy: Poisoning the Banquet They Cannot Taste." *Wicked Pleasures: Meditations on the Seven "Deadly" Sins*. Lanham, Maryland: Rowman & Littlefield Publishers Inc., 1999: pp. 141-160.

Holladay, William Lee et al. *A Concise Hebrew and Aramaic Lexicon of the Old Testament*. Leiden: Brill, 1971.

Howard, Evan. *The Brazos Introduction to Christian Spirituality*. Grand Rapids, MI: Brazos Press, 2008.

Jenni, Ernst and Claus Westermann eds. *Theological Lexicon of the Old Testament*. Peabody, Mass: Hendrickson Publishers, Inc., 1997.

Kreeft, Peter. *Back to Virtue: Traditional Moral Wisdom For Modern Moral Confusion*. San Francisco: Ignatius Press, 1986.

_____. *Everything You Ever Wanted to Know about Heaven*. San Francisco: Ignatius Press, 1990.

Lelwica, Michelle Mary. *Starving for Salvation: The Spiritual Dimensions of Eating Problems among American Girls and Women*. New York: Oxford University Press, 1999.

Lewis, C. S. *The Weight of Glory and Other Addresses*. New York: The Macmillan Company, 1949. 『영광의 무게』(홍성사).

_____. *Till We Have Faces*. New York: Harcourt Brace Jovanovich Publishers, 1956. 『우리가 얼굴을 찾을 때까지』(홍성사).

Marshall, I. Howard. "Who is A Hypocrite?," *BIBLIOTHECA SACRA* 159 (2002).

131-150.

May, William. *A Catalogue of Sins: A Contemporary Examination of Christian Conscience*. New York: Holt, Rinehard and Winston, 1967.

McCracken, Robert James. *What is Sin? What is Virtue?* New York: Harper & Row Publishers, 1966.

Meilaender, Gilbert. *Bioethics: A Pimer for Christians*. Grand Rapids: Eerdmans Publishing Co., 1996.

Menninger, Karl. *Whatever Became of Sin?* New York: Hawthorn Books, 1973.

Miller, William Ian. "Gluttony." *Wicked Pleasures: Meditations on the Seven "Deadly" Sins*. ed. Robert C. Solomon (Lanham, Md.: Rowman & Littlefield Publishers, Inc., 1999):19-49.

Niebuhr, Reinhold. *The Nature and Destiny of Man: A Christian Interpretation*. New York: Charles Scribner's Sons, 1941. 『도덕적 인간과 비도덕적 사회』(문예출판사).

Norris, Kathleen. "Plain Old Sloth." *Christian Century*, vol. 120(January 11, 2003): 8-9.

_____. *Accedia & Me*. New York: Penguin Books Ltd., 2008.

Okholm, Dennis L. "Being Stuffed and Being Fufilled." *Limning The Psyche: Explorations in Christian Psychology*. Grand Rapids: Eerdmans Publishing Company, 1997: 317-338.

_____. *Monk Habits for Everyday People: Benedictine Spirituality for Protestants*. Grand Rapids: Brazo Press, 2007.

Okholm, Dennis. *Dangerous Passions, Deadly Sins*. Grand Rapids: Brazo Press, 2014.

Olsson, Karl A. *Seven Sins and Seven Virtues*. New York: Harper & Brothers Publishers, 1962.

Peters, Ted. *Sin: Radical Evil in Soul and Society*. Grand Rapids: Eerdmans Publishing Co., 1994.

Plantinga, Cornelius. Jr., *Not the Way It's Supposed to Be: A Breviary of Sin*. Grand Rapids: Eerdmans Publishing Company, 1995.

Polhill, John B. *Acts*. Nashville, Tenn.: The Broadman Press, 1992.

Rosner, Brian. *Greed As Idolatry: The Origin and Meaning of a Pauline Metaphor*. Grand Rapids: Eerdmans Pub. Co., 2007.

Sayers, Dorothy L. "The Other Six Deadly Sins." *Creed or Chaos?* New York: Harcourt, Brace and Company, 1949. 『기독교 교리를 다시 생각한다』(IVP).

Schimmel, Solomon, *Seven Deadly Sins: Jewish, Christian and Classical Reflections on Human Nature*. New York: The Free Press, 1992.

Sider, Ronald. "Introduction." *Living More Simply: Biblical Principles and Practical Models*. Downers Grove, Ill: Inter-Varsity Press, 1980: 11-16.

Smedes, Lewis. *Forgive and Forget*. New York, NY: HaperCollins Publishers, 1996. 『용서의 기술』(규장).

_____. *Sex for Christians*. Grand Rapids: Eerdmans Publishing Co., 1994. 『크리스천의 성』(두란노).

Straw, Carole. "Gregory, Cassian, and the Cardinal Vices." *In the Garden of Evil: the Vices and Culture in the Middle Ages*. Toronto: Pontifical Institutes of Medieval Studies, 2005: pp. 35-58.

Tertullian. *Adversus Marcionem*. Patrologia Latina, ed by J.-P. Migne.

_____. *Treatises on Penance: On Penitence and On Purity*. London: Longmans, Green and Co., 1959.

Thomas Aquinas. *On Evil*. trans. by Richard Regan. New York: Oxford University Press, 2005.

Trible, Phylis. *God and the Rhetoric of Sexuality*. Philadelphia: Fortress, 1987.

Van Gemeren, William A, ed. *New International Dictionary of Old Testament Theology & Exegesis*. Vol. 3. Grand Rapids, Mich.: Zondervan Publishing House, 1997.

Van Ruler, A. A. *The Greatest of These is Love*. Grand Rapids: Eerdmans Publishing Company, 1958.

Waddams, Herbert. *A New Introduction to Moral Theology*. London: SCM Press, 1964.

Wesley, John. "The Use of Money." *The Bicentennial Edition of the Works of John Wesley*. Nashville: Abingdon Press, 1985.

Williamson, G. I. *The Westminster Shorter Catechism: For Study Classes, One Volume Edition*. Phillipsburg, New Jersey: Presbyterian & Reformed Publishing Co., 2003.

Willimon, William H. *Sinning like A Christian*. Nashville, Tenn.: Abindon Press, 2007.

"Lucifer", in *Baker Encyclopedia of the Bible*. vol 2. ed. Elwell, Waler A. Grand Rapids: Baker Books House, 1988.

https://www.mk.co.kr/news/society/view/2018/10/622389/ (2020년 3월 22일 접속).

https://www.thegospelcoalition.org/article/j-i-packer-final-words-church/ (2020년 7월 23일 접속).

https://www.thegospelcoalition.org/blogs/justin-taylor/j-i-packer-1926-2020/ (2020년 7월 19일 접속).

인명 찾아보기

그레고리우스, 교황	23, 25, 30-35, 47, 52, 71, 75, 96, 98, 121, 144, 151-152, 165, 170, 172, 178-179, 217, 220-222, 224
그레고리우스, 나지안주스의	27-28
김준곤	124
나우웬, 헨리	100, 256
노리스, 캐슬린	127
니부어, 라인홀드	46-47, 51-52, 63
단테	34-35, 44, 61, 70-71, 74, 85, 95, 105-106, 118, 120, 125, 132, 141, 144, 192
드영, 레베카	120
렝위카, 미셸	173
로이드 존스, 마틴	231
루이스, C. S.	41, 47, 50, 55, 82, 167, 195-196, 218-219, 227-228
루터, 마르틴	111, 232
리드, 제라드	67, 86
마르키온	26
마르티누스, 브라가의	221
마셜, 하워드	224
메닝거, 칼	37
메이, 윌리엄	72
모세(수도사)	233-234
밀턴, 존	227
바실리우스	171
반 룰러, A. A.	85
백스터, 리처드	130
버니언, 존	211, 225
버포드, 밥	131
벅, 찰스	161
베네딕투스	41, 58-61, 165, 232
베버, 막스	128
본회퍼, 디트리히	60
부버, 마르틴	147
블랙웰, 벤	227
비크너, 프레드릭	185
사이더, 로널드	154, 156
세네카	95
세이어즈, 도로시	35, 46, 50, 68, 104, 115, 118, 148, 185, 195, 205
셰익스피어	70, 76
쉬멜, 솔로몬	48
스토트, 존	231

아가톤	91	크리프트, 피터	140, 174, 186, 203, 219
아리스토텔레스	32, 71, 74, 93, 155, 202-203	클리마쿠스, 요한	133, 220, 233-234
아우구스티누스	45-46, 61, 81, 139, 152, 179, 191, 193, 205, 209, 223	클린턴, 빌	139
		키프리아누스	26
안토니우스	28, 36	킹, 마틴 루터	83
에바그리우스	23, 27-29, 33-34, 36, 95, 117, 121-123, 127, 132-134, 141, 143, 150-151, 164, 170, 175, 189, 193-194, 199, 211, 216-217, 220, 223, 233, 237		
		테르툴리아누스	26
		토마스 아퀴나스	25, 31-34, 37, 54, 70, 85, 93, 97, 120-122, 145, 171, 191, 202, 205, 211, 215, 220,222-223, 226-227, 239
엑스, 맬컴	83	톨스토이, 레오	139
오리게네스	26	투투, 데즈먼드	106
올슨, 칼	70		
요세푸스	229		
웨슬리, 존	146, 154, 156	패커, 제임스	231-232
웰치, 보브	209	페얼리, 헨리	190
윌리엄슨, G. I.	129	포스터, 리처드	155
		프롬, 에리히	147, 158
지라르, 르네	72	플라톤	93
		플랜팅가, 코넬리우스	241
카빌, 제임스	139	피터스, 테드	108
카시아누스, 요한	23, 28-31, 33-34, 36, 51, 95, 117-118, 121, 132-133, 165, 171, 174, 179, 193-194, 198, 216, 222		
		하우어워스, 스탠리	37, 203
카이퍼, 아브라함	52	허조그, 돈	77
칼뱅, 장	47, 54-55, 63, 162, 177-178, 181, 232	헤롯, 아그립바	229-230
		홉스, 토머스	74
크리소스토무스	153	히에로니무스	181

성경 찾아보기

창세기
1:27	187
2:20	45
2:25	185, 190
4:5	101
3:1-7	45
11장	216
11:4	45, 216
11:1-9	45
26:14	73
30:1	73
31:35	101
33:4	107
33:10	107
34:30	98
37:11	73

출애굽기
20:17	72
24:16	226
29:43-46	226
40:34	226

레위기
9:23	226

10:1-2	94

민수기
20:12	103
22:21-33	142
25:4	101
32:14	101

신명기
5:24	226
8:3	174
8:19	146
29:29	53
32:16	73
32:21	73
32:35	104

여호수아
7:21	142

사무엘상
17:41-49	93
18:7	69
18:9	69

사무엘하
13:1-22	197
24:3	45

열왕기상
19:10	73
19:14	73
21:1-16	142

열왕기하
5:20-27	142

에스라
9:12	177

느헤미야
5:6-7	93

욥기
1:10-11	142
22:29	44
31:1	199
42:3	57
42:7-9	53

시편		잠언		5:10	152
5:4	94	3:27	156	6:7	161
5:5	94	3:28	157	7:9	103
14:1	55	4:23	194	10:4	103
17:9	105	5:3-4	196		
17:13	105	6:12	80	이사야	
19:1	226	6:16-19	27	4:2	44
29:9	226	6:26	197	6:5	56
34:8	174	6:28	197	13:19	44
35:1-8	105	6:29	199	14:12	215
37:7-8	110	7:23	197	14:13-14	47
42:5	134	11:13	79	16:6	44
47:5	44	11:24	157	29:13	232
58:6-9	105	12:16	91	30:1-5	94
73:22-23	62	14:17	103	40:6	215, 227
78:49	94	14:29	103	40:8	227
84:3	237	14:30	67, 68	41:14	56
90:1	151	16:18-19	44	43:25	108
90:7-12	94	18:12	44		
90:16	151	19:17	157	예레미야	
91:6	123	20:19	79	2:35-37	94
103:12	108	23:5	139	4:30	191
104:15	178	23:20	163	13:9	44
115:1	232	26:22	80	13:17	44
119:9	201	27:4	73	17:9-10	232
119:11	201	28:7	164	31:34	108
119:21	46	29:11	103		
119:69	46			에스겔	
119:78	46	전도서		7:20	44
119:85	46	1:7	143	7:24	44
119:103	175	2:16-17	209	8:3	73
131:1-2	63	2:21	153	23:7	191
142:3	222	2:24	153	23:9	191

28:5	51	23:15	218	**요한복음**	
28:17	51	23:23	224	2:15	94
30:6	44	25:14-30	82	2:17	73
		25:26	119	4:21-24	124
호세아		25:40	181	6:47-51	175
4:10	171	25:46	119		
				사도행전	
나훔		**마가복음**		2:46-47	180
2:3	44	7:21-22	27	5:1-6	142
		7:22	69	10:25-26	229
마태복음		9:35	63	12장	229
3:7	225	12:3	214	12:22	229
4:9	141			12:23	229
5:4	83	**누가복음**		14:8-18	229-230
5:22	103	4:1-13	217		
5:23-24	110	5:8	56	**로마서**	
5:28	189, 191, 194	5:15-16	233	1:24	191
5:44	98	6:24	146	1:30	44
6:2	224	7:34	164	3:23	227
6:9-13	235	11:37-41	155	5:12	227
6:24	146	12:13-21	145	7:22-25	242
6:25-33	151	12:15	143, 157	10:2	73
11:19	164	12:19	146	11:36	230
11:25-27	53	14:11	61, 63	12:15	85, 86
11:29	61	17:1-2	108	12:19	104
12:31	26	17:1-10	108	13:13	75
15:19	193	17:8-10	108	14:3-6	177
16:26	234	18:9-14	48	16:17-18	168
20:1-16	72	18:11-12	48		
20:15	72	19:8	156	**고린도전서**	
23:5	224	20:46	52	1:14-15	235
23:6-7	224	21:34	165	3:3	75
23:13	225			3:9	84

3:18	49	5:4	54	디모데후서	
4:7	215, 231–232	5:5	143, 145	2:22	204
6:9-10	26, 27, 198				
6:19-20	129	빌립보서		디도서	
6:20	231	2:3	214	3:3	75
7:4	202	2:6-8	62		
8:6	230	2:9	63	히브리서	
13:4	85	3:6	73	6:4-6	26
15:10	214	3:13-14	130	11:4	99
15:31	131	3:19	168	13:2	181
		4:11-12	152		
고린도후서				야고보서	
9:2	73	골로새서		1:15	141
11:2	73	1:16	129, 230	1:17	226
12:20	75	3:5	27, 143, 145	1:19	110
		3:5-9	241	1:20	102
갈라디아서		3:12-14	242	2:20	214
2:2	214			3:14	79
5:19	198	데살로니가전서		4:6	44
5:19-21	27	5:16-18	135		
5:21	198			베드로전서	
5:26	214	데살로니가후서		2:1	75
6:9	115, 135	3:10	129	2:2	175
				5:5	44
에베소서		디모데전서			
1:14	231	4:1	177	요한일서	
4:24	131	4:3	177	4:7-8	85
4:26	104	5:13	80	5:16	26
4:31-32	106	6:10	145		
5:2	54	6:17	151	요한계시록	
5:3	199			2:14	142

죽음에 이르는 7가지 죄 (확대개정판)

초판 발행_ 2012년 6월 22일
초판 8쇄_ 2019년 12월 20일
확대개정판 발행_ 2020년 8월 10일
확대개정판 5쇄_ 2024년 12월 20일

지은이_ 신원하
펴낸이_ 정모세

펴낸곳_ 한국기독학생회출판부
등록번호_ 제2001-000198호(1978.6.1)
주소_ 04031 서울시 마포구 동교로 156-10
대표 전화_ (02)337-2257 팩스_ (02)337-2258
영업 전화_ (02)338-2282 팩스_ 080-915-1515
홈페이지_ http://www.ivp.co.kr 이메일_ ivp@ivp.co.kr
ISBN 978-89-328-1767-5

ⓒ 신원하 2012, 2020

책값은 뒤표지에 있습니다.
무단 전재와 복제를 금합니다.